Teubner – Für Köche, die es wissen wollen

DAS GROSSE BUCH VOM

Obst

DAS GROSSE BUCH VOM

Obst

Wissen, Information und Knowhow, Küchenpraxis und Rezepte

Odette Teubner
Andreas Miessmer
Dr. Helga Buchter-Weisbrodt
Hans-Georg Levin

Inhalt

Wenn nicht anders angegeben, sind die Rezepte grundsätzlich für 4 Portionen berechnet.

Warenkunde Geschichte

Obst – das immer wieder mit dem Paradies in Zusammenhang gebracht wird – schmeckt nicht nur köstlich, sondern ist auch außerordentlich gesund. Angesichts der Vielfalt auf dem Markt fällt die Wahl oft schwer, doch wer sich für Früchte der Saison entscheidet, liegt in puncto Wirkstoffe und Geschmack immer richtig.

Naturprodukt Obst
Ein Stück vom Paradies

Vor den Toren der Städte entstanden ab dem 16. Jahrhundert häufig Obstgärten oder -anlagen, hier wurden die wichtigsten Zufallsfunde neuer Sorten gepflanzt und beobachtet. Daniel Meissner (1585-1625), Kaiserstuhl von Norden, kolorierter Kupferstich um 1624 aus »Thesauraus Philo-Politicus/Politisches Schatzkästlein« von M. Merian, Frankfurt am Main (1624-1632).

Die Idee vom Paradies manifestiert sich seit Tausenden von Jahren als Insel oder Oase mit Obstbäumen. Der ummauerte Obstgarten taucht auch im kunstgeschichtlichen Motiv des Paradiesgärtleins wieder auf.

Der Begriff »Paradies« ist untrennbar mit Obst verbunden. Nicht so sehr deshalb, weil die ersten Menschen es wegen einer verbotenen Frucht verlassen mussten, als infolge des Wortes selbst. Es stammt aus dem Altpersischen und steht für die ummauerten Obstgärten der Aristokratie. Das Paradies im biblischen Sinn haben wir verloren – geblieben sind die Obstgärten, der Genuss und die Ästhetik der Früchte selbst.

Dass Früchte von jeher einen hohen Stellenwert, eben »paradiesischen« Charakter hatten, belegt schon die Wortwahl des biblischen Berichtes über den Ursprung allen Lebens, auch des Obstes. Im ersten Buch Moses heißt es: »Und Gott der Herr pflanzte einen Garten in Eden (...) und ließ aus der Erde allerlei Bäume aufwachsen, verlockend anzusehen und gut zu essen.« Historiker, Geografen und Botaniker sind sich einig: das Zweistromland Mesopotamien, in dem der biblische Garten Eden der Legende nach angesiedelt war, muss wahrhaftig ein Paradies gewesen sein. Denn die meisten Obstarten, die heute bei uns wachsen, haben in dieser Gegend oder noch etwas östlicher ihren entwicklungsgeschichtlichen Ursprung.

Auf ihrer Wanderschaft nach Westen waren Griechenland und das Schwarze Meer vielfach die erste Station. Entsprechend viele historische Quellen über Nutzen und Kultur der verschiedenen Früchte stammen aus der griechischen und römischen Antike. Bis auf den heutigen Tag hat Obst in den Mittelmeerländern sein hohes Ansehen bewahrt. Selbst im »finstersten Mittelalter«, als Früchte nördlich der Alpen als gesundheitsgefährdende Speise gemieden wurden, behielten die Südländer ihr Stück Paradies in Form von Obst. Kein Wunder, dass Johann Wolfgang von Goethe während seiner Reise durch Italien immer wieder begeistert über den Obstreichtum staunte und in einem Brief bekannte: »Mein eigentliches Wohlleben aber ist in Früchten.« Solch hohes Ansehen genossen Früchte jedoch nicht zu allen Zeiten.

Vom Fluch zum Segen

Die Römer entwickelten den Obstbau weiter und brachten ihr Wissen auch nach Mittel- und Nordeuropa, wo es jedoch bald wieder verloren ging. Zwar bekam der Obstbau im 8. Jh. durch Karl d. Großen neue Impulse, doch hielt sich im Mittelalter vielerorts hartnäckig die Meinung, es sei gefährlich, Obst zu essen. Es erzeuge Fieber, schlechte Säfte, mache Würmer und sei wenig nahrhaft. Die Warnung damaliger Ärzte: »Hüte dich vor Salaten, grünen Speisen und rohem Obst«, wird verständlich, wenn man die herrschenden Hygienezustände berücksichtigt. Das Wasser war vielfach verseucht, alle rohen Speisen bargen die Gefahr aggressiver Krankheitskeime. Auch der hohe Stellenwert von Kompott im Vergleich zu frischem Obst leitet sich daraus ab. Zudem enthielten viele der meist wild wachsenden Früchte so hohe Gerbstoffmengen, dass sie roh tatsächlich schwer verdaulich waren.

Den begüterten Adligen im mittelalterlichen Europa standen dagegen bereits milde Kulturfrüchte aus dem In- und Ausland zur Verfügung, oft gelangten die Sorten von Hof zu Hof oder von Kloster zu Kloster: Pomeranzen, Feigen, Trauben, Kirschen, Quitten und Äpfel. Wildbeeren fanden sich auf den Speisezetteln von Herren und Knechten gleichermaßen: Walderdbeeren, Himbeeren und Heidelbeeren. Zur jeweiligen Saison wurde auch eifrig gedörrt, um Zwetschen, Birnen, Apfel und Kirschen zu konservieren.

Das mittelalterliche Misstrauen gegenüber frischem Obst verlor sich dann aber allmählich. Im 17. Jh. schätzte man Früchte nicht weniger hoch ein als Fleisch und verwandte auf ihre Zubereitung auch dieselbe Sorgfalt. Dies setzt fundiertes Grundwissen über die einzelnen Obstarten mit ihren speziellen Sorten voraus. Es entstanden zahlreiche Abhandlungen über Obstbau, das ursprüngliche Geheimwissen der Klöster wurde mehr und mehr zum Gemeingut. Heute steht Obst – und allen voran der Apfel – in der Gunst der Verbraucher ganz oben. Von alters her gilt denn auch der Apfel als symbolträchtigste Frucht. Zahlreiche Mythen und Gebräuche bereichern die verschiedenen Kulturen. Seit der Antike ranken sich Sagen, Lieder und Sprichwörter um ihn. Zum Zankapfel wurde er, als Paris »seine« Helena raubte, die ihm Aphrodite – durch Paris mit einem Apfel zur Schönsten gekürt – versprochen hatte. In vielen Kulturen ist der Apfel ein Symbol für Sinnesfreuden, Frucht und Baum stehen für Fruchtbarkeit; als Reichsapfel ist er zum Herrschaftssymbol geworden. Vielfach wird ihm auch eine sagenhafte Heilkraft beschieden: Bei den Griechen garantieren die Hesperidenäpfel die ewige Jugend, in Avalon – dem nordischen Apfelland – bleibt den keltischen Sagen zufolge die Zeit stehen. Dabei enthalten diese Mythen und Legenden insofern einen wahren Kern, als der Apfel heute aus gesundheitlicher Sicht keinesfalls mehr ein Übel, sondern vielmehr – ganz im Gegenteil – ein wahrer Segen ist. Neben der beliebtesten Obstart der Deutschen steht eine weitere biblische Frucht, die Traube, zunehmend im Interesse der Öffentlichkeit: Wenn schon Wein gesund ist, um wie vieles mehr die Trauben? Gerade sie stehen als ideale Ergänzung neben dem Apfel, der auch als Gesundheitssymbol eine Renaissance erlebt.

Trauben werden heute zunehmend frisch verzehrt und zählen damit zu den Obstarten mit den größten Zuwächsen auf dem Frischmarkt.

Der Sündenfall ist in der Bildenden Kunst ein beliebtes Thema. Hier dargestellt auf einem Gemälde von Lucas Cranach d. Älteren im Jahre 1526.

→ War es tatsächlich ein Apfel?

Die Geschichte der Vertreibung von Adam und Eva aus dem Paradies um den Preis eines Apfels ist Legende. Die Bibel wird nicht konkret; die Rede ist hier lediglich von einer Frucht. Es könnte genauso gut ein Granatapfel, ein Pfirsich oder auch eine Feige gewesen sein. Trägt der Apfel also seinen Namen (Malus= lateinisch Übel, Schaden oder Unheil) womöglich gar zu Unrecht?

Züchtung im Wandel
Obstbau einst und heute

Nicht immer waren die Früchte der verschiedenen Obstarten so ansehnlich, geschmackvoll und saftig wie heute. Erst in jahrhundertelanger Auslese und Züchtung ist es gelungen, eine solche Vielfalt an Sorten und Formen zu erreichen. Heute spielen für die Züchtung auch zunehmend wieder Wildarten eine Rolle, meist aufgrund ihrer Resistenz gegen Krankheiten oder Schädlinge.

→ Gesunde Hülle
Die Fruchthaut schützt das Obst vor Schadeinflüssen. Sie enthält entsprechend viele Abwehr- und Schutzstoffe. Erfreulicherweise bewirken diese auch in unserem Organismus effizienten Zellschutz, sie stärken zudem das körpereigene Abwehrsystem. Es lohnt also, die Schale von Äpfeln, Birnen, Pfirsichen und Nektarinen mitzuessen. Selbst wenn ein Rezept das Schälen vorsieht – probieren Sie es ohne! Die Schale ist das Wertvollste fast aller Obstarten.

Frische Früchte verlocken die Sinne. Ihre fast durchweg leuchtenden Farben ziehen den Blick an, der Duft verlockt die Nase, die Berührung schmeichelt dem Tastsinn und die Krönung widerfährt dem Geschmackssinn beim Essen. Das war nicht immer so.

Aus Ausgrabungen und alten Schriftzeugnissen lässt sich schließen, dass für unsere Vorfahren Obst mehr Überlebens- als Genussmittel war; es sei denn, sie hatten ein anderes Geschmacksempfinden. Funde bei den Pfahlbauten zeugen von Arten, die teilweise als Wildobst oder Vorläufer unserer heutigen Zuchtsorten erhalten geblieben sind.

Sie waren meist kleinfrüchtig und hatten einen großen Kerngehäuse- oder Steinanteil. Ihr Gerbstoffgehalt lag oft um ein Vielfaches über dem des derzeitigen Sortiments. Gerade auf dem Reichtum an solchen bewusst weggezüchteten Gerbstoffen beruht aber die Widerstandsfähigkeit und vor allem der hohe Gesundheitswert der ursprünglichen Obstarten. Das erst seit 20 Jahren verbreitete Wissen um den hohen Gesundheitswert der Gerb- und Bitterstoffe hat den Blick für die noch erhaltenen Wildobstarten geöffnet: Schlehen, Sanddorn, Holunder, Speierling, Eberesche und Holzapfel werden als Allheilmittel angeboten.

Dieses Phänomen kann jedoch die Bedeutung der Züchtung und Auslese nicht schmälern. Ihr ist es zu verdanken, dass unzählige Obstarten in kaum überschaubarer Sortenvielfalt zum Konsum verlocken. Was nützen die noch so hohen Mengen an Gesundheitsförderern beispielsweise in der Schlehe, wenn sie so bitter schmeckt, dass sie frisch nahezu ungenießbar ist. Die Frucht ist so klein, ihr Steinanteil so hoch, dass kaum einer es schafft, auch nur 100 Gramm davon zu essen – und höchstwahrscheinlich mit wenig Genussempfinden. Wie viel einfacher ist es, 500 g der nahe verwandten Zwetschen und Mirabellen zu essen, so dass es nicht ins Gewicht fällt, wenn sie infolge der Zuchtauslese und heutigen Anbaubedingungen etwas weniger gesundheitsfördernde Inhaltsstoffe bieten. Die an Wert gebenden Stoffen reichste Frucht nützt nichts, wenn man sie nicht genießen kann und entsprechend wenig und selten davon isst.

Kultursorten entstehen

Am Beispiel des weltweit verbreiteten Apfels lässt sich der typische Weg von der kleinfrüchtigen, herben Wildfrucht zur, dem jeweiligen Zeitgeist angepassten, Kultursorte gut nachvollziehen. Selten ist eine eindeutige Wildform als Ausgangspunkt für das heutige Tafelobst auszumachen. Die Entwicklung vollzog sich eher in vielen stufenartigen Übergängen zwischen Wildarten und Kultursorten – viele Obstarten sollen im Lauf der indogermanischen Völkerwanderung um 3.000 v. Chr. nach Europa gebracht worden sein – zunächst nach Griechenland. Dort erlebte etwa beispielsweise die Apfelkultur ihre erste Blüte, da das Pfropfen, also das Vermehren eines Baumes durch ein Triebstück, den Griechen bereits bekannt war. Mit dieser Art der Vermehrung konnten sie besonders wertvoll erscheinende Äpfelbäume sortenrein erhalten. Die Römer vertieften die Praxis der Obstbaukultur, Cato, Columella und Plinius der Ältere hielten das Wissen dieser Zeit in ihren Ackerbauschriften fest.

Völlig unabhängig von Auslese und Erhalt besonders interessanter Apfelsorten im Mittelmeerraum nahmen sich auch die nördlich der Alpen wohnenden Menschen des Apfels an. Züchtung im Sinne von gezielter Kreuzung bestimmter Sorten und damit die Entwicklung von Früchten mit speziell erwünschten Eigenschaften fand aber noch lange nicht statt. Die Weiterentwicklung des Sortiments beruhte allein auf Auslese der durch natürliche Erbgutvermischung und durch Mutationen (spontane Erbgutveränderungen) ständig entstehenden neuen Sorten. Auslesekriterien waren seinerzeit Aussehen und Geschmack. Ihre wertvollsten Funde kultivierten unsere Vorfahren in eigens dafür angelegten Gärten in der Nähe ihrer Siedlungen. Damit war der »domestizierte Kultur- oder Gartenapfel« geboren.

Veränderte Ansprüche

Im Lauf der Jahrhunderte änderten sich die Vorstellungen, was eine Qualitätsfrucht auszeichnet. Jahrhundertelang war einfach nur das zufällig entstandene Bessere des Guten Feind. Bestimmte Fruchteigenschaften gezielt zu fördern war erst möglich, als um 1800 erkannt wurde, dass sich bei Obstgehölzen weibliche Blütenteile gezielt mit männlichen Blütenteilen zusammenbringen lassen, dass man also die Bestäubung steuern und die Eigenschaften der daraus entstehenden Frucht in gewisser Weise lenken kann.

Umfangreiche systematische Züchtungen entstanden aber erst im 20. Jahrhundert. Schon 1912 lauteten die Zuchtziele Bestandessicherheit, Ertragssicherheit und Marktwert. Bereits 1930 hatte die Züchtungsforschung den konkreten Auftrag, besonders winterharte und wenig für Krankheiten anfällige Sorten zu züchten.

Nach dem 2. Weltkrieg waren dann Fruchtgröße und Baumertrag die Hauptzuchtziele. Leicht herbe, säurebetonte Früchte mit eher mürber Konsistenz – der um 1700 entdeckte Boskoop ist ein typisches Beispiel – verloren mehr und mehr die Verbrauchergunst. Bis Mitte der 90er Jahre währte der Trend nach immer süßeren, milderen Sorten.

Die Renaissance alter Sorten mit ausgeprägtem Charakter ist die Folge dieser einseitigen Entwicklung zur immer gefälligeren, aber gesichtslosen Einheitsfrucht. Ausstellungen alter Sorten, Streuobst-Initiativen und pomologische Vereinigungen erfahren heute ungeahnten Zuspruch. Es ist zwar immer noch kaum möglich, im normalen Handel gut ausgereifte, sorgfältig behandelte, erntefrische Früchte anspruchsvoller Sorten zu erhalten, aber die Rückbesinnung und dementsprechende Nachfrage nach »Obst mit Charakter« zwingt den Markt, auch wieder die innere Qualität ins Blickfeld zu fassen. Was nützen die schönsten Einheitsfrüchte, wenn das Geschmackserlebnis ausbleibt?

Das Propfen als Form der sortenreinen Vermehrung ist schon lange bekannt. Hier eine Abbildung aus dem Kräuterbuch des Adamo Conićero 1679.

Erwerbsobstbau heute: Im Gegensatz zu früher werden die gewünschten Sorten heute nicht mehr auf Hochstämme, sondern auf schwachwüchsige Unterlagen veredelt, daher bleiben die spindelförmigen Bäume entsprechend niedrig.

Ernährungsphysiologie

Gesundheit genießen

Dass Obst gesund ist, bezweifelt heute niemand mehr. Wie sehr Früchte jedoch unsere Gesundheit unterstützen und das Wohlbefinden fördern, zählt erst seit den letzten beiden Jahrzehnten zum Wissensschatz. Schlagzeilen wie »Obst als Medizin«, »Obst als Helfer gegen Krebs«, »Mit Obst Gesundheit genießen« oder »Früchte, der gesunde Genuss« zeugen von diesen neuen Erkenntnissen.

Die im Lauf von mehreren Millionen Jahren in Pflanzen entwickelten Überlebensstoffe entfalten ihr Potenzial auch in unserem Organismus, wenn wir sie verzehren. Der menschliche Körper spricht deshalb so gut auf die pflanzlichen Inhaltsstoffe an, weil er von Natur aus dazu ausgestattet ist, Pflanzen zu verwerten. Mehr noch als die seit vielen Jahrzehnten erforschten Vitamine, Mineralstoffe und Rohfasern oder Ballaststoffe sind es die früher als für die Ernährung bedeutungslos eingestuften Sekundärstoffe, die den unschätzbar hohen Wert des Obstes ausmachen. Es sind Abertausende spezieller Verbindungen, die den Pflanzen als Lock-, Abwehr- und Farbstoffe dienen. Diese so genannten »sekundären Pflanzenstoffe« wurden in 10 Stoffgruppen eingeteilt und entsprechend ihrer wichtigen Gesundheitsfunktion den bioaktiven Substanzen zugeordnet, zu denen außerdem noch Ballaststoffe und gewisse Substanzen in fermentierten Lebensmitteln gehören.

Je nach besonders reichlich enthaltener Stoffgruppe – am bekanntesten sind die Karotene, Sulfide und Polyphenole – variiert die Gesundheitswirkung der einzelnen Obstarten. Insgesamt betrachtet beugt Obst zahlreichen Krankheiten vor: Krebs, Herz-Kreislauf-Krankheiten, Schlaganfällen, rheumatischen Beschwerden, Arterienschäden, Bluthochdruck, Erkältungen, diversen Infektionen und Verdauungsstörungen.

Zahlreiche Institutionen, die sich mit Krankheitsvorbeugung befassen, darunter die Deutsche Krebsforschungsgesellschaft und die Deutsche Gesellschaft für Ernährung, haben Hinweise für die richtige Versorgung mit Obst und Gemüse zusammengestellt. In Anlehnung an die amerikanische »5-a-day«-Gesundheitsbewegung wurde die europäische »5-am-Tag«-Kampagne ins Leben gerufen. Sie empfiehlt, täglich 5 Einheiten Obst und Gemüse zu sich zu nehmen, möglichst 500 bis 600 Gramm, die Hälfte davon Obst. Diese Menge ist rasch erreicht: 1 Apfel und 1 Grapefruit genügen bereits für diese Mindestanforderung. Mehr ist natürlich besser.

Genießen nach Saison macht Laune und ist gesund! Erdbeeren etwa enthalten genau die Wirkstoffe, die der Organismus im Frühsommer am meisten benötigt.

Saisonal kuren mit Obst

Wer nicht selbst einen Obstgarten pflegt oder Obstkulturen vor Augen hat, kann kaum noch wissen, wann welche Frucht in der Region Saison hat. Die Transport- und Lagertechnik macht es möglich, dass jede Obstart rund ums Jahr verfügbar ist. Richtige Ernährung richtet sich jedoch nach der Jahreszeit. Dieses Wissen dokumentierte bereits Hildegard von Bingen. Ein Blick auf die Inhaltsstoffe belegt ihre Erkenntnis. Denn die Natur hat die Früchte, die im Verlauf einer Vegetationsperiode reifen, genau mit jeweils den Gesundheitsförderern reichlich ausgestattet, die wir im Jahreszeitenreigen gerade benötigen.

Im eigenen Garten lässt sich leicht verfolgen, wann genau die Himbeeren reif sind. Schwieriger wird es, pflückfrische Früchte zu kaufen.

Zwetschen reifen dank der Sortenfülle von Juli bis Oktober. Hauptsaison ist jedoch im August; jetzt verlocken sie besonders zum Zugreifen.

Beispielsweise enthält die erste heimische Frucht, die Erdbeere, entsprechend viele Stoffe, die den Organismus für die zunehmenden Aktivitäten rüsten, die der Frühsommer mit sich bringt: so viel Vitamin C wie Zitronen, dazu Mangan, Folsäure, Magnesium und Eisen.

Jeweils von den Schätzen der Natur genießen, die im eigenen Umfeld gerade Saison haben, entspricht der natürlichen Lebensweise unserer Vorfahren. Steht demnach stets das Saisonobst in reichlichen Mengen auf dem Speisezettel, lebt man automatisch »kurmäßig«: Man isst mindestens 2 bis 3 Wochen lang schalenweise Erdbeeren im Juni, Kirschen im Juli, Pflaumen im August, Trauben im September. Äpfel sind dann ein leicht handhabbarer Begleiter vom Herbst bis zum Frühsommer. Sie enthalten bei keinem Inhaltsstoff Spitzenwerte, dafür ein ausgewogenes Maß an allen wesentlichen Gesundheitsförderern. Diese den Vorfahren abgeschaute »kurmäßige« Lebensweise bringt einen Zusatznutzen, der dem ganzheitlichen Denken Rechnung trägt: dem Wellness-Gedanken, dass Wohlbefinden Leib und Seele umfasst. Sich jeweils von dem zu ernähren, was gerade vorzugsweise in der eigenen Region Saison hat, ist das beste Heilmittel gegen eine weit verbreitete Krankheit unserer Zeit: die Füllhorn-Depressivität. Sie stellt sich ein, wenn wir keine Gelegenheit mehr haben, die Vorfreude am nur begrenzte Zeit Verfügbarem zu erleben. Selbst ausgesprochene Saisonfrüchte wie Trauben oder Erdbeeren aus verschiedenen Anbauländern rund ums Jahr zu konsumieren, führt unbewusst zu Überdruss: Man weiß nicht mehr, was man wollen soll. Die Lebens- und Essenslust leidet, weil das Ganzjahres-Angebot uns der Vorfreude beraubt.

Der persönliche Rat des französischen großen Mâitre de Cuisine, Paul Bocuse, belegt, dass auch die Meister der hohen Kochkunst inzwischen eine Rückkehr zum Kochen mit Produkten der Saison vollzogen haben – viele Köche haben diese gesunde, umweltverträgliche Koch- und Ernährungsweise nie ganz aufgegeben. »Um in den vollen Genuss aller Vorzüge einer Frucht zu gelangen«, sagt Bocuse, »sollten wir uns dem natürlichen Erntezyklus in der jahreszeitlichen Folge anpassen. Der Geschmack ist zur Reifezeit am vollsten entfaltet, und wir geben bei einer solchen Ernährungsweise dem Körper jeweils die Nährstoffe, die er benötigt.« Frische, hochwertige Produkte der Saison einzukaufen und zu verarbeiten, das macht nicht nur Spaß, sondern verspricht auch Genuss!

Zitrusfrüchte kommen das ganze Jahr aus unterschiedlichen Regionen auf den Markt. Als Vitamin-C-Spender empfehlen sie sich vor allem im Winter.

Warenkunde Lexikon

Ein Überblick über die Vielzahl an köstlichen Obstarten, inklusive Sorten und Inhaltstoffen. Angefangen bei heimischem Kernobst über Stein- und Beerenobst bis hin zu Schalenobst. Mit einem Ausblick auf wichtige Süd- und Zitrusfrüchte sowie die beliebtesten Exoten. Wertvolle Tipps zu Einkauf und Lagerung!

Arbeitsaufwändig im Anbau

Der Erwerbsobstbau – hier in Südtirol – muss eine Vielzahl von Faktoren berücksichtigen, da der Apfel gewisse Standortansprüche stellt: fruchtbare Böden, regelmäßige Wasserzufuhr, Lagen mit mäßig warmem Klima (aber mehr als 7,5 °C Jahresmitteltemperatur) und geringer Spätfrostgefahr. Auch muss für ausreichend Licht gesorgt sein – dies kann jedoch durch die Form der Bäume gesteuert werden. Aktuelle Formen sind »Spindel« und »schlanke Spindel«; beide gewährleisten optimale Belichtung und damit auch eine gute Fruchtqualität. Bei der heutigen Marktlage muss kostengünstig produziert werden – der Erwerbsobstbau ist jedoch recht arbeitsintensiv. Angefangen vom Binden über den Schnitt bis hin zu Ausdünnung und Ernte wird viel Personal benötigt. Zwar gibt es in Frankreich erste Versuche mit einem Ernteroboter, der dank entsprechender Software den Reifegrad von Äpfeln und Orangen beurteilen kann und reife Früchte gezielt pflückt, doch wird seine Markteinführung wohl noch etwas auf sich warten lassen. Erfolgt die Ausdünnung von Hand – sie wird durchgeführt, um zu vermeiden, dass die Bäume zu viele, kleine Früchte tragen und somit im nächsten Jahr geschwächt sind – müssen allein dafür 150 bis 200 Arbeitsstunden pro Hektar veranschlagt werden. Hinzu kommen Risikofaktoren wie Vogelfraß, Hagelschlag oder Frost, deren Abwehr weitere Kosten verursacht. Eine wirkungsvolle Frostabwehr ist die Überkronen-Beregnung, das gefrierende Wasser gibt Wärme an die Blüten und Blätter ab, bei entsprechenden Bedingungen sind sie im Eispanzer bis zu - 7 °C geschützt. Ob eine derartige Investition jedoch langfristig sinnvoll ist, ist schwer zu beurteilen, am Bodensee kamen solche Anlagen zwischen den 60er und 80er Jahren kaum zum Einsatz. Bei der Neuzüchtung von Sorten stehen daher neben guten geschmacklichen Eigenschaften Ziele wie Resistenz gegen Krankheiten und Schädlinge sowie ein möglichst geringer Pflegeaufwand im Vordergrund.

Der Apfel
In Europa die Nr. 1

Sehr viele der in Europa angebauten, wichtigen Obstarten gehören lediglich zwei botanischen Familien an: den Rosengewächsen *(Rosaceae)* und den Steinbrechgewächsen *(Saxifragaceae)*. Dies ist wohl mit ein Grund dafür, warum sich beim Obst eine Klassifizierung nach dem Fruchttyp eingebürgert hat. Man unterscheidet grundsätzlich vier Gruppen: Kernobst, Steinobst, Beerenobst und Schalenobst, auch wenn die botanische Einordnung dabei nicht immer ganz exakt ist.

Zum Kernobst werden neben dem Apfel auch Birnen und Quitten gerechnet. Das charakteristische Merkmal für diesen Obsttyp ist das 5-fächrige Kernhaus mit den überwiegend paarweise angeordneten Samen beziehungsweise Kernen. Aus botanischer Sicht handelt es sich dabei um so genannte Schein- oder Sammelbalgfrüchte. Bei Apfel, Birne oder Quitte gehen die Früchte aus dem verdickten Blütenboden hervor, der das Kerngehäuse nach und nach fleischig umschließt.

Der **Apfel** *(Malus domestica)*, engl. apple, frz. pomme, aus der Familie der Rosengewächse *(Rosaceae)* zählt zu den weltweit beliebtesten und verbreitetsten Obstarten. Ursprünglich ist er in den Bergregionen Südwestchinas beheimatet. Dort finden sich heute noch um die 20 Wildarten, ein solches Genzentrum ist ein Indiz für den Ursprung einer Art.

Als Vorfahren unserer heutigen Tafeläpfel sind neben weiteren Arten in erster Linie der Kaukasusapfel *(Malus orientalis)* und der Altaiapfel *(Malus sieversii)* zu sehen. Letzteren findet man noch immer an den Nordhängen des Transili-Alatau-Gebirges bei Alma Ata, der Hauptstadt von Kasachstan, die übersetzt bezeichnenderweise »Stadt des Apfels« heißt. Als gesichert gilt heute, dass der bei uns heimische Holzapfel *(Malus sylvestris)* an der Entstehung des Tafelapfels nicht beteiligt war; vermutlich besteht bei ihm jedoch ein Zusammenhang zu den kleineren, herberen Mostäpfeln, wie sie viel auf Streuobstwiesen zu finden sind.

'Klarapfel', mittelgroß, säuerlich; verfärbt sich bei Reife hellgelb. Das fast weiße Fleisch ist saftig, wird aber schnell mehlig.

'Delbarestivale', derzeit die wichtigste Frühsorte. Mittelgroße Früchte mit wenig Säure, saftig, angenehmer Geschmack, gut lagerfähig.

Apfelernte am Bodensee: Das Pflücken ist eine aufwändige Angelegenheit, da es nach wie vor von Hand erfolgen muss, damit die Früchte unversehrt bleiben.

Voll ausgereifte Äpfel sind für die Sofortvermarktung bestimmt. Lageräpfel hingegen müssen zu einem früheren Zeitpunkt geerntet werden.

Mehrfaches Durchpflücken ist bei vielen Sorten erforderlich, da die Äpfel nicht alle zur gleichen Zeit reifen, eine gute Ausfärbung heute aber verlangt wird.

Mit Spezialanhängern transportiert man die Ernte ab. Der Vorteil: Die Äpfel müssen nicht umgeladen werden, da sie gleich in die Container gepflückt werden.

→ Einkauf vor Ort

Viele Apfelbauern vermarkten ihre Ernte oder einen Teil davon direkt ab Hof. Hier oder auch auf dem Wochenmarkt kann man oft noch Sorten entdecken, die im Supermarkt aufgrund der zu kleinen Anbaufläche der Produzenten nicht vertrieben werden können.

Sternapfel. Kleine, flachrunde und sehr alte Sorte, die bis auf die Römerzeit zurückgeht. Im Querschnitt fünfkantig, mit einer sternförmigen Zeichnung. Ein festfleischiger und wenig saftiger Apfel, aber mit ausgeprägtem Geruch.

Aus Mittelasien – die Anfänge des Apfelanbaus sind vermutlich im alten Persien zu suchen – gelangte der Apfel über die alten Handelsstraßen bis in den Schwarzmeerraum, von wo er sich erst in Südosteuropa, später dann in Mitteleuropa verbreitete. Schon im antiken Griechenland wurde der Apfel in Kultur genommen und mit dem »Pfropfen« eine Form der vegetativen Vermehrung entwickelt. Auch die Römer beschäftigten sich mit Apfelbau und seiner Weiterentwicklung; bei ihnen finden sich erste schriftliche Zeugnisse.

Die meisten und vor allem die älteren der heute bekannten über 20.000 verschiedenen Apfelsorten sind Zufallssämlinge oder Mutationen, eine gezielte Weiterentwicklung von Apfelsorten erfolgte erst mit Beginn des 19. Jahrhunderts. Der Schwerpunkt der Züchtung lag zunächst in Deutschland und England, später dann auch in den USA.

Der Grund für die große Zahl an Apfelsorten liegt in den Befruchtungsverhältnissen dieser Obstart: Eine vollwertige Befruchtung der Blüte findet in der Regel nur mit sortenfremdem Pollen statt, verbreitet durch Hummeln und Bienen. Aufgrund dieser Selbstunfruchtbarkeit sind im Laufe der Jahrhunderte aus freier Abblüte unzählige Sorten (Sämlinge) entstanden, von denen die meisten aber nur von lokaler Bedeutung geblieben sind. Der einzige Weg, die typischen Eigenschaften einer bestimmten Apfelsorte zu erhalten, ist die vegetative Vermehrung; wobei eine ausgewählte Sorte auf eine schwachwüchsige Unterlage veredelt wird.

Wichtig ist auch das richtige Verhältnis von Blättern und Früchten: In den Blättern werden Kohlendioxid (CO_2) aus der Luft und Wasser aus dem Boden unter Einstrahlung von Sonnenlicht in Kohlenhydrate (Stärke) umgewandelt. Um optimal reifen zu können, benötigt ein Apfel 20, besser noch 30 Blätter.

Der Apfel zählt zu den am weitesten verbreiteten und beliebtesten Obstarten. Nach Zitrusfrüchten, Bananen und Trauben (inklusive Weintrauben) nimmt er mit einem jährlichen Ertrag von über 50 Millionen Tonnen Rang 4 der weltweiten Produktionsrangliste ein; ein Drittel davon wird in Europa erzeugt. Das mit Abstand wichtigste Erzeugerland ist China, gefolgt von den USA, Frankreich, Türkei, Iran, Italien, Russland, Polen, Deutschland und weiteren. Die Hälfte der Äpfel auf dem deutschen Markt stammt aus heimischem Anbau, dennoch ist Deutschland zugleich größter Importeur. Die wichtigsten Apfel-Exportländer sind die USA, Italien, Chile sowie die Niederlande.

Im Gegensatz zu früher gelangen heute nur noch relativ wenige Sorten in den Handel. Waren es vor ein paar Jahrzehnten noch um die 40, so sind es heute nur mehr zwischen 10 und 20 Apfelsorten; zu den derzeit beliebtesten Sorten zählen 'Gala', 'Jonagold', 'Elstar' und 'Braeburn'. Die Ursachen für diesen Rückgang sind in den veränderten Anforderungen an einen Apfel zu suchen: Der Handel verlangt nach mittelgroßen, transportfesten, wenig druckempfindlichen und gut lagerfähigen Früchten gleicher Sortierung; auch sollen die Äpfel im Laden noch lange frisch bleiben. Der Verbraucher greift zu mittelgroßen, gut ausgefärbten Sorten und interessiert sich zunehmend für ökologischen Anbau. Interessant sind feste, saftige und knackige Früchte; wobei ein Trend hin zu süßen Sorten wie 'Gala' zu beobachten ist, während herbere Sorten wie 'Boskoop' eher rückläufig sind. Aus Erzeugersicht muss eine Sorte günstig zu produzieren sein, das heißt, möglichst wenig Pflege- und Pflanzenschutzaufwand benötigen, zudem gleichmäßig reifen und günstige Geschmacks- und Aromaeigenschaften mitbringen. Viele Sorten können jedoch all diese Forderungen nicht gleichzeitig erfüllen, so hat sich der Erwerbsanbau auf einige wenige beschränkt. Vor allem viele geschmacklich interessante, ältere Apfelsorten brauchen spezielle klimatische Bedingungen, viel Pflege oder welken zu rasch und kommen daher nicht mehr in Frage.

← **'Ingrid Marie'**, in Dänemark entdeckter Zufallssämling, vermutlich von 'Cox'. Guter, mittelfester und saftiger Tafelapfel. Wird rasch mürbe.

← **'James Grieve'**, mittelgroße Sorte mit fast weißem, sehr saftigem, später lockerem Fleisch. Gute Spätsommersorte mit feiner Säure.

'Roter Boskoop', eine rote Farbmutante von 'Boskoop'. Groß, mit mittelfestem, saftigem Fleisch. Guter, fruchtig-säuerlicher Lagerapfel. →

'Golden Delicious', Zufallssämling aus den USA. Mittelgroß bis groß, reif goldgelb und saftig-süß. Feinaromatischer Tafelapfel. →

← **'Goldparmäne'**, alte Sorte, Zufallssämling. Mittelgroßer, mittelfester, guter, fein säuerlicher Tafelapfel mit hohem Wärmebedarf.

← **'Ontario'** stammt aus Nordamerika. Große bis sehr große, breitrunde, kantige Sorte. Mittelfest und sehr saftig, im Geschmack herb.

'Weißer Wintercalvill', alte französische Sorte mit großen, 5-rippigen mittelfesten Früchten. Saftig-süß, feine Säure, einzigartiges Aroma. →

'Rubinette', wertvoller Tafelapfel aus der Schweiz. Erinnert an 'Cox'. Saftig, süß mit ausgewogener Säure und hervorragendem Aroma. →

← **'Jonagold'** aus den USA, eine Kreuzung aus 'Golden Delicious' x 'Jonathan'. Süßer, aromatischer, saftiger Tafelapfel mit feiner Säure.

← **'Starking'**, Mutante von 'Red Delicious'. Meist mittelgroß, glatt, bläulich bereift. Saftig-süßer, fester Apfel mit wenig Aroma.

'Graue Kanada Renette', eine Mutante der 'Kanada Renette'. Mittelgroße, flächig berostete, saftig-süße Früchte mit milder Säure. →

'Alkmene', eine 'Cox-Orange'-Kreuzung. Kleine bis mittelgroße Früchte mit saftig-süßem Fleisch und angenehmem Aroma. →

← **'Elstar'**, eine Kreuzung aus 'Golden Delicious' x 'Ingrid Marie'. Mittelfester Tafelapfel, süß mit ausgewogener Säure, kräftig aromatisch.

← **'Jonathan'**, Zufallssämling aus den USA. Klein bis mittelgroß, mit festem, weißlichem und mäßig saftigem Fruchtfleisch. Süßsäuerlich

'Granny Smith', Zufallssämling aus Australien mit mittelgroßen bis großen Früchten. Festfleischig, wenig saftig und säuerlich. →

'Cox Orange(nrenette)', alte Sorte mit herausragendem, typischem Aroma. Klein bis mittelgroß, mittelfest, saftig-süß und mit feiner Säure. →

← **'Braeburn'** aus Neuseeland, Zufallssämling. Mittelgroßer, aromatischer Tafelapfel mit festem Fleisch. Knackig, süß mit leichter Säure.

← **'Gloster'**, Kreuzung aus 'Glockenapfel' x 'Richared Delicious', mittelfest mit grünlich weißem Fleisch, mäßig saftig, säuerlich.

'Idared', Kreuzung aus den USA, mittelgroß bis groß und gut lagerfähig. Mittelsaftig, süß mit leichter Säure und schwachem Aroma. →

'Royal Gala', neuseeländische Zufallsmutante von 'Gala'. Sehr süß, mäßig saftig, aromatisch. Nach Säureabbau jedoch rasch fade. →

← **'Geheimrat Dr. Oldenburg'**, Kreuzung aus 'Minister von Hammerstein' x 'Baumanns Renette'. Mittelgroß, locker, saftig, schwach aromatisch.

← **'Fuji'**, japanische Kreuzung aus 'Ralls Janet' x 'Golden Delicious'. Spät reifend, mit festen Früchten. Sehr süß, saftig, aber wenig Säure.

'Akane', jap. Züchtung aus 'Jonathan' x 'Worcester Pearmain' (in der Schweiz: 'Prim Rouge'). Guter weißfleischiger Frühapfel, fest, saftig. →

'Berner Rosenapfel', Zufallssämling aus der Schweiz. Mittelgroß, grünlich weißes, sehr saftiges Fleisch. Süßlich mit erfrischender Säure. →

Wertvolle Inhaltsstoffe

Äpfel könnten glatt als Medizin durchgehen, nach dem Motto »An apple a day keeps the doctor away!«. Zu verdanken haben sie diese ernährungswissenschaftlich positive Bewertung ihrer breiten Palette an Inhaltsstoffen. Zwar ist der Apfel bei keinem einzelnen Wirkstoff Spitzenreiter, doch enthält er mehr als 30 verschiedene Mineralstoffe und Spurenelemente, zudem wichtige Vitamine wie Provitamin A, viele Vitamine der B-Gruppe, darunter Niacin und Folsäure, Vitamin C und E. Hervorzuheben ist der Gehalt an Kalium, das den Wasserhaushalt im Körper reguliert.

Äpfel werden oft als Vitamin-C-Spender gerühmt, der Gehalt kann allerdings je nach Sorte, Wachstums- und Lagerbedingungen zwischen 1 und 35 mg/100 g schwanken. Früchte aus kühleren Regionen weisen mehr Vitamin C auf als solche aus warmen Klimaten. Mit 30 bis 35 mg/100 g besonders viel Vitamin C enthalten die Sorten 'Berlepsch', 'Ontario' oder 'Weißer Wintercalvill'. Einen ebenfalls hohen Vitamin-C-Gehalt (20 bis 30 mg/100 g) haben Sorten wie 'Braeburn', 'Boskoop' oder 'Idared'. Mittelwerte zwischen 10 und 20 mg/100 g) erzielen 'Alkmene', 'Cox Orange', 'Elstar', 'Jonagold' oder 'James Grieve', während Sorten wie 'Gala' oder 'Ingrid Marie' am unteren Rand der Skala stehen. Im Vergleich zu 200 mg Vitamin C/100 g bei Schwarzen Johannisbeeren oder bis zu 1400 mg/100 g beim Sanddorn, scheint das nicht sehr viel; von Vorteil ist jedoch, dass sich Äpfel im Gegensatz zu diesen Früchten gut zwischendurch genießen lassen – auch unterwegs – und zudem auch in größeren Mengen schmecken.

Interessant sind auch die weiteren Inhaltsstoffe des Apfels: Fruchtsäuren fungieren als biologische Zahnbürste; Apfelsäure löst Harnsäure auf und ist somit ein natürliches Mittel gegen Rheuma oder Gicht. Der hohe Anteil an Fruktose am Gesamtzuckergehalt des Apfels wird ebenfalls positiv bewertet, da Fruktose die Konzentration fördert und für einen ausgewogenen Blutzuckerspiegel sorgt – Voraussetzung für ruhigen, gleichmäßigen Schlaf. Wertvoll ist der Apfel jedoch nicht allein als Mineralstoff- oder Vitamin-Lieferant, sondern auch aufgrund der enthaltenen »bioaktiven Substanzen«. Viele der bisher identifizierten sekundären Pflanzenstoffe, allen voran Farb- und Gerbstoffe, lassen sich im Apfel nachweisen. Vor allem die Polyphenole (Phenolsäuren und Flavonoide) und Karotene schützen vor Herz-Kreislauf-Erkrankungen und Krebs. Dabei haben rotschalige Äpfel höhere Flavonoid-Gehalte als gelbe. Ist auch das Fruchtfleisch rot gefärbt, erhöht sich der Gesundheitswert noch. Und dies gilt nicht allein für die Früchte, sondern auch für Saft.

Das in den Zellwänden steckende Pektin, in kaum einer anderen Frucht so stark vertreten wie beim Apfel – hat eine Cholesterin senkende und Giftstoff bindende Wirkung. Zudem regulieren die in Äpfeln enthaltenen Ballaststoffe die Verdauung bei Gesunden wie bei Kranken, binden Schadstoffe und stabilisieren die Darmflora. Ein Großteil der Vitamine und anderer Wirkstoffe sitzt allerdings in der Schale, weshalb man Äpfel möglichst nicht schälen, sondern besser nur gründlich waschen und dann mit der Schale verzehren sollte.

'McIntosh Rogers', ältere amerikanische Herbstsorte mit sortentypischem Duft. Mittelfest, mit grünlich weißem, saftig süßem Fruchtfleisch und feiner Säure.

'Ozark Golden', eine Delicious-Kreuzung aus den USA. Wärme liebend, wird in Italien (Südtirol) und Frankreich angebaut. Saftig, weniger aromatisch.

Multitalent Apfel
Knackiger Genuss

'Rote Sternrenette', alte, bei Reife kräftig rote Sorte mit hellen, sternartigen Schalenpunkten. Feiner, saftiger Tafelapfel mit angenehmer Säure.

'Ananasrenette', dekorative alte Sorte, vermutlich aus Belgien oder Holland. Die kleinen bis mittelgroßen Früchte haben gelblich weißes Fleisch und ein feines, sortentypisches Aroma. Die Schale ist goldgelb mit eckigen, sternförmig berosteten Schalenpunkten.

Wichtig für Qualität und Geschmack ist beim Apfel vor allem ein ausgewogenes Zucker-Säure-Verhältnis. Dieses ist zum einen sortenabhängig, wird zum anderen aber auch vom richtigen Erntezeitpunkt sowie von der Lagerung beeinflusst. Pflückreife und Genussreife sind nämlich bei vielen Sorten nicht identisch. Generell gilt: Je länger die Sorte gelagert werden soll, desto früher muss sie geerntet werden. Löst sich der Stiel leicht von der Ansatzstelle, hat der Apfel seine Pflückreife erreicht. Genussreif ist er erst dann, wenn sich die Stärke im Fruchtfleisch nahezu abgebaut hat und das Verhältnis von Zucker, Säure und Aroma optimal ist. Die Braunfärbung der Kerne ist dagegen kein sicheres Anzeichen von Reife. Experten führen spezielle Tests zur Bestimmung des Reifegrades durch, etwa den Jod-Stärke-Test, bei dem sich stark stärkehaltige (unreife) Partien blauschwarz färben. Hat sich die Stärke weitgehend in Zucker umgewandelt, zeigen sich deutliche Aufhellungen.

Zum richtigen Zeitpunkt geerntet, können viele Sorten über Monate ohne größeren Qualitätsverlust gelagert werden. Reife hemmende Faktoren sind niedrige Temperaturen (0 bis 5 °C), eine hohe Luftfeuchtigkeit (90 bis 95 %) und eine veränderte Gaskonzentration. In modernen Lagerräumen können derartige Faktoren bewusst gesteuert werden (CA = controlled atmosphere). Im reinen Kühllager sorgen Kältetechnik und Luftbefeuchtung für gute Bedingungen; im CA-Lager kommt noch eine erhöhte Kohlendioxid- und verminderte Sauerstoffkonzentration hinzu, hier kann die Haltbarkeit der meisten Sorten im Vergleich zum Kühllager etwa verdoppelt werden.

In der Verwendung sind Äpfel äußerst vielseitig; in erster Linie eignen sie sich natürlich zum Rohverzehr, entweder pur, aber auch in süßen oder pikanten Salaten. Daneben gibt es eine Vielzahl an

Schälen kann man einen Apfel am besten mit einem Sparschäler. Je nach Rezept dann vierteln und in Spalten schneiden. Da nach heutigen Erkenntnissen jedoch viele Wirkstoffe im Bereich der Schale sitzen, sollte sie aus gesundheitlichen Aspekten möglichst oft mitverzehrt werden.

Möglichkeiten zur Verarbeitung: Vom Kuchen über Aufläufe mit Äpfeln bis hin zu »Apfelküchle«, Beignets, Kompott oder Saft reicht die Palette. Was die Wahl der Sorte anbelangt, kommt es in erster Linie auf die Verwendung an; in Kombination mit Süßem schmecken säuerliche Äpfel oft besser. Wer auf den Zuckergehalt achten muss, kann sich hierbei allerdings nicht allein auf seinen Geschmack verlassen, manche säuerliche Sorte, wie etwa 'Boskoop', enthält zugleich auch viel Zucker, der von der Säure geschmacklich nur überdeckt wird. Zwar verringert sich der Vitamin-C-Gehalt des Apfels beim Erhitzen, doch finden sich viele Wirkstoffe auch im naturtrüben Apfelsaft oder Apfelessig; bei klaren Säften und Essigen wurden Pektine und Gerbstoffe dagegen ausgefällt.

'Glockenapfel', grünlich gelb, sonnenseits mit rötlichem Anflug. Vermutlich aus der Schweiz stammender Zufallssämling. Guter Tafelapfel mit feiner Säure.

Holzäpfel sind vermutlich die Ahnen der heutigen Mostäpfel. Neue Bedeutung haben sie in der Züchtung als Träger von Resistenzgenen.

'Pink Lady', australische Kreuzung aus 'Lady Williams' und 'Golden Delicious'. Guter, saftig-süßer und lange haltbarer Tafelapfel.

'Gravensteiner', groß, sehr saftig mit erfrischendem Geschmack und hervorragendem Aroma. Alte Sorte, Zufallssämling aus Schleswig oder Dänemark.

'Pinova', eine Kreuzung aus Dresden/Pillnitz 'Clivia' x 'Golden Delicious'. Mittelgroße, feste, mäßig saftige Früchte, angenehm süßsäuerlich im Geschmack.

'Melrose', amerikanische Kreuzung aus 'Jonathan' x 'Red Delicious'. Mittelgroße bis große, aromatische Früchte, im Geschmack kräftig süßsäuerlich.

→ Lagerung

Unter Normalbedingungen reifende Äpfel scheiden Ethylen aus, ein Gas, das anderes Obst und Gemüse schneller welken lässt. Daher sollten Äpfel zu Hause gesondert aufbewahrt werden. Am besten so kühl und feucht wie möglich. Selbsteinlagern von Äpfeln ist heute aufgrund fehlender geeigneter Kellerräume kaum möglich, am besten, man deckt sich immer frisch ein und verbraucht die Äpfel dann möglichst schnell.

Saftige Birnen
Die wichtigsten Sorten

Spätsommer *ist Birnenzeit. Viele Sorten erreichen ihre Pflückreife im August oder September. Sommersorten wie zum Beispiel Williams sind sofort genießbar; später reifende »Winterbirnen« können meist erst im Januar oder Februar gegessen werden. Haben Birnen ihre Genussreife erreicht, sind sie vollsaftig und mit zart schmelzendem Fruchtfleisch. Leider halten sich reife Birnen nicht lange; schon nach einigen Tagen werden sie mehlig-teigig.*

Auch die **Birne** *(Pyrus communis)*, engl. pear, frz. poire, zählt zu den Rosengewächsen *(Rosaceae)* und stammt wie der Apfel und weitere Mitglieder dieser Familie ursprünglich wohl aus dem Südwesten Chinas. Die in Europa angebauten Kulturbirnen haben sich in erster Linie aus zwei Arten entwickelt, aus der Holzbirne *(Pyrus pyraster)* und aus der Schneebirne *(Pyrus nivalis)*; daneben dürften noch weitere vorderasiatische Arten beteiligt gewesen sein. Asiatische Birnenarten wie die Japanische Birne *(Pyrus pyrifolia)* hatten hingegen an der Entstehung hiesiger Kulturbirnen vermutlich keinen Einfluss, da Erstere im Gegensatz zu europäischen Sorten resistent gegen Feuerbrand sind und diese Eigenschaft auch vererben. In Südost- und Mitteleuropa haben sich Birnen nach der letzten Eiszeit verbreitet, Spuren finden sich schon im 2. und 3. Jahrtausend v. Chr., etwa bei den Pfahlbauten in

Österreich, Deutschland, Frankreich oder auch der Schweiz. Mit dem Veredeln von Birnen, die Homer eine »Göttergabe« nannte, beschäftigte man sich schon im antiken Griechenland. Die Römer kultivierten diese Obstart ebenfalls, Plinius d. Ä. unterscheidet 40 Sorten nach ihren speziellen Eigenschaften. Mit den Römern gelangten Birnenreiser nach Mitteleuropa, dort wurde der Obstbau im Mittelalter vor allem eine Sache der Klöster.

Allerdings waren die Birnen dieser Zeit wohl recht hart; jedenfalls empfehlen viele Rezepte, sie zu kochen. Zusammen mit Wein und Schmalz ergaben sie ein Birnenmus, aus dem man, unter Zugabe von Mehl und Gewürzen, auch Küchlein backen konnte. Der Rohverzehr von Birnen galt hingegen als bedenklich oder gar giftig, die Heilkundigen des Mittelalters warnten eindringlich davor, Birnen roh vom Baum zu essen, es hieß: »Nach einer Birne Wein oder den Priester.« Doch schon bald, im 13. Jh. n. Chr., entdeckte man die positiven Eigenschaften der Birne wieder, wer im höfischen England seinem Gast eine große Ehre erweisen wollte, servierte ihm eine gekochte Birne aus dem eigenen Garten. Mit dem »Pelzbuch« des Gottfried von Franken lag im 14. Jh. die erste Anleitung zur Veredelung auch in Deutschland vor, ein Werk, das oft kopiert wurde und bis ins 18. Jh. als Standard galt. »Pelzen«, so hieß das Veredeln von Gehölzen, ausgeführt vom geachteten Berufsstand der Pelzer, Paelzer oder Paeltzer. Ab Mitte des 17. Jh. avancierte die Birne dann schließlich zur Modefrucht der europäischen Höfe. Vor allem in Frankreich und Belgien, aber auch in England befasste man sich intensiv mit Anbau und Züchtung; es entstanden viele neue Sorten.

Dabei ist die Kultivierung von Birnen nicht ganz einfach. Birnen benötigen einen tiefgründigen, nährstoffreichen Boden und mehr Wärme als Äpfel, vor allem die spät reifenden Sorten. Daher kommen in Mitteleuropa nur klimatisch bevorzugte Regionen für den Anbau in Frage. Bleibt das Wetter 2 Monate vor der Pflückreife feucht-kühl, entwickeln die Früchte kaum Geschmack und bleiben trocken. Indiz für eine ungünstige Witterung sind auch Steinzellen (sehr feste Zellen mit stark verdickten, oft verholzten Zellwänden) in der Nähe des Kerngehäuses. Durch die frühzeitige Blüte sind Birnen frostempfindlich; doch auch ein Zuviel an Trockenheit und Hitze ist ungünstig. Zudem sind Birnen wie Äpfel selbstunfruchtbar.

'Bunte Julibirne', lichtgrün bis gelb, sonnenseits rötlich geflammt. Eine frühe, saftig-süße Sommerbirne mit gutem Geschmack.

'Abate Fetel', flaschenförmige, berostete, bräunlich grüne, später gelbe, sehr gute Tafelbirne, die sich gut lagern lässt. Saftig, mildes Aroma.

'Gellerts Butterbirne', grünlich gelb, berostet, mit gutem Aroma und harter Schale. Weinsäuerlich-süß, sehr saftig, dabei angenehm schmelzend.

'Concorde'. Geschmacklich ansprechende Neuzüchtung aus Großbritannien. Die großen, kaum berosteten, grünlichen Früchte haben angenehm feinzelliges Fruchtfleisch.

'Esperens Bergamotte', nahezu apfelförmige, verwaschen grüne, feste Früchte. Nur in mildem Klima entwickelt sich das angenehme Aroma. Sehr spät reif, erst ab Januar genießbar.

→ Birnen im Erwerbsanbau – Methoden:

Früher veredelte man Birnen hauptsächlich auf Sämlingsunterlagen (Birnen), mit der Folge, dass zwar gute Qualitäten erreicht, die Bäume jedoch sehr hoch wurden. Heute bevorzugt man dagegen meist schwachwüchsige Quittenunterlagen, die dann zwischenveredelt werden, bevor die eigentlich veredelte Birnensorte geerntet werden kann.

Süß & säurearm
Birnen als Schonkost

'Dr. Jules Guyot', große hellgrüne bis gelbe, saftig-süße Tafelbirne mit braunen Punkten. Sie braucht viel Sonne.

'Alexander Lucas', gelbgrüne haltbare Wintertafelbirne. Süß, mäßig saftig, körniges Fruchtfleisch, geringes Aroma.

'Gute Luise', 'Bonne de Longueval'. Rötlich gelbe, teilweise rot gepunktete, glatte Schale. Saftig mit harmonischer Süße, feiner Geschmack.

'Köstliche von Charneu(x)'. Gute, mittelgroße Spätherbst-Tafelbirne, meist gelb, etwas gerötet. Saftig, sehr süß.

So sind im Lauf der Zeit auch bei der Birne durch Mutationen und Kreuzungen eine Vielzahl an Sorten entstanden, Schätzungen zufolge gibt es heute über 2.500 verschiedene Birnensorten, die Mehrzahl davon im 18./19. Jh. in Frankreich und Belgien – und das mehr oder weniger zufällig. Das Formenspektrum reicht dabei von kugelig über glocken- bis flaschenförmig. Wie der Apfel ist auch die Birne botanisch eine Sammelbalgfrucht, die typische Birnenform kommt übrigens dadurch zustande, dass nicht nur – wie beim Apfel – der Blütenboden das aus den 5 Fruchtblättern hervorgehende Samengehäuse umschließt, sondern auch Teile des Stiels fleischig verdickt ausgebildet werden. Die Schalenfarbe ist grün bis gelb oder rot, viele Birnen weisen eine sortentypische Berostung auf.

'Limonera', eine gelbgrüne, saftig-süße, angenehm mild-aromatische Tafelbirne aus Spanien.

'Anjoubirne', gelblich grün, auf der Sonnenseite teilweise gerötet. Sie ist saftig-süß mit angenehm würzigem Geschmack.

Angebaut werden Birnen heute weltweit, bedeutendster Produzent ist China, das allein über 40 % zur Weltproduktion von über 13 Millionen Tonnen beiträgt. Wichtige Anbauländer sind zudem Italien, die USA, Spanien, Argentinien, Japan, die Türkei, Frankreich, die Ukraine, Chile und Südafrika. Deutschland steht weltweit an 9. Stelle; der Birnenanbau ist hier zu Lande aufgrund der hohen klimatischen Anforderungen, der kurzen Zeit der Genussreife und der größtenteils begrenzten Lagerfähigkeit allerdings eher rückläufig; Zuchtziele sind daher neben einer guten Fruchtqualität und hohem Ertrag Resistenz gegen Krankheiten (Feuerbrand, Birnenverfall oder Rindenbrand), Resistenz gegen Schorf und vor allen Dingen eine gute Lagerfähigkeit. Man unterscheidet Birnen einmal nach ihrem Reifezeitpunkt in Sommer-, Herbst- und Winterbirnen, außerdem nach der Verwendung in Tafel-, Most- oder Kochbirnen. Der Handel teilt Birnen in eigene Preisgruppen, Güteklassen und Größengruppen ein.

'Bosc's Flaschenbirne', grüngelb bis gelb, stark berostet. Gute, saftig-aromatische Spätherbstbirne.

'Williams Christ', eine gelbgrüne, bei zunehmender Reife gelbe, sehr gute und saftige Tafelbirne mit edlem Aroma.

'Rote Williams Christ', englisch 'Red Bartlett'. Sie ist eine rote Mutante von 'Williams Christ' und kommt aus den USA.

'Conference', grüne, stark berostete, sehr gute Tafelbirne. Süß, sehr saftig, angenehmes Aroma, gut haltbar.

Birnen gelten aus ernährungsphysiologischer Sicht als wertvoll. Was die Inhaltsstoffe anbelangt, so weisen Birne und Apfel eine große Ähnlichkeit auf. Deutliche Unterschiede gibt es nur beim Rohfasergehalt – er ist bei der Birne fast doppelt so hoch wie beim Apfel –, bei dem geringeren Vitamin-C-Anteil, und vor allen Dingen bei den wesentlich niedrigeren Säurewerten. Während Äpfel hier zwischen 4 und 15 g/l erreichen, sind es bei Birnen nur 1 bis 3 g/l. Damit sind sie noch milder als selbst säurearme Apfelsorten wie 'Gala' oder 'Delbarestivale'. Gerade dieser Armut an Säuren verdankt die Birne ihren Ruf als ideale Schonkost.

Birnen enthalten eine fein ausgewogene Mischung an Mineralstoffen, Spurenelementen und Vitaminen. Zu nennen sind hier in erster Linie die B-Vitamine, insbesondere Folsäure, die Wachstum und Blutbildung unterstützt, aber auch der hohe Gehalt an entwässerndem Kalium. Birnen helfen, Schwermetalle und schädliche Lebensmittelzusätze zu neutralisieren und auszuscheiden. Daher wird ihnen eine positive, entgiftende und entschlackende, Herz-Kreislauf stärkende Wirkung bescheinigt. Auch bei Verdauungsbeschwerden oder Bluthochdruck leisten sie wirksame Hilfe. Birnen können Nieren- und Blasenleiden lindern und helfen, den Wasserhaushalt im Körper zu regulieren. Zudem machen sie – dank des hohen Folsäuregehalts – auch noch gute Laune.

'Clapps Liebling'. Diese mittelgroße, gelblich grüne bis gelbe, meist rot geflammte oder gestreifte Birne stammt ursprünglich aus den USA. Sie reift Mitte August und zeichnet sich durch ein feinkörniges süßes Fruchtfleisch aus, ist mild-säuerlich, fein-würzig und sehr saftig, wird aber nach der Genussreife rasch teigig.

Frisch & verarbeitet
Birnen sind vielseitig

'Moratini', die erste Birnensorte, die aus Spanien in den Handel kommt, ist sehr zart schmelzend.

'Packhams Triumph', große, beulige Herbstbirne aus Australien. Glatte, gelbe Schale, wenig berostet. Mit schmelzendem, süßem Fruchtfleisch.

'Frühe von Trevoux', Sommerbirne mit glatter gelbroter Schale, oft geflammt. Saftig-schmelzendes, leicht würziges, erfrischendes Fleisch.

'Clairgeau', sehr großfrüchtige, rötlich berostete Frühwinterbirne aus Frankreich mit saftigem, würzigem Fruchtfleisch.

Gerade für Menschen mit erhöhtem Flüssigkeitsbedarf empfiehlt sich der Verzehr von Birnen. Doch sollte man beim Einkauf auf Qualität achten: Gute Birnen haben ein saftiges Fruchtfleisch mit zartem Schmelz und eine feine Schale. In den Handel kommen die druckempfindlichen Früchte vor dem Erreichen ihrer Genussreife. Lagerfähige Sorten werden hartreif geerntet und kommen bis zum Verkauf ins Kühllager. Einmal der Kühlung entnommen, reifen sie jedoch schnell nach, günstig sind Temperaturen von 18 bis 21 °C. Weiche, gelbe Früchte mit braunen Flecken sind bereits überreif und verderben rasch; solche Ware sollte man nicht mehr kaufen. Angebotsschwerpunkte gibt es bei Birnen aus heimischem Anbau zwischen Oktober und Dezember; Einfuhren aus Übersee versorgen den Markt jedoch das ganze Jahr über.

'Gelbmöstler' ist eine typische Mostbirne mit kleinen, herben Früchten. Sie wird rasch teigig.

Wildbirnen haben nur mirabellengroße, sehr steinzellenreiche harte Früchte mit extrem hohem Gerbstoffgehalt.

Tafelbirnen werden sehr viel roh verzehrt; gut ausgereifte, aromatische Früchte schmecken köstlich und sind sehr saftig. Die Schale sollte man nach Möglichkeit mitessen (Bioware kaufen), gerade sie enthält viele der wertvollen Wirkstoffe. Statt Schälen empfiehlt sich gründliches Waschen. Für den Frischverzehr weniger geeignet sind hingegen die kleineren, sehr gerbstoffhaltigen Mostbirnen. Sie sind wohl für das Vorurteil verantwortlich, rohe Birnen lägen schwer im Magen.

Während Mostbirnen aber für die Küche in der Regel keine allzu große Rolle spielen – sie werden in erster Linie zu Saft verarbeitet oder zu Most vergoren – gibt es für Tafelbirnen eine Vielzahl an Zubereitungs- und Konservierungsmöglichkeiten, angefangen vom Kompott über eingelegte Birnen in Rotwein, die etwa als Beilage zu Wild gereicht werden können, bis hin zu fruchtigen Kuchen oder Desserts mit Birnen. Darüber hinaus lassen sich Birnen – ganz oder halbiert – gut dörren und so für den Winter aufbewahren, bis sie als wichtiger Bestandteil von Hutzel- oder Früchtebrot Verwendung finden. Aus Birnen, vorwiegend aus Williams Christ, wird zudem ein beliebter, sortenreiner Edelbrand destilliert.

Die **Asienbirne, Japanische Birne, Nashi** *(Pyrus pyrifolia)*, engl. Asian pear, Japanese pear, nashi, frz. nashi, poire japonaise, zählt zur selben Gattung wie unsere heimische Birne, bildet aber eine eigenständige Art mit über 150 Sorten. Im Handel hat sie sich als »Nashi« eingebürgert, doch ist dies lediglich der japanische Ausdruck für Birne, genauer ist also die Bezeichnung Asienbirne. Ihr Ursprung lässt sich nicht exakt bestimmen, liegt aber wohl in Japan, Südchina und Korea, wobei verschiedene Wildarten an ihrer Entstehung beteiligt waren. Hauptanbauland heute ist Japan, andere Produzenten sind Korea, China, Taiwan, Australien, Neuseeland und weitere. Seit einigen Jahren wird diese Obstart selbst in Europa, vor allem in Italien, Spanien und Südfrankreich angebaut, auch in Deutschland gibt es erste Kulturversuche.

Trotz aller Ähnlichkeit weisen die Früche doch erhebliche Unterschiede auf: Während heimische Birnen saftiges, zartes Fruchtfleisch mit ausgeprägtem, sortentypischem Geschmack und Aroma haben, sind Nashis eher melonenähnlich: Sie schmecken mild und haben ein saftig-festes Fruchtfleisch. Im Gegensatz zur europäischen muss die Asienbirne daher nicht hartreif geerntet werden; selbst vollreif geerntet bleibt sie noch fest und hält sich im Kühllager ausgezeichnet. In der Schweiz gelang mit der 'Benita' die erste Artkreuzung zwischen der Europäer- und der Asienbirne, die die positiven Eigenschaften beider Arten vereinigt: das Aroma heimischer Birnen mit der ausgezeichneten Haltbarkeit der nicht nachreifenden Asienbirnen. Sie sind vor allem für den Frischverzehr geeignet und schmecken leicht gekühlt am besten.

'Benita', die erste Artkreuzung zwischen Europäer- und Asienbirne, erinnert im Aussehen von Frucht und Baum an beide Eltern. Das schmelzende Fruchtfleisch unter der goldfarbenen Schale hält sich lange frisch, schmeckt aber weniger intensiv als bei der gleichzeitig reifen Williams Christbirne.

'Hosui'. Saftig-süße Asienbirne mit festem, knackigem, leicht durchscheinendem Fruchtfleisch unter ockerfarbener, berosteter Schale.

Asienbirnen (Nashis) haben zumeist apfelförmige Früchte. Es gibt, vor allem in China, auch birnenförmige Sorten, die aber kaum in den Handel kommen.

'Nijiseikii', glattschalige Asienbirne mit mildem Aroma und knackigem Fruchtfleisch, das lange knackig bleibt und gekühlt am besten schmeckt.

Quitten
Sehr aromatisch

Reife Quitten *verströmen einen betörenden Duft, schon einige Früchte können mit ihrem Wohlgeruch einen ganzen Raum aromatisieren. Zum Rohgenuss kaum geeignet, sind Quitten in der Küche dennoch äußerst vielfältig verwendbar. Aus ihnen kann man köstliche Gelees, Kompotts, herbfruchtige Beilagen und Konfekt, aber auch Likör oder Schnaps herstellen.*

Birnenquitten gibt es in mehreren Sorten. Die Früchte wiegen teilweise weit über ein Pfund. Die kleineren, aber meist aromatischeren Apfelquitten finden sich nur selten im Handel.

Zierquitten sind nur walnussgroß und nicht eng mit den Quitten verwandt, haben aber sehr ähnliche Inhaltsstoffe. Die leuchtend gelben Früchte lassen sich gleich verwerten wie Quitten.

Auch die **Quitten,** Schmeckbirnen, Kidos, Kütten *(Cydonia oblonga)*, engl. quince, frz. coing, zählen zu den Rosengewächsen *(Rosaceae)*. Ursprünglich stammt die Quitte, von der nur die eine genannte Art bekannt ist, vermutlich aus Südwestchina wie Äpfel und Birnen auch. Von dort sind sie schon sehr früh weitergewandert, ihr Genzentrum liegt nach heutigen Erkenntnissen in Transkaukasien; in einem Gebiet vom südlichen Iran bis zum östlichen Teil von Kleinasien. Sehr früh gelangte sie dann auch in den Mittelmeerraum. Schon 650 v. Chr. bezeichnen die Griechen die Quitte als »mala cydonia« – Apfel aus Kydon, nach der an der Nordküste gelegenen Stadt auf Kreta, wo der Stamm der Kydonier ansässig war. Auch dürften die »Goldenen Äpfel« der Hesperiden, das Hochzeitsgeschenk von Gäa für Zeus und Hera, Quitten gewesen sein.

Bis heute gilt die Quitte, die im heimischen Erwerbsobstbau nur eine untergeordnete Rolle spielt, als Symbol der Liebe und Fruchtbarkeit. Weltweit gibt es um die 200 Sorten; fast alle der heute im Anbau befindlichen sind Zufallssämlinge. Von Natur aus wächst die Wärme liebende Quitte, eine Schein- oder Sammelbalgfrucht, weniger an einem Baum mit Einzelstamm, sondern vielmehr an strauchartigen Gehölzen. Quitten stellen geringe Ansprüche an den Boden, nur Staunässe vertragen sie nicht. Die meisten Sorten sind selbstfruchtbar, einige brauchen eine Bestäubung durch Fremdpollen. Aufgrund des späten Blühtermins ist die Quitte weniger frostgefährdet als andere Kernobstarten. Nur sehr kalte Winter mit Temperaturen unter -20 °C machen ihr den Garaus. Der schönen Blüte, nicht umsonst wird die Quitte oft als Ziergewächs gepflanzt – folgen im Herbst leuchtend gelbe Früchte.

Man unterscheidet Birnen- und Apfelquitten, wobei beide mehr oder weniger glatt oder auch gerippt sein können. Der Unterschied liegt neben der Form vielmehr in der Festigkeit des Fruchtfleisches und im Aroma: Birnenquitten schmecken milder, sind weicher und weisen deutlich weniger Steinzellen auf. Apfelquitten haben dagegen ein trocken-hartes Fruchtfleisch, sind von vielen Steinzellen durchsetzt, sind aber wesentlich aromatischer als Birnenquitten. Angebaut werden Quitten in der Türkei, den anderen Ländern rund ums Mittelmeer, auf dem Balkan, aber auch in Japan und Nordamerika.

Geerntet werden Quitten bei uns meist im Oktober, in den Handel gelangen sie selten. Angebote finden sich jedoch bei Direktvermarktern und auf Wochenmärkten. Lagern lassen sich Quitten nicht allzu lange, im Kühllager bis 0 °C und einer relativen Luftfeuchtigkeit von 90 bis 95 % halten sie 2 bis 3 Monate, bei einer kühl-luftigen Aufbewahrung zu Hause etwa 8 Wochen. Bei einer längeren Lagerung verfärbt sich das Fruchtfleisch braun.

Im Gegensatz zu manchen südlichen oder südöstlichen Quittensorten, die man wie einen Apfel aus der Hand essen kann, eignen sich die heimischen Quitten nicht zum Rohverzehr; zu hart und säuerlich ist ihr Fruchtfleisch. Aufgrund des hohen Gerbstoffgehalts wirkt es außerdem stark adstringierend. Die Verarbeitung zu Saft, Gelee oder Kompott lohnt aber umso mehr, zum einen wegen des unvergleichlichen Aromas, zum andern aufgrund der wertvollen Wirkstoffe, die in den Quitten stecken.

Schon für Hippokrates (4. Jh. v. Chr.) war die Quitte die »für Heilzwecke nützlichste Frucht«, Plinius d. Ä. empfiehlt sie gleich gegen 21 verschiedene Leiden. Wenngleich sich diese ihr zugesprochenen Wirkungen auch nicht alle medizinisch bestätigt haben, so gilt die Quitte doch bis heute als ernährungsphysiologisch ausgesprochen wertvolle Frucht. Auffallend hoch ist ihr Gehalt an Pektinen, Gerbstoffen, Rohfaser und Kalium.

Vor der Verarbeitung reibt man bei Quitten, die von den Römern einst als »wolliger Apfel« bezeichnet wurden, sorgfältig – am besten mit einem Küchentuch – den feinen, haarigen Flaum ab.

Quitten vorbereiten: Da ein Halbieren der Länge nach bei Quitten schwierig ist, schneidet man das Fruchtfleisch nicht mittig durch, sondern am besten von allen vier Seiten neben dem Kerngehäuse ab. Etwas Kraft braucht man zum Durchtrennen des Kerngehäuses und der nebenliegenden Steinzellen, doch nur so gelangt man an die wertvollen Kerne.

Zierquitte, Mispel Speierling & Eberesche

Pektine – bei der Quitte sind es noch mehr als beim Apfel – regulieren durch ihre Quellfähigkeit den Wasserhaushalt. Im menschlichen Organismus wirken Ballaststoffe wie Pektine und Zellulose als »Putzkolonne«; ihre Faserstruktur und ihr Quellvermögen befähigen sie dazu, Schadstoffe zu binden und aus dem Körper zu schaffen. Pektine senken zudem den Cholesterinspiegel, normalisieren den Blutzuckerspiegel und beugen Darmkrebs vor.

Auch beim Kaliumgehalt steht die Quitte (150 bis 210 mg) noch vor dem Apfel (100 bis 180 mg). Kalium spielt eine wichtige Rolle für den Wasserhaushalt im Körper und die Reizübertragung der Nerven. Der Vitamin-C-Gehalt der Quitte entspricht mit etwa 30 mg/100 g in etwa dem mancher Apfelsorten; der Zuckeranteil ist etwas niedriger.

Birnenquitten haben weicheres, saftigeres Fruchtfleisch und sind ärmer an Steinzellen als Apfelquitten. Sie fruchten auch früher und reichlicher.

Hervorzuheben sind außerdem noch die Kerne der Quitte, von denen sich in jeder Kammer des Kerngehäuses 6 bis 8 Stück finden. Sie enthalten enorm hohe Mengen an heilenden Schleimstoffen. Quittenschleim lindert – äußerlich angewendet – Sonnenbrand, rissige Haut und Aufschürfungen, spröde Lippen und entzündete Augen. Innerlich verwendet hilft er bei Magen-Darmschleimhaut-Entzündung, Halsweh, Husten und Bronchitis.

Früher gab es dieses natürliche Heilmittel noch zu kaufen, heute muss man es selbst herstellen. Hierfür setzt man 1 Teil unzerkleinerter Kerne in 8 Teilen Wasser an, schon nach einer Viertelstunde erhält man den Schleim. Als »Hustenbonbons« leisten getrocknete Quittenkerne, einfach nur gelutscht, wirksame Dienste. Zerkauen sollte man die Kerne aber nicht, sie schmecken extrem bitter.

Aus kulinarischer Sicht erlebt die Quitte aufgrund ihres feinen Aromas derzeit eine Renaissance. Angefangen vom Saft über das geschätzte Gelee bis hin zu Kompott oder feinen Desserts, lassen sich Quitten äußerst vielfältig verarbeiten. Mehr und mehr geschätzt werden sie auch, meist in Alkohol eingelegt, als Beilage zu Fleisch oder Wild. Aus Quitten wird auch Likör und Schnaps hergestellt.

Zierquitten (*Chaenomeles* ssp.), engl. Japanese quince, frz. cognassier du Japon, zählen zwar auch zu den Rosengewächsen (Rosaceae), haben aber botanisch mit der Quitte nicht viel gemein. Ähnlich ist hingegen Aussehen und Verwendung. Am bekanntesten ist die Japanische Zierquitte *(Chaenomeles japonica)*, ein knapp meterhoher Busch mit

Apfelquitten haben hartes, mit Steinzellen durchsetztes und eher trockenes Fruchtfleisch; dafür sind sie aber herb-würzig und hoch aromatisch.

'Japanische Zierquitte' wird in Europa vorwiegend als Zierpflanze, in ihrer Heimat China und Japan aber auch zur Fruchtgewinnung verwendet.

eiförmigen Blättern, langen Dornen und leuchtend roten Blüten. In Lettland wurde eine großfrüchtige, dornenlose, bis -30 °C winterharte Sorte gezüchtet, die unter dem Namen 'Cido' bekannt ist. Die pflaumengroßen, gelben Früchte der verschiedenen Zierquitten-Arten lassen sich genauso vielfältig verwerten wie Quitten, mit ihrem intensiven Aroma verfeinern sie Säfte, Moste, Kompotts oder Gelees, würzen aber auch Saucen und Fleischgerichte. Zudem sind Zierquitten ein wichtiger Vitamin-C-Spender, doppelt so viel wie Zitronen enthalten sie davon (130 mg/100 g).

Die **Mispel** *(Mespilus germanica)*, engl. medlar, frz. néflier, nèfle commune, ein Rosengewächs *(Rosaceae)* wurde bereits vor rund 3.000 Jahren in Transkaukasien, im Gebiet des Kaspischen Meeres, kultiviert. Mit den Griechen und Römern gelangte die Pflanze nach Europa. Mispeln wachsen als sparrige Büsche oder 2 bis 4 m hohe Bäume, sind anspruchslos und werden kaum von Krankheiten oder Schädlingen befallen. Die selbstfruchtbaren weißen Blüten erscheinen im Mai und erinnern an Quitte. Reif werden die etwa 3 cm großen, erst grünen, dann braunen Früchte im Oktober. Im November gepflückt sind Mispeln meist noch steinhart, sehr herb und kaum genießbar. Erst nach dem Einwirken von Frösten oder einer Nachreifezeit von einigen Wochen schmecken sie dann fruchtig-säuerlich mit ausgeprägtem Eigenaroma. Wertvoll sind Mispeln aufgrund ihres hohen Pektin- und Gerbstoffgehalts. Aus den Früchten kann man Kompott, Konfitüre, Gelee oder auch Saft und Most herstellen.

Birnenförmiger Speierling hat mattrote, deutlich gepunktete Früchte. Jeweils 5 bis 10 der kleinen »Birnchen« sitzen in einer Trugdolde zusammen.

Apfelförmiger Speierling besticht durch glänzend rotgelbe Früchte. Sie wiegen ebenfalls nur 10 bis 20 Gramm.

Der **Speierling** *(Sorbus domestica)*, engl. service tree, frz. cormier, sorbier – auch er ein Rosengewächs *(Rosaceae)* – ist in Süd- und Mitteleuropa heimisch. Wie viele Kernobstarten war auch er bereits den Griechen bekannt. Im Mittelalter wurde der Baum, der bevorzugt an warmen besonnten Hängen auf kalkreichen Böden wächst, noch häufig kultiviert; heute ist der Speierling etwas in Vergessenheit geraten. Die apfel- oder birnenförmigen Früchte sind erst grünlich, dann gelb und haben auf der Sonnenseite häufig rote Backen. Sie reifen im September, sind aber direkt nach der Ernte meist noch nicht genießbar. Später schmecken die Früchte süß-säuerlich mit einer herben Note. Aufgrund seines hohen Gerbstoffgehalts dient der Speierling vor allem der Verbesserung von Apfel- oder Birnenmost; gemischt mit Apfel, Birne oder Quitte ergibt er aber auch eine gute Konfitüre.

Die **Eberesche** *(Sorbus aucuparia)*, engl. mountain ash, rowan tree, frz. sorbier des oiseleurs, zählt zu den Rosaceaen und ist bis in den Norden verbreitet. Der lichtbedürftige Baum ist ansonsten wenig anspruchsvoll, verträgt Kälte und Höhen über 2.000 m. Die im Herbst reifenden, leuchtend orangeroten Beeren sollte man nicht roh verzehren. Durch Erhitzen werden unbekömmliche Substanzen wie Parasorbin- und Blausäure aber zerstört.

→ Vogelbeeren

– wie die Vitamin-C-reichen Früchte der Eberesche auch genannt werden – können durch Einlegen in Essigwasser oder durch Hängenlassen am Baum bis nach den ersten Frösten entbittert werden. Aus dem Saft kann Gelee gekocht werden, entweder pur oder auch in Kombination mit Holunder, Himbeeren oder Äpfeln. Auch als Kompott bereichert die herb-bittere Note der Eberesche gerade Wildgericht aufs Beste.

Mispel. Die bei Vollreife apart bronzefarbenen Scheinfrüchte haben nur zwischen 2 bis 4 cm Durchmesser, Riesenmispeln bis 6 cm.

Edeleberesche. Milder und großfruchtiger als die ursprüngliche Wildform der Eberesche. Erstere eignet sich für den gezielten Anbau besser.

Reife Aprikosen Ein Hochgenuss

Aprikosen *werden aufgrund der besseren Transportfähigkeit häufig zu früh geerntet und schmecken dann, da die Früchte nicht mehr nachreifen, trocken und fade. Wer aber in den Genuss kommt, wirklich sonnengereifte, frische Früchte zu kosten, gerät schnell ins Schwärmen.*

Aprikosen zählen, wie Pfirsiche, Pflaumen und Kirschen auch, zum Steinobst. Charakteristisch ist für diese Gruppe die steinartige Innenschicht (Endokarp), die den Samenkern umschließt. Essbar ist die den Stein umhüllende, fleischig verdickte Mittelschicht des Fruchtknotens (Mesokarp), die wiederum von einer Fruchtschale (Exokarp) umschlossen ist. Die Verwandtschaftsverhältnisse beim Steinobst sind eng; alle genannten Arten gehören zur Gattung *Prunus*, einschließlich der Mandel, die jedoch zum Schalenobst gerechnet wird.

Die **Aprikose,** Marille *(Prunus armeniaca)*, engl. apricot, frz. abricot, auch sie ein Rosengewächs *(Rosaceae)*, stammt ursprünglich aus Zentralasien, vermutlich aus Nordchina. Wildarten finden sich noch von Afghanistan bis Japan. In China wurde sie – wie auch der Pfirsich – bereits 4.000 v. Chr. angebaut. Von dort gelangte sie im Lauf der Zeit über Mittel- und Vorderasien nach Europa. Lange Zeit galt sie den Europäern als Pfirsich, erst ab dem 16. Jh. wurde die orangegelb leuchtende Frucht als eigenständige Obstart gerechnet.

'Polonais', 'Orange de Provence'. Alte französische Sorte mit aromatischen Früchten, das säuerliche Fruchtfleisch wird jedoch rasch mehlig.

'Bebeco', 'Bebekou' ist eine mittelfrüh reifende Hauptanbausorte in Griechenland mit leuchtend orangegelbem Fruchtfleisch.

Obwohl die Aprikose ausgezeichnet schmeckt, spielt sie zahlenmäßig im Erwerbsobstbau keine sehr große Rolle. Der Grund liegt in ihren hohen klimatischen Ansprüchen und der Anfälligkeit gegenüber Krankheiten. Ursprünglich eine Steppenpflanze, liebt die Aprikose sommertrockene, warme Regionen, viel Regen und Feuchte im Sommer fördert Pilz- und Viruskrankheiten. Zudem blühen Aprikosenbäume sehr früh und sind deshalb auch besonders spätfrostgefährdet. Günstiges Klima in Europa findet sie in den Ländern rund ums Mittelmeer; wichtigster Produzent ist die Türkei. Aber auch in Frankreich, vor allem im unteren Rhônetal, gedeihen qualitativ hochwertige Früchte. Weitere Anbauschwerpunkte in Europa liegen in Rumänien, Ungarn, der Schweiz (Wallis) und Österreich (Wachau), weltweit außerdem in Pakistan, dem Iran, der Ukraine, in China, den USA, Südafrika, Australien, Chile, Argentinien und Russland. In Deutschland werden Aprikosen verhältnismäßig selten angebaut, in Frage kommen nur Gebiete mit Weinbauklima. Bei uns auf den Markt kommen sie ab Mai/Juni aus Marokko und Spanien, beste, saftige Qualitäten gibt es im Juli, August. Angebote im Winter stammen vorwiegend aus Südafrika.

'Bulida', frühe Aprikosensorte aus Spanien. Große, deutlich gefurchte, gelbe Früchte mit nur leichter Orangefärbung. Etwas parfümiert im Geschmack.

Ein typisches Merkmal der zwischen 4 und 8 cm großen Aprikose ist die vom Stiel bis zum Blütenende verlaufende Naht, die die Früchte in zwei Backen teilt. Je nach Sorte kann ihre Form von kugelig bis leicht oval oder eiförmig variieren. Sortenbedingte Unterschiede gibt es auch bei der Fruchtschale, die entweder rau, samtartig oder auch glatt sein kann. Das Fruchtfleisch ist weißlich, gelb oder tief gelborange und löst sich bei reifen Früchten leicht vom Stein.

Was die Inhaltsstoffe anbelangt, liegen Aprikosen gleich in mehrerer Hinsicht weit vorne: Sie enthalten wenig Säure, dafür viele Mineral- und Ballaststoffe, enorm viele Karotene, überdurchschnittlich viel Kalium, Vitamin B_5 und Folsäure in günstiger Kombination.

Aromatische Aprikosen sind ein köstliches Frischobst, das in Desserts oder auf Kuchen gut zur Geltung kommt. Verwendung finden sie in süßen und pikanten Gerichten oder für Konfitüre. Getrocknete Aprikosen sind ein wertvoller Snack. Zudem wird aus ihnen eine Reihe von Spirituosen (Marillenlikör, -schnaps oder -brandy) hergestellt.

'Bergeron', säuerliche mittelspäte Sorte aus Frankreich. Große, orangefarbene Früchte, wenig saftig, aromatisch. Das Fleisch löst sich gut vom Stein.

'Reale', mittelgroße Aprikosensorte der frühen bis mittelfrühen Reifegruppe im italienischen Anbau. Großer Stein, der sich gut löst.

'Jumbo Cot', großfrüchtige Neuzüchtung mit angenehm fruchtigem Geschmack, gut steinlösend.

→ Prädikat: Besonders wertvoll!

Reif geerntete, intensiv orange gefärbte (sortenbedingt!) Aprikosen enthalten besonders viele der krebshemmenden Pflanzenfarbstoffe (Karotene). Zudem stärken Aprikosen das Immunsystem und die Konzentrationsfähigkeit, wirken schützend auf die Lungenschleimhäute und können bei Asthmabeschwerden Linderung bringen.

Samtige Pfirsiche
Süß und saftig

'Flavorcrest'. Großfrüchtige Pfirsichsorte der mittelfrühen Reifegruppe mit intensiv gelbem und aromatischem Fruchtfleisch.

'Primerose', Mutation von 'Pat's Pride' aus den USA mit weißem, faserigem und saftigem Fruchtfleisch, das sich aber nicht gut vom Stein löst. Reift sehr früh.

Der **Pfirsich** *(Prunus persica)* ist eng mit Aprikose, Nektarine und Mandel verwandt und wie diese Arten ein Rosengewächs *(Rosaceae)*. Heutige Sorten lassen sich ohne Zwischenformen direkt auf die Wildarten zurückführen. Entgegen der sich aus dem lateinischen Namen des Pfirsichs ergebenden Vermutung, stammt der Pfirsich ursprünglich nicht aus Persien, sondern ist in Nord- und Mittelchina beheimatet, dort kultiviert man ihn schon seit mehr als 6.000 Jahren. Über Persien gelangte er dann nach Kleinasien und Europa; die Römer brachten ihn über die Alpen bis an den Rhein. Im Mittelalter galt der Pfirsich an deutschen Fürstenhöfen als große Besonderheit.

Angebaut wurde der Pfirsich ab dem 17. Jh.; zunächst in Frankreich, zwei Jahrhunderte später auch in Deutschland. Allerdings nur in kleinen Mengen, da die meisten Sorten sehr Wärme und Licht liebend sind und daher nur in Gebieten mit Weinbauklima kultiviert werden können. Durch ihr frühes Erscheinen sind die hübschen, zartrosa Blüten des Pfirsichbaumes stark frostgefährdet. Die Anbauschwerpunkte liegen daher in Ländern mit warm-gemäßigtem Klima. Einen Großteil der Weltproduktion erzeugt China, weitere wichtige Anbauländer sind Italien, die USA, Griechenland, Spanien, Frankreich, die Türkei, Chile, Argentinien, Südafrika und Australien.

Obwohl der Pfirsich relativ viel Pflege erfordert – die kleinen Bäume müssen jährlich geschnitten werden, sonst erhält man zu viele, kleine und nicht marktfähige Früchte – hat der Anbau in den letzten Jahrzehnten in Europa stark zugenommen.

'Barbara'. Ansprechender Pfirsich mit großen Früchten. Das gelbe, saftig-süße Fruchtfleisch schmeckt angenehm mildwürzig und löst sehr gut vom Stein.

'Roter Weinbergpfirsich', mit weißem, sehr stark dunkelrot marmoriertem, aromatischem Fruchtfleisch. Stark behaart und gut steinlösend.

Das Schälen von Pfirsichen empfiehlt sich gelegentlich für die Weiterverarbeitung der Früchte oder für Leute, die viel Importware verzehren. Dafür taucht man die Früchte kurz in kochendes Wasser.

Mit Hilfe eines Messers lässt sich die Haut jetzt gut von den Früchten abziehen. Am Stück, halbiert oder in Spalten geschnitten, können die Pfirsiche nun nach Belieben weiterverarbeitet werden.

Reife Pfirsiche sind optimale Durststiller: Saftig und kalorienarm animieren sie zum Reinbeißen. Essen sollte man sie am besten mit Haut, da gerade in ihr viele der wertvollen Wirkstoffe stecken – vorher aber gut waschen.

Die meisten Pfirsichsorten bringen runde Früchte hervor, nur diejenigen einiger Frühsorten sind am Blütenende leicht zugespitzt. Typisch sind für diese Obstart die mehr oder weniger deutliche Längsfurche, der vertiefte Stielansatz und vor allem die schwache, samtartige, flaumige Behaarung der Fruchthaut. Sie kann in der Farbe von Grünlich Gelb über Gelborange bis Rot reichen.

Es gibt heute eine beinahe unübersehbare Zahl an Sorten, die man teilweise nur schwer voneinander unterscheiden kann. Die meisten davon sind durch gezielte Züchtung in den USA entstanden, allein dort sind über 800 Sorten bekannt. Doch auch in Europa, vor allem in Italien und Frankreich, sind viele neue Sorten entstanden.

Ein Unterscheidungskriterium ist die Steinlöslichkeit, es gibt schlecht lösende, meist frühe Sorten, in den USA als »clingstone« bezeichnet, und Sorten, die sich leicht vom Stein lösen (»freestone«). Augenfälliger ist dagegen eine Sortenunterscheidung nach der Farbe des Fruchtfleisches, das entweder weiß oder gelb, seltener auch rot sein kann.

Sortenvielfalt

Weiß, gelb oder rot

Weißfleischige Sorten sind meist geschmacksintensiver als gelbe, dafür enthalten stärker gefärbte Früchte mehr der wertvollen Pflanzenfarbstoffe (Karotene). Eine Besonderheit stellen die rotfleischigen, auch als Weinberg- oder Blutpfirsich, in Frankreich »sanguine«, bekannten Sorten dar. Lange Zeit wenig beachtet, erleben sie derzeit in Weinbaugebieten eine Renaissance. Die weniger süßen, aber sehr geschmackvollen Pfirsiche verdanken ihre rote Farbe dem Farbstoff Anthocyan.

Auf den Markt kommen Weinbergpfirsiche im Spätsommer, im Gegensatz zu den weiß- und gelbfleischigen Sorten allerdings nur relativ selten, am ehesten findet man sie auf dem Wochenmarkt oder bei Direktvermarktern.

→ **Große Berühmtheit** haben manche Zubereitungen mit Pfirsichen erlangt, etwa als »Pêches Melba«. Die gelungene Dessertkreation von Pfirsich und Himbeeren ist eine Erfindung des legendären Kochs Auguste Escoffier. Nicht weniger legendär ist der »Bellini«, eine Erfindung von Giuseppe Cipriani, dem Gründer von Harry's Bar in Venedig. Für diesen fruchtigen Cocktail benötigt man den frischen Saft weißer Pfirsiche, der dann im Verhältnis 1 : 3 mit Prosecco aufgegossen wird.

'Catherina', mittelspät reifender, intensiv gelbfleischiger Pfirsich aus den USA mit auffallend spitz zulaufenden Früchten. Festes, sehr süßes, steinlösendes Fruchtfleisch.

'Rich Lady', Pfirsichsorte im französischen Anbau, reift mittelfrüh. Das gelbe Fleisch der großen Frucht löst gut vom kleinen Stein. Angenehm fruchtiger Geschmack.

Im Handel angeboten werden Pfirsiche ab Ende April, Anfang Mai aus spanischen oder marokkanischen Importen. Von Juni bis September ist das Angebot am größten, überwiegend stammen die Früchte dann aus Italien, Griechenland, Spanien und Frankreich. Im Winterhalbjahr kommen Importe aus Südafrika und Chile auf den Markt.

Was Geschmack und Aroma anbelangt, gibt es bei Pfirsichen große Unterschiede: Spät reifende Sorten haben in der Regel ein intensiveres Aroma als Frühsorten. Zudem entwickeln die Früchte ihren Geschmack erst in den letzten Reifetagen. Bevorzugen sollte man daher in jedem Fall beinahe vollreif geerntete Früchte. Nur sie schmecken wirklich gut, sind saftig-süß und haben das sortentypische Aroma. Das Gros der Früchte wird aufgrund der Druckempfindlichkeit jedoch hartreif geerntet. Da Pfirsiche aber nicht gut nachreifen können, bleibt solche Ware ohne Aroma, fad im Geschmack und von gummiartig-trockener Konsistenz. Reife Pfirsiche lassen sich nur kurz aufbewahren, nach dem Einkauf sollten sie nicht länger als 1 bis 2 Tage liegen.

Neben seinem guten Geschmack überzeugt der Pfirsich auch durch eine Fülle an Wirkstoffen. Er enthält wichtige Mineralstoffe, Spurenelemente und Vitamine. Besonders die B-Gruppe ist gut vertreten (Niacin), in einer günstigen Verbindung mit Magnesium, Selen und Zink. Wertvoll sind zudem die vielen, auch im Fruchtfleisch enthaltenen Karotene. Der Pfirsich stärkt das Immunsystem, ebenso wie Herz, Kreislauf und Gefäße. Zudem wirkt er entwässernd und sorgt auch noch für gute Laune, indem er Unruhe und Nervosität vertreibt.

Pfirsiche sind hervorragend zum Rohverzehr geeignet. Aus frischen Früchten lassen sich köstliche Desserts, süße Obstsalate oder auch Torten zaubern. Aber auch als fruchtige Ergänzung von pikanten Salaten oder Vorspeisen ist der Pfirsich gut geeignet. Sein feines Aroma, insbesondere das der weißfleischigen Pfirsiche, passt gut zu Weißwein Bowlen, Cocktails oder anderen Getränken.

Verarbeiten kann man Pfirsiche zu Eis oder Sorbet; Kompott oder Konfitüre. Aus den saftigen Früchten wird zudem Direktsaft, Nektar und Pulpe hergestellt, aber auch Alkoholisches wie Pfirsichbranntwein und -likör. In Ringe geschnitten lassen sich Pfirsiche auch trocknen. Die ölhaltigen Kerne dienen der Industrie als Mandelersatz.

← **'Redhaven',** roter Pfirsich aus den USA mit gelbem, gut steinlösendem, mäßig aromatischem Fruchtfleisch. Reift mittelfrüh.

← **'Dixired',** Züchtung aus 'Halehaven', mittelfrüh. Intensiv gelbes, mittelsteinlösendes Fruchfleisch mit ausgezeichnetem Aroma.

'Springbell', Pfirsich-Frühsorte aus den USA mit leicht faserigem, mildfruchtigem, mäßig steinlösendem Fruchtfleisch →

'Hale', Spätsorte aus den USA, hat festes, gelbes Fruchtfleisch. Angenehmer Geschmack, löst gut vom Stein. →

← **'Junegold',** früh reifende Pfirsichsorte aus den USA mit intensiv gelbem Fruchtfleisch. Saftig, mild-würziges Aroma.

← **'Maycrest',** gelbfleischige, mittelgroße und sehr früh reifende Pfirsichsorte. Mutation von 'Springcrest' aus den USA.

'Red Top', mittelspät reifende Sorte. Gelbes saftiges Fruchtfleisch angenehm süß. In Frankreich beliebt →

'Springcrest' reift mittelfrüh. Das gelbe Fruchtfleisch löst schlecht vom Stein, schmeckt fad und ist faserig, rasch mehlig. →

← **'Arnaud',** ansprechend rot gefärbter Pfirsich mit leuchtend gelbem, saftigem Fruchtfleisch, löst gut vom Stein.

← **'Grenadix',** aus Frankreich hat weißes, etwas fades, wenig süßes Fruchtfleisch unter der rot marmorierten Haut.

'Fayette', Spätpfirsich aus den USA mit hellgelbem, gut steinlösendem Fruchtfleisch; relativ neutral im Geschmack →

'Suncrest', aus den USA hat mittelgroße, feste Früchte mit gelbem, auch nach Lagerung aromatischem Fruchtfleisch. →

Nektarinen
Glatthäutige Pfirsiche

'Maystar', früh reifende, in Frankreich beliebte Nektarinensorte mit hellgelbem, festem Fruchtfleisch.

'Flavortop', spätreife Sorte aus den USA mit gelbem, um den Stein etwas bitterem Fleisch; das auch nach Lagerung noch fest ist.

'Independence', mittelspäte Sorte aus den USA mit gelbem, mild-säuerlichem Fleisch. Nach Lagerung mehlig und trocken.

'Big Top', mittelfrüh reifende Sorte mit leuchtend gelbem, süßlichem Fruchtfleisch, saftig und gut steinlösend.

Nektarinen, Nacktpfirsich, Glattpfirsich, Brünelle (*Prunus persica* var. *nucipersica*), engl. nectarine, frz. nectarine, die zu den Rosengewächsen *(Rosaceae)* zählen, stammen vom Pfirsich ab. Das heißt, mindestens zur Hälfte, über den zweiten Elternteil streitet sich die Wissenschaft, hier gibt es zwei Theorien: nach der ersten ist die heute als Spezialform des Pfirsichs angesehene Nektarine einfach eine Mutante des Pfirsichs, nach der zweiten Theorie soll die Nektarine aus einer Zufallskreuzung von Pfirsich x Pflaume entstanden sein.

Wann genau die Nektarine entstanden ist, lässt sich nicht sagen, doch beschreibt schon Plinius d. Ältere in seiner »Naturalis historica« das Phänomen, dass Pfirsichbäume gelegentlich glattschalige Früchte hervorbringen. Wie auch immer, lange Zeit schenkte man den relativ kleinen, unbehaarten Früchten keine besondere Beachtung. Erst als kalifornische Pfirsichbauern sich im 19. Jh. ihrer Weiterzüchtung annahmen, rückten sie wieder mehr ins Blickfeld. In den 50er Jahren des vergangen Jahrhunderts erkannte man das Marktpoten-

'Snowqueen', frühe, weißfleischige Nektarine aus den USA. Mild-säuerlich und saftig, auch nach Lagerung.

'Jade', leuchtend rot gefärbte Nektarine mit weiß-grünlichem, mild-säuerlichem Fruchtfleisch. Reift sehr früh, mäßig steinlösend.

'Superqueen', sehr früh reifende Nektarine mit weißem bis leicht grünlichem, mild-säuerlichem Fruchtfleisch. Löst mäßig gut vom Stein.

'Springred', mittelfrüh reifende, gelbfleischige Nektarine; verwaschen rot mit typischen Berostungspunkten.

'Venus', in Italien eine beliebte, mittelspäte Sorte mit leicht ovalen Früchten. Das gelbe Fruchtfleisch löst gut vom Stein.

'Early Blears', attraktiv gefärbte Nektarine mit leuchtend gelbem, saftigem, gut vom Stein lösenden Fruchtfleisch.

'Maygrand', intensiv rote, sehr früh reifende Frucht mit gelbem, saftig-süßem und festem Fleisch.

zial der Nektarine und in den 60ern begann man sie auch in Europa in größerem Maßstab zu pflanzen. Durch weiter verbesserte Züchtungen hat die Nektarine in den letzten Jahrzehnten einen großen Aufschwung erlebt, der noch immer anhält. Die wichtigsten Anbauländer sind heute die USA (Kalifornien), Chile und Südafrika; in Europa steht Italien an erster Stelle, gefolgt von Frankreich, Spanien und Griechenland.

Die Form der Bäume, Blätter und der weißrosa Blüten ist fast dieselbe wie beim Pfirsich, den Unterschied erkennt man erst an den ausgebildeten Früchten: Nektarinen haben eine glatte, unbehaarte Schale, ein festeres Fruchtfleisch und sind in der Regel gut steinlösend. Mit Ausnahme der Brugnolen, von denen man vermutet, dass sie vielleicht doch aus einer Kreuzung von Pfirsich und Pflaume entstanden sind. Auch sie sind glattschalig und festfleischig, lösen sich aber nur schlecht vom Stein. Auf dem deutschen Markt spielen Brugnolen allerdings keine Rolle.

Wie schon der Pfirsich, stellt auch die Nektarine hohe Ansprüche an Boden und Klima. Die winterfrostempfindlichen kleinen Bäume benötigen viel Wärme, hier zu Lande gedeihen sie nur im Weinbauklima. Durch die frühe Blüte ab Mitte März besteht zudem Spätfrostgefahr. Die Reifezeit der Nektarinen erstreckt sich über 10 Wochen, Züchtungsziele sind heute noch früher und später reifende Sorten zur Verlängerung der Saison.

Auch bei den Nektarinen ist die Sortenvielfalt kaum überschaubar, es gibt weiß- und gelbfleischige Früchte, teils mit roter Marmorierung. Und ähnlich wie beim Pfirsich sind auch die Inhaltsstoffe, allerdings besitzt die Nektarine den höheren Kaliumgehalt und einen deutlich höheren Kohlenhydratanteil. Was die Verwendung anbelangt, gibt es jedoch kaum Unterschiede. Nektarinen sind – entsprechend ausgereift – ein ausgezeichnetes Frischobst und bieten sich durch ihr festes Fleisch gut zum Aufschneiden für Garnituren an.

'Nectared' ist eine mittelspät reifende Züchtung aus den USA mit mittelgroßen, intensiv roten Früchten. Das angenehm fruchtige, saftige, leuchtend gelbe Fleisch ist auch nach Lagerung noch fest und saftig, löst aber nur mäßig gut vom Stein.

Pflaumen sind sie alle
Ob Blau, Grün oder Violett

Direkt vom Baum *sind Pflaumen von einem feinen weißlichen Reif oder Duftfilm überzogen. Diesen wachsartigen, abreibbaren Überzug bilden die Früchte selbst – sie schützten sich damit vor dem Austrocknen. Im Handel ein Indiz für Qualität: Ist der Duftfilm noch vorhanden, wurden die Früchte wenig angefasst.*

Aus botanischer Sicht sind die Verwandtschaftsverhältnisse bei Pflaumen, Zwetschen & Co. aufgrund der zahlreichen Sorten, Mutanten und Hybriden reichlich unübersichtlich. Lange Zeit hat man versucht, in diese zu den Rosaceaen gehörende *Prunus*-Untergattung *(Prunophora)* mehr Ordnung zu bringen; aber letztendlich führten alle Versuche nicht zu einem wirklich befriedigenden Ergebnis. Und so ist die Einteilung heute dann doch wieder ganz einfach: Pflaume ist der Oberbegriff für einen ganzen Formenkreis; zu ihm gehören echte Pflaumen, Zwetschen, Mirabellen und Renekloden. Alle 4 zählen botanisch zur Art *Prunus domestica*, der Hauspflaume, die ihrerseits auf eine Kreuzung von Schlehe *(Prunus spinosa)* und Kirschpflaume *(Prunus cerasifera)* zurückzuführen ist. Der Handel bezeichnet oft auch Japanische Pflaumen oder Susinen als Pflaumen; diese sind zwar verwandt, gehören aber botanisch einer anderen Art *(Prunus salicina)* an.

'Hauszwetsche', die am meisten angebaute alte Sorte mit festen, hoch aromatischen, spät reifenden, haltbaren Früchten; gut steinlösend.

'Ortenauer', 'Borsumer', attraktiv blaue Spätzwetsche aus dem 17. Jh. mit festen, nur mäßig aromatischen Früchten. Ideal zum Backen.

'Schöne aus Löwen', mittelspäte, sehr alte Sorte aus Belgien mit violetten Früchten. Das gelbe, neutral schmeckende Fruchtfleisch wird rasch mehlig.

'Pruneau de Provence', mittelgroße Sorte aus Frankreich mit saftig-süßem, angenehm würzigem Fruchtfleisch; wird aber rasch weich. Gut steinlösend.

'Cacaks Schöne' attraktive, große, frühe Sorte, eher säuerlich-fad, aber ausgezeichnet zum Backen geeignet.

'Bühler Frühzwetsche', 1854 in Bühl (Baden) entdeckte, sehr feste Sorte mit ausgezeichneter Backeignung. Mäßig aromatisch.

'Sanctus Hubertus', Frühsorte aus Belgien mit mittelgroßen, violett-blauen, mild-aromatischen Früchten. Zum Backen gut geeignet.

'Ersinger Frühzwetsche', große, rasch weich werdende, sehr saftige aromatische Früchte. Frischfrucht, zum Backen nicht geeignet.

'Stanley', mittelspäte Züchtung aus den USA mit etwas ungleichhälftigen, tief gefurchten, festen Früchten. Attraktiv blau beduftet.

→ Schon in der Jungsteinzeit

wurden Pflaumen gegessen, wie Funde bei Pfahlbauten belegen. Allerdings waren dies noch nicht die fleischigen, saftig-süßen Sorten von heute, sondern eingebürgerte oder heimische Wildformen wie Kriechen oder Zibarten. Beide sind heute noch anzutreffen, die Kriechenpflaume kommt gelegentlich gedörrt auf den Markt. Die im Aussehen an Mirabellen erinnernden, aber herb schmeckenden Zibarten verwendet man, etwa in Österreich und Baden, für feine Obstbrände.

'Schöneberger ', kleinfrüchtige, alte Zwetschensorte der mittelspäten Reifegruppe. Festes, süßsäuerliches Fleisch.

'Opal', große, rundliche violette, mittelfrühe Pflaume mit süßlichem, mild-aromatischem Fleisch, gut steinlösend.

'Elena', attraktiv blaue, sehr spätreife Züchtung aus 'Fellenberg' und 'Stanley'. Süßharmonisch, löst gut vom Stein.

'Katinka' frühreife Kreuzung aus 'Ortenauer' und 'Ruth Gerstetter' mit festen, aromatischen Früchten, auch ideal zum Backen.

'Herman', in Schweden aus 'Ruth Gerstetter' gezüchtet. Die saftigen, süßsäuerlichen Früchte reifen sehr früh und lösen gut vom Stein.

'Cacaks Beste', mittelspäte attraktiv blaue, große Zwetsche mit festem Fleisch, das aber geschmacklich nicht befriedigt. Gut steinlösend.

Zwetschen & Co.

Pflaumen zählen zu den alten Obstarten und stammen vermutlich aus dem Gebiet zwischen Altai-Gebirge und Kaukasus und kamen über Syrien nach Europa. Im 4. Jh. vor Chr. wird die Pflaume erstmals bei den Griechen erwähnt, etwa 100 v. Chr. gelangte sie nach Italien, und von dort mit den Römern über die Alpen. Schon zur Zeit Karls d. Großen gab es verschiedene edle Pflaumensorten. Gegen Ende des 17. Jh. brachten württembergische Soldaten vom Balkan die 'Hauszwetsche' mit, die sich schnell weit verbreitete. In der ersten Hälfte des 19. Jh. waren bereits über 200 Sorten bekannt; über 2.000 Pflaumensorten sind es heute und jedes Jahr kommen neue hinzu. Die meisten Sorten sind anpassungsfähig an Boden und Klima, manche wie die 'Bühler Frühzwetsche' gedeihen jedoch nur in wärmeren, geschützten Regionen. Probleme im Anbau bereitet bei vielen Sorten, gerade in warmen Gebieten, eine in den 60er Jahren aus dem Balkan eingeschleppte Viruskrankheit, die Scharkavirose. Sie ist in zahlreichen Anbaugebieten verbreitet, bewährte Sorten wie 'Hauszwetsche' oder 'Ortenauer' können dort nicht mehr gepflanzt werden. Da befallene Bäume gefällt werden müssen, steht bei den Züchtungszielen neben der Fruchtqualität die Scharkaresistenz oder mindestens -toleranz an erster Stelle.

Echte Pflaumen, Rund- oder Eierpflaumen, engl. plum, frz. prune, sind im heutigen Erwerbsobstbau kaum von Bedeutung. Der Grund: Sie sind schlecht steinlösend und weichfleischig, vermutlich deshalb heißt es auch: »Du Pflaume!«. In Haus- und Kleingärten werden die rundlichen Früchte mit dem oft fein-würzigen Geschmack aber nach wie vor kultiviert. Echte Pflaumen haben sehr saftiges, grünlich gelbes Fruchtfleisch, das beim Backen oder Kochen jedoch zerfällt. Die Fruchthaut kann blau, gelb oder grün sein. Bekannte Sorten sind 'Anna Späth', 'Czar', 'Ruth Gerstetter', 'Ontario', 'Kirkes Pflaume' oder auch 'Magna Glauca'. Die saftreichen Früchte verzehrt man am besten frisch oder als Kompott.

Zwetschen, Zwetschge (süddeutsch), Zwetschke (Österreich), engl. german prune, damson, plum, frz. quetsche, prune de Damas, tauchen unter diesem Namen zum ersten Mal im 15. Jh. in Süddeutschland auf. Im Gegensatz zu Pflaumen sind sie länglich geformt, zumeist blau und stark beduftet. Von Echten Pflaumen unterscheiden sie sich zudem durch die besseren Fruchteigenschaften. Zwetschen sind festfleischig, gut steinlösend und besser zu transportieren, daher werden sie heute in Anbau und Handel, insbesondere bei den Bäckern bevorzugt, da Zwetschen beim Backen Form und Biss behalten. Ihr Fruchtfleisch ist weißlich bis grünlich-gelb, saftig und in der Regel angenehm süßsäuerlich.

Gute Qualitäten reifen möglichst lange am Baum, zu früh geerntet bleiben die Früchte geschmacklich unbefriedigend. Auf den Markt kommen Zwetschen aus heimischem Anbau von Anfang Juli bis in den Oktober hinein, Importe – meist aus Italien, Ungarn und Frankreich – schon ab Ende Juni bis Ende Oktober. Während die Nachfrage nach Zwetschen lange Zeit rückläufig war, hat das Interesse von Handel und Verbraucher an dieser heimischen Obstart in den letzten Jahren wieder zugenommen.

Eine auch aus gesundheitlicher Sicht erfreuliche Entwicklung, enthalten Pflaumen und Zwetschen doch viele wichtige Mineralstoffe und Spurenelemente; so zum Beispiel Zink, Kupfer und Kalium. Zwar nehmen sie als Vitamin-Lieferant nirgends eine Spitzenstellung ein, doch weisen sie neben Provitamin A viele Vitamine der B-Gruppe, Vitamin C und E auf. Pflaumen stärken das Immunsystem und die Nerven, helfen Stress abzubauen und wirken darüber hinaus Verstimmungen und Depressionen entgegen.

'Anna Späth', eine spät reifende Pflaume aus Ungarn mit violetten, festen Früchten. Süß-würzig, jedoch nur mäßig steinlösend.

Neben den Ballaststoffen ist es der hohe Sorbitgehalt, der für die verdauungsfördernde Wirkung dieser Obstart verantwortlich ist, bei Trocken-Pflaumen noch mehr als bei frischen Früchten.

Auch in der Verwendung sind Pflaumen äußerst vielseitig. Frisch eignen sie sich zum Rohverzehr, sind aber auch ein ausgezeichneter Kuchenbelag. Verarbeiten lassen sie sich zu Mus (Powidl), zu Kompott, das in Österreich Zwetschkenröster heißt, oder zu Konfitüre; in Frankreich liebt man sie in Armagnac eingelegt. Ein Großteil der Ernte wird getrocknet und als Dörrpflaumen verkauft.

'Damas de Tours', 'Pruneau rouge', eine mittelspäte, kleinfrüchtige Zwetsche mit intensiv gelbem, festem Fruchtfleisch. Saftig und süß; Verarbeitungsfrucht.

'President', seit 1894 bekannte, sehr spät reifende Sorte mit bis zu 100 g schweren Früchten; neutral-säuerlicher Geschmack, gut haltbar. Gut steinlösend.

Mirabellen und Reneklоden

'Nancy-Mirabelle', bekannteste und wertvollste Mirabellensorte, seit dem 15. Jh. in Frankreich verbreitet. Goldgelbe Früchte mit rotvioletten Punkten. Mittelfestes, mäßig saftiges, sehr süßes und angenehm würziges Fruchtfleisch.

'Mirabelle von Metz', im französischen Metz entdeckte Lokalsorte. Die sehr kleinen, grüngelben Früchte reifen früh. Das feste, süße, aromatische Fruchtfleisch löst gut vom Stein. Im Anbau von der größeren 'Nancy-Mirabelle' verdrängt.

'Oullins Reneklode', früh und etwas folgernd reifend; große, sehr saftige, mild-würzige Früchte. Das weiche Fleisch löst nicht immer gut vom Stein.

'Graf Althans Reneklode', um 1850 in Böhmen aus 'Große Grüne Reneklode' gezogen; sehr groß, hellviolett; festes, süßes, würziges Fleisch. Gut steinlösend.

Mirabellen, engl. mirabelle plum, yellow plum, frz. (prune) mirabelle, sind die kleinsten unter den Pflaumen. Aus Westasien stammend, ist die Mirabelle in Frankreich bereits seit Ende des 15. Jh. bekannt, sie soll von König René von Anjou eingeführt worden sein. Mitte des 18. Jh. fasste die Mirabelle in Deutschland Fuß. Bekannt wurde sie als 'Nancy-Mirabelle – benannt nach der Stadt in Lothringen; dort gibt es auch heute noch einen umfangreichen Mirabellenanbau. Seit ungefähr einem Jahrhundert ist diese kleinste Pflaumenart auch in Österreich, der Schweiz und in Frankreich allgemein verbreitet.

Die selbstfruchtbaren, bis zu 5 m hohen Mirabellenbäume benötigen viel Wärme und Licht. Dann reifen die kleinen Früchte mit 24 bis 28 mm Durchmesser und nur um die 10 g Gewicht ab Mitte August bis in den September hinein. Außerhalb des lothringischen Anbaugebiets in Frankreich spielen sie im Erwerbsobstbau kaum eine Rolle, entsprechend selten kommen sie in den Handel. Angebote findet man jedoch auf Wochenmärkten und bei Direktvermarktern.

Die kugeligen Früchte haben ein goldgelb bis dunkelgelbes, festes Fleisch, sind gut steinlösend und mäßig saftig. Optimal ausgereift ist ihr Geschmack sehr süß und feinwürzig. In den Inhaltsstoffen ähneln sie der Zwetsche, allerdings enthalten Mirabellen noch etwas mehr Kalium und deutlich mehr Kohlenhydrate und deshalb auch einen höheren Energiewert. Beliebt sind die kleinen süßen Mirabellen außer als Frischobst, etwa auf einem Kuchen, vor allem aber gedünstet oder eingekocht. Aus Mirabellen wird außerdem ein guter Obstbrand hergestellt.

'Große Grüne Reneklode', kaum vom Stein lösende, aber sehr würzige, sehr saftig-süße Frucht mit empfindlicher grüngelber Schale.

Die **Reneklode,** Reineclaude, Ringlotte, Reinklau engl. (green) gage, frz. reineclaude, hat ihren Namen von einer französischen Königin des 16. Jh., der »Reine Claude«, Gemahlin von Franz I., die diese feinwürzigen, vermutlich aus Syrien oder Armenien stammenden Pflaumen sehr schätzte und einige Bäume anpflanzen ließ. Seit 1670 sind Renekloden in ganz Europa verbreitet. Im Handel spielen die rundlichen grünlichen, gelbgrünen oder auch violett bis rotvioletten Früchte heute allerdings kaum mehr eine Rolle; nur noch wenige Sorten werden überhaupt angebaut. Schuld daran sind die empfindliche Haut und der rasche Verderb der Früchte, dennoch werden sie von Liebhabern nach wie vor sehr geschätzt.

Renekloden haben ein festes, grün bis gelbes Fruchtfleisch, das sich aber schlecht vom Stein löst, sind saftig-süß und sehr aromatisch. Wie bei anderen Pflaumen gibt es auch bei den Renekloden selbstfruchtbare und selbstunfruchtbare Sorten. Die bekanntesten sind selbststeril, brauchen also geeignete Befruchtersorten in der näheren Umgebung. Renekloden stellen wie Mirabellen große Ansprüche an Klima und Boden. Sie mögen tiefgründige, humushaltige, nicht vernässte Böden und möglichst viel Sonne. Bei Temperaturen unter -20 °C können die Bäume erfrieren. Regnet es zu oft während der Blüte, gibt es nur wenige Früchte. Durch ihren Pektin- und Sorbitgehalt regen Renekloden und andere Pflaumen die Verdauung an und verbesserten durch die Kombination ihrer Wirkstoffe das physische und psychische Wohlbefinden. Zudem haben Renekloden einen noch höheren Kaliumgehalt als Zwetschen (240 mg/100 g im Vergleich zu 220 mg/100 g) und wirken dadurch entwässernd. Da sie – wie alle Pflaumen – zugleich überflüssige Fettstoffe im Darm binden und die Umwandlung von Kohlenhydraten in Fette hemmen, sind sie darüber hinaus ein ideales Obst zum Abnehmen. Renekloden schmecken frisch hervorragend, lassen sich aber auch gut zu Kompott oder Konfitüre verarbeiten. Sehr gut eignen sie sich als Kuchenbelag, eine dünne Tarte mit Renekloden, lauwarm genossen, schmeckt köstlich.

Myrobalane. Vorwiegend als Unterlage verwendete, kaum steinlösende Prunus-Art; es gibt auch gelbe und rote Varianten.

→ **Mirabellen**
bleiben auch gekühlt nur eine kurze Zeit frisch, lassen sich aber gut konservieren. Halbiert und entsteint kann man sie trocknen oder einfrieren, gut schmecken sie auch zu Kompott oder Konfitüre verarbeitet. Sind die Früchte vollreif und sehr süß, sollte man Kompotten und Konfitüren etwas Zitronensaft zufügen, um ein Verbräunen zu vermeiden und das Aroma zu unterstreichen.

Susinen oder Japanische Pflaumen

'Sorriso di Primavera' sehr ertragreiche, ansprechende gelbfrüchtige Susine, bei Vollreife rötlich verwaschen. Das Fruchtfleisch der mittelgroßen, kugelrunden Sorte aus Italien schmeckt mildfruchtig mit angenehmer Süße. Mittlere Steinlöslichkeit.

Japanische Pflaume, Susine *(Prunus salicina)*, engl. Japanese plum, frz. prune japonaise, ist mit Zwetsche & Co. verwandt und zählt wie unsere Pflaumen *(Prunus domestica)* ebenfalls zur Familie der Rosengewächse *(Rosaceae)*. Ursprünglich stammt die Japanische Pflaume aus Japan und China, und wird darum auch Chinesische oder Kalifornische Pflaume genannt. Kalifornische Pflaume deshalb, weil diese Obstart gegen Ende des 19. Jahrhunderts nach Kalifornien exportiert und dort weitergezüchtet wurde. Auch heute noch liegt der Schwerpunkt der züchterischen Arbeit in Kalifornien: Über 100 Sorten der Japanischen Pflaume oder Susine sind mittlerweile entstanden und jedes Jahr kommen neue Entwicklungen der amerikanischen Züchter hinzu.

Die Form der Japanischen Pflaume oder Susine war zunächst ausgesprochen herzförmig, davon ist jedoch kaum mehr etwas zu sehen. Durch zahlreiche Kreuzungen mit amerikanischen (Wild)Pflaumenarten sind die meisten heutigen Sorten kugelrund, einige sogar leicht oval geformt. Je nach Sorte ist die Schale gelb, rosarot, rot, lilafarben oder blauviolett bis schwarz und zumeist leicht weißlich bereift. Das Fruchtfleisch der Japanischen Pflaume ist gelb bis dunkelrot, ausgesprochen saftig und süß-aromatisch. Allerdings löst es sich bei den meisten Sorten nur schlecht vom Stein. Im Vergleich zu den heimischen Pflaumen weisen die Japanischen Pflaumen jedoch ein ausgesprochen günstiges Fleisch-Stein-Verhältnis auf.

← **'Golden Japan'**, mittelfrühe, große, leuchtend gelbe Sorte aus Japan mit saftig-süßem, etwas fadem Fruchtfleisch.

← **'Black Amber'**, mittelspäte sehr großfrüchtige Susine mit eher neutralem Geschmack. Festes, intensiv gelbes Fruchtfleisch.

'Calita', rotviolette → Japanische Pflaume mit mittelgroßen, kugelrunden Früchten. In Italien verbreitet.

'Santa Rosa', rosaviolette, → große, runde Susine mit gelbem, sehr saftigem, aromatisch-süßem Fleisch. Mittelfrüh reifend.

Kultiviert werden können die auffallend aprikosen- bis nektarinengroßen, je nach Sorte so unterschiedlich gefärbten Früchte, jedoch nur in den wärmeren Gebieten der Erde. Angebaut wird die Japanische Pflaume außerhalb Europas beispielsweise in Japan, China, Australien, Kalifornien, Chile, Argentinien und in Südafrika. Innerhalb Europas ist sie vorwiegend im Mittelmeerraum anzutreffen. Kulturen gibt es in Spanien, in Südfrankreich, in Italien, der Türkei und in Israel. Als problematisch für die Kultur in kühleren Regionen erweist sich vor allen Dingen der Termin der Blüte; die meisten Sorten blühen so früh (Mitte März bis Mitte April), dass sehr oft Spätfrostschäden entstehen. Erschwerend kommt noch hinzu, dass die Bäume recht anfällig gegenüber vielen Krankheiten sind. Manche Sorten sind selbstfruchtbar, andere nicht. Und nicht selten müssen bei der Kultur der Japanischen Pflaume neben den Anlagen oft extra Bienenvölker aufgestellt werden, um eine Bestäubung zu garantieren, da die Blüten für Bienen nicht sonderlich attraktiv sind.

Wegen der Spätfrostgefahr und der geringen Resistenz – häufigste Krankheit ist die Chlorotische Blattrollung, die auch Aprikosenbäume befallen kann – hat diese Pflaumenart bisher im heimischen Erwerbsobstbau keine Bedeutung erlangt. Bei uns ist sie allenfalls in Privat- oder Versuchsgärten zu finden. Die Früchte im Handel, häufig als Susinen ausgezeichnet, stammen aus Importen.

Durch die unterschiedliche Reifezeit der einzelnen Sorten sind Importe aus europäischem Anbau von Ende Mai bis Mitte November erhältlich. Die Hauptlieferanten sind Italien und Spanien; geringere Mengen kommen auch aus Frankreich, der Türkei und aus Israel. Die Saison für Importe aus Übersee – vorwiegend aus Chile und Südafrika – beginnt ab Mitte November und reicht bis in den April hinein, so dass die Japanische Pflaume beinahe ganzjährig am Markt ist.

Was den Geschmack anbelangt, so gibt es neben der grundsätzlich vorherrschenden Süße doch beträchtliche Unterschiede zwischen den einzelnen Sorten. Viele davon kommen über eine mittlere Bewertung nicht hinaus, gut schmecken dagegen die Früchte von 'Santa Rosa', 'Friar' und 'Black Diamond'. Die Inhaltsstoffe der Japanischen Pflaumen sind ähnlich wie bei den anderen Pflaumen, allerdings haben Japanische Pflaumen oder Susinen sehr viel mehr Vitamin C – 69 mg/100 g im Vergleich zu nur 5 mg/100 g bei der Zwetsche. Bedingt durch ihren deutlich höheren Zuckeranteil enthalten sie auch mehr Kohlenhydrate (28 g/100 g gegenüber 10 g/100 g bei der Zwetsche) und haben deshalb den höheren Energiewert (105 kcal/100 g gegenüber 48 kcal/100 g bei der Zwetsche). In der Verwendung gibt es keine großen Unterschiede: Auch Japanische Pflaumen schmecken als Frischobst oder können zu Kompott oder Konfitüre verarbeitet werden.

'Burbank', gelbe Susine, rot überhaucht. Das Fruchtfleisch der großen, festen Früchte schmeckt sehr süß.

'Shiro', mittelspäte, goldgelbe Susine aus Japan mit hellgelbem, saftig-süßem Fruchtfleisch.

← **'Black Star'**, sehr frühreife, großfrüchtige Susine mit neutral-mildem, süßsäuerlichem, festem Fruchtfleisch.

← **'Royal Black'**, früh reifende Susine mit großen, schwarzblauen Früchten. Der sehr kleine Stein löst gut vom süßen Fleisch.

'Sangue di Drago', rotviolette großfrüchtige Züchtung aus Italien, mittlere Reifegruppe, angenehm süßer Geschmack →

'Red Beauty', festfleischige, saftige, aromatische Sorte der mittelfrühen Reifegruppe; in Kalifornien sehr beliebt. →

Kirschen
Süß und saftig

Genuss ohne Reue! Kirschen zählen zu den köstlichsten Früchten überhaupt; sie schmecken nicht nur hervorragend, sondern sind auch noch gesund. Gut, wer einen Baum im Garten hat, denn schon im Frühjahr entzücken die Bäume das Auge mit einer Fülle duftig-weißer Blüten.

→ Der Kirschbaum in der Heilkunde

Beinahe der ganze Baum fand früher als Heilmittel Verwendung: Blätter, Stiele, Steine und Harz. Aus den jungen Blättern kochte man in Kombination mit anderen einen Tee; der Aufguss aus den Stielen galt als schleimlösendes Mittel. Baumharz, in Wein gelöst, diente als Hustensaft und die Kerne – das kennt man heute wieder – in ein Säckchen eingenäht und kurz auf den Ofen gelegt oder für 2 Minuten in die Mikrowelle gesteckt, sind ein optimales Heizkissen.

Bei den zum Steinobst zählenden Kirschen unterscheidet man prinzipiell zwischen Süß- und Sauerkirschen, die einer jeweils anderen Art angehören, beides aber Rosengewächse *(Rosaceae)* sind.

Die **Süßkirsche** *(Prunus avium)*, engl. cherry, frz. cerise, stammt von der im Kaukasus wild vorkommenden Vogelkirsche *(Prunus avium)* ab. Als Heimat der kultivierten Sorten gilt jedoch Kleinasien und speziell die Gegend rund um das Schwarze Meer. Von dort brachte der römische Feldherr Lucullus 74 v. Chr. die ersten Früchte mit nach Rom, es dürfte sich dabei um eine kultivierte Form der Süßkirsche gehandelt haben, Kultursauerkirschen folgten erst später. Schon zur Zeit der römischen Antike gab es eine beträchtliche Zahl an Sorten, und die Römer waren es auch, die die Süßkirsche nach Nord- und Mitteleuropa brachten. Dort kannte man Kirschen zwar schon, allerdings nicht die kultivierten, sondern Wildarten. Bereits im 2. Jh. n. Chr. finden sich Spuren von Kultursorten am Rhein, von dort aus verbreitete sich die Kirsche weiter. In der frühen Neuzeit spricht Hieronymus Bock 1539 in seinem »Kreutterbuch« schon von »...süß und sawer/etlich weiß/etlich roth/etlich schwarz...« gefärbten Kirschsorten. In Japan wird kein anderer Baum gleichermaßen verehrt wie die Kirsche, seit über 1.000 Jahren feiert man dort das Kirschblütenfest. Aber auch bei uns gibt es zahlreiche Feste und Bräuche rund um diese Frucht.

Angebaut werden Süßkirschen heute weltweit in den gemäßigten Zonen, 4/5 der Weltproduktion stammen aus Europa, Deutschland steht hinter Italien und Frankreich an Platz 3. Da Kirschen auch auf luftigen, trockenen Böden gedeihen und in Bezug auf Wärme weniger anspruchsvoll sind, finden sich Kulturen von Süditalien bis nach Südschweden. Probleme bereiten Winterfröste unter -25 °C, Spätfröste zur Blütezeit oder viel Regen während der Reife, da die Früchte dann aufplatzen und schnell faulen. Früh reifende Sorten, die bis zur 3., höchstens 4. Kirschwoche reifen, sind übrigens immer madenfrei; die Kirschfruchtfliege startet erst später. Die Kirschsaison, eingeteilt in die 1. bis 9. Kirschwoche, reicht bei uns von Mitte Juni bis August, mit einem Schwerpunkt im Juli. Es gibt zwei Gruppen von Süßkirschen, zum einen die in der Regel früher reifenden, weichfleischigen Herzkirschen, zum andern die festfleischigen Knorpelkirschen. Die Zahl an Sorten ist immens und lässt sich kaum mehr übersehen. Zum Frischverzehr sind große, knackige, aromatische und möglichst dunkelrote Kirschen am begehrtesten; aus den weichfleischigen Süßkirschsorten wird dagegen meist Schnaps, »Kirschwasser«, gebrannt.

Kirschen zählen nicht nur zu den beliebtesten Obstarten, sie haben auch an Inhaltsstoffen einiges zu bieten: wichtige Mineralstoffe wie Kalium, Calcium, Phosphor, Magnesium und das wichtige Spurenelement Zink, das einen günstigen Einfluss auf den Hormonstoffwechsel ausübt. Bei den Vitaminen steht die Kirsche bei keinem Einzelwert ganz vorn, enthält aber eine ausgewogene Mischung von Provitamin A, Vitaminen der B-Gruppe, Vitamin C und E. Hinzu kommen Gehalte an bioaktiven Substanzen wie die Anthozyane (rotviolette Pflanzenfarbstoffe), die das Bindegewebe aufbauen helfen und entzündungshemmend wirken. Sie schützen Haut und Gewebe vor freien Radikalen und helfen gegen Krebs. Kirschen sind das ideale Naturheilmittel bei Entzündungen, Rheuma, Gicht oder Gewebeschwäche und wirken prophylaktisch als Herz-und Kreislauf-Schutzmittel. Je intensiver rot gefärbt eine Kirsche ist, desto mehr Anthozyane enthält sie.

Süßkirschen schmecken frisch vom Baum am besten, eignen sich jedoch auch gut als Kuchenbelag, in Kombination mit Beeren zu Grütze gekocht oder auch zu Kompott oder Konfitüre verarbeitet. Beim Einkauf erkennt man frische Ware am geraden, grünen und geschmeidigen Stiel. Lagern sollte man Kirschen möglichst nicht, sie halten nicht mehr als 2 bis 3 Tage, lassen sich aber gut einfrieren (mit Stein), und dann noch gefroren, etwa in Aufläufen oder für Kuchen, weiterverwenden.

'Regina', platzfeste, dunkelbraunrote Knorpelkirsche aus Norddeutschland. 6. Kirschwoche. Groß, fest, aromatisch und angenehm süß.

'Merton Bigarreau', Knorpelkirsche aus Großbritannien mit breitkugeligen, saftig-süßen, festen Früchten. 4. bis 5. Kirschwoche.

'Büttners rote Knorpel', seit 1795 bekannte, mittelgroße, gelbrote Knorpelkirsche, ausgesprochen würzig, süß. 5. Kirschwoche.

'Oktavia', schwarzrote Knorpelkirsche aus Norddeutschland, sehr dunkles, mittelfestes, aromatisches Fruchtfleisch. 6. Kirschwoche. Platzfest.

'Van', aus Kanada stammende sehr feste, große, braunrote Knorpelkirsche der 5. Kirschwoche. Süß, saftig, mit feinem Aroma. Auffallend kurzstielig.

'Ferrovia', in Italien verbreitete Knorpelkirsche, reift in der 5. Kirschwoche, große, knackig-feste, aromatische Früchte.

→ Arbeitsintensiv

ist das Pflücken der Kirschen von Hand. Gute Qualitäten werden stets mit Stiel geerntet, damit die Früchte nicht ausbluten. Daher zählen Kirschen leider nicht zu den günstigen Obstarten. Einfacher und schneller geht das Abzupfen ohne Stiel, doch taugen solche Kirschen nur für die industrielle Verarbeitung oder zum Brennen.

Sauerkirschen und Wildformen

'Sam', platzfeste Knorpelkirsche, reift in der vierten Kirschwoche. Außen und innen dunkelrot, saftig, aber wenig Aroma. →

'Kordia', **'Techlo'**, große, violettbraune Knorpelkirsche aus Tschechien, 6. Kirschwoche. Festes und hocharomatisches Fruchtfleisch. →

← **'Querfurter Königskirsche'**, lokale Auslese von 'Büttners Rote Knorpel', 5. Kirschwoche, rotgelb, helles, saftiges, würziges Fruchtfleisch.

← **'Star'**, Knorpelkirsche der 4. Kirschwoche aus Kanada. Rotbraunviolette, große Früchte. Dunkelfleischig, fest, würzig.

'Hedelfinger', Knorpelkirsche der 4.-5. Kirschwoche, Haut und Fleisch dunkelbraunrot, fest, saftig, hocharomatisch; sehr begehrt. →

'Schauenburger', Knorpelkirsche aus der Schweiz, 6. bis 7. Kirschwoche, mittelgroße, schwarzbraune, süßsäuerliche, mittelfeste Früchte →

← **'Summit'**, sehr große Knorpelkirsche aus Kanada mit dunkelroten, festen, süßen Früchten. Reift in der 6. Kirschwoche.

← **'Schneiders späte Knorpe**
dunkelrote Knorpelkirsch
mit hellem, sehr festem, mäßig saftigem Fruchtfleisch. 5.-6. Kirschwoche.

'Morellenfeuer' Weichselkirsche aus Dänemark, 5. bis 6. Kirschwoche, mittelgroße Früchte mit stark färbendem Saft; milde Säure, feines Aroma. →

'Schattenmorellen' 1598 erstmals beschriebene Weichselkirsche, 6. bis 7. Kirschwoche, rotbraunes; sehr saures Fleisch mit stark färbendem Saft. →

Sauerkirschen *(Prunus cerasus)*, engl. morello cherry, sour cherry, frz. griotte, stammen aus dem westlichen Asien und aus Südosteuropa. Ihre Wildvorkommen überschneiden sich teilweise mit denen der Süßkirsche, es gibt auch Kreuzungen (Bastarde) zwischen beiden Arten, die ebenfalls zu den Sauerkirschen gerechnet werden.

Damit ist die Sauerkirsche der Überbegriff für eine recht heterogene Formengruppe: Man unterscheidet einmal die Echten Sauerkirschen, etwa Weichseln mit färbendem Saft, aber auch Amarellen mit farblosem Saft (zum Beispiel die Sorte 'Ludwigs Frühe'). Zu den Bastardkirschen, die die Eigenschaften beider Arten vereinen und meist süßlich sauer schmecken, gehören Süßweichseln mit dunklem Saft ('Köröser') und Glaskirschen mit nicht färbenden Saft.

Die winterharten Sauerkirschen sind kleinwüchsig und gehören, was ihre Ansprüche an Boden und Klima betrifft, zu den anspruchslosesten Obstarten, angebaut werden sie auf der Nordhalbkugel der Erde. Sie gedeihen selbst auf leichteren, ärmeren Böden ohne Staunässe und sogar im Schatten. Die leuchtend hellroten bis dunkelroten Kirschen haben meist weiches, lockeres Fruchtfleisch und sind sehr saftig. Ihr Geschmack ist mildsäuerlich bis herb und oft angenehm würzig. Die bekanntesten Sauerkirschen sind die Weichselkirschen, speziell die Sorte 'Schattenmorelle', die aber relativ viel Pflege benötigt.

Was die Inhaltsstoffe anbelangt, sind diese ähnlich wie bei der Süßkirsche, allerdings in oft deutlich geringerer Konzentration. Sauerkirschen enthalten jedoch etwas mehr Eisen (0,6 mg/100 g im Vergleich zu 0,4 mg/100 g bei Süßkirschen) und mehr Fruchtsäure (Apfelsäure) als die süße Variante. In den letzten Jahren ist nach einer längeren Phase der Stagnation die Nachfrage nach Sauerkirschen wieder deutlich gestiegen. Kein Wunder, können die Früchte doch zu erstklassigen Kuchen und Konfitüren verarbeitet werden. Als Fruchtsauce ergänzen sie mit ihrer herbsäuerlichen Note auch gebratenes oder gegrilltes Geflügel, Ente etwa, aufs Beste. Für den Frischverzehr kommen Sauerkirschen dagegen für die meisten weniger in Frage.

Kornelkirsche, Gelber Hartriegel, Karnelle *(Cornus mas)*, engl. cornel cherry, frz. cornouille, cerise de bois, ist nicht mit der Kirsche verwandt, sondern gehört zu den *Cornaceae*-Gewächsen. Größere Vorkommen an Wildformen gibt es im Kaukasus, verbreitet ist das strauchartige Gewächs von Mittel- bis Südeuropa, von Osteuropa bis nach Kleinasien. Die Früchte der Kornelkirsche, sie war bereits Plinius d. Ä. bekannt, sind hell- bis dunkelrot, können aber auch gelb oder schwarz sein. Ausgereift schmecken Wildarten herb-, Kultursorten süßsäuerlich.

Schlehen, Schlehdorn *(Prunus spinosa)*, engl. sloe, sloe plum, frz. prunelle, sind die Steinfrüchte eines bis zu 3 m hohen, früh blühenden Rosengewächses *(Rosaceae)* mit ungenießbarem Samen. Schlehen gelten als Stammmutter unserer Pflaumen und sind von Zentraleuropa bis Sibieren beheimatet. Aus den gesunden Früchten (bis 60 mg/100 g Vitamin C, Vitamine der B-Gruppe) lassen sich gut Mischkonfitüren, Säfte und Gelees herstellen.

Kornelkirschen sind reich an Vitamin C und eignen sich gut zur Herstellung von Konfitüre oder erfrischendem Saft. Unreif sind sie stark adstringierend.

Schlehen schmecken aufgrund ihres hohen Gerbstoffgehalts sauer und sehr herb, erst nach den ersten Frösten werden sie weich und herbsüß.

'Köröser Süßweichsel', ausgezeichnet schmeckende, robuste Sauerkirsche aus Ungarn mit großen, festen, intensiv roten Früchten. Löst gut vom Stiel.

'Kelleriis 14', Weichselkirsche aus Dänemark mit dunkelroten, spät reifenden Früchten. Ideal zur Saftbereitung und zum Einmachen, sehr aromatisch

→ **Hochprozentiges**
aus Wildobst wie Schlehe und Kornelkirsche ist ebenfalls begehrt. Aus den blauschwarzen Schlehen stellt man Fruchtweine, Liköre und Schnaps (»Schlehengeist«) her. Kornelkirschen verarbeitet man – vorwiegend in Frankreich – zu Fruchtwein (»Vin de Cournouille«) und ebenfalls zu Schnaps.

Die ersten Erdbeeren
Verlockend aromatisch

Frisch gepflückt *schmecken Erdbeeren – das erste heimische Obst im Frühsommer – einfach unwiderstehlich. Da sie zudem ausgesprochen kalorienarm und gesundheitsfördernd sind, besteht kein Grund, zu zögern. Innerhalb der kurzen Saison kann man gar nicht genug davon essen.*

'Mara de Bois', dauertragende Erdbeerzüchtung aus Frankreich mit hocharomatischen, intensiv rot gefärbten Früchten. Etwas weicher als die handelsüblichen remontierenden Sorten.

'Rügen', eine Züchtung von der gleichnamigen Insel, ist eine rankenlose Monatserdbeere mit kleinen, trockenen, nur bei Überreife nach Walderdbeere schmeckenden Früchten.

'Florika' ist eine robuste Kreuzung zwischen Garten- und Monatserdbeersorten. Die eher kleinen, weichen, süßen Beeren schmecken angenehm nach Walderdbeeren.

Walderdbeeren kommen auch heute noch vielerorts wild vor. Die kleinen roten Früchte haben das intensivste Aroma von allen Erdbeerarten.

Nur ein Teil der unter der Gruppe »Beerenobst« zusammengefassten Früchte sind botanisch auch wirklich Beeren, sondern vielmehr Sammelnuss- (Erdbeere) oder Sammelsteinfrüchte (Himbeere, Brombeere). Botanisch echte Beeren bestehen aus einer Ansammlung von Samen, die in ein weiches Fruchtfleisch eingebettet und von einer Fruchthaut umhüllt sind.

Nach dieser Definition handelt es sich also lediglich bei Stachelbeeren, Johannisbeeren, Heidelbeeren und Trauben um echte Beeren. Zudem beschränkt sich diese Fruchtform nicht auf das Obst, Beeren sind auch Tomaten, Auberginen, Paprika, Gurken und Kürbisse, die oft als die »größte unter den Beeren« bezeichnet werden. In der Praxis genügt jedoch eine einfachere Einteilung: Unter Beeren versteht man gemeinhin kleine, rundliche, essbare Früchte, die nicht an Bäumen wachsen. Traditionell werden auch Holunder, Hagebutten und Sanddorn zum Beerenobst gezählt.

Die **Erdbeere** (*Fragaria* x *ananassa*), engl. strawberry, frz. fraise, wie wir sie heute kennen, ist noch gar nicht so alt. Sie entstand erst vor ungefähr 250 Jahren. Davor kannte man lange nur die zwar sehr aromatische, aber kleinfrüchtige Walderdbeere *(Fragaria vesca)*; ihre Funde reichen bis in die Jungsteinzeit zurück. Im Mittelalter bebaute man bereits große Flächen mit Walderdbeeren, aber es gelang nicht, die Fruchtgröße zu verbessern. Bis heute sind die wild wachsenden Walderdbeeren ausgesprochen klein.

Erst in Amerika fand man großfrüchtige Erdbeer-Wildarten: Am St.-Lorenz-Strom die leuchtend rote, langkegelige Scharlacherdbeere und eine weitere runde Form in Virginia *(Fragaria virginiana)*. Sie gelangten bald nach Europa, um 1820 kannte man bereits 70 Sorten der Scharlacherdbeere. Daneben war schon zu Beginn des 18. Jh. in Chile von dem französischen Hobbybotaniker Amédée François eine weitere Erdbeerart entdeckt worden.

'Elsanta', Hauptsorte nördlich der Alpen; die hellroten, festen, haltbaren Früchte schmecken eher neutral mit feiner Säure, vollreif angenehm süß.

'Karina', sehr früh reifende, wohlschmeckende Sorte aus den Niederlanden mit dunkelroten, mittelgroßen, mittelfesten Früchten.

'Honeoye', Frühsorte aus Schottland mit intensiv dunkelroten Früchten. Säurebetonter, aber aromatischer Geschmack. Ausreichend transportfest.

'Bogota', süßsäuerliche, mäßig aromatische Züchtung aus den Niederlanden. Die orangeroten, festen Früchte reifen sehr spät und lösen leicht vom Kelch.

→ **Erdbeeren**
lassen sich gut als Früchte tragende Zierpflanzen in Töpfen und Kübeln auf Balkon oder Terrasse ziehen, mindestens einige Sorten. Geeignet hierfür sind etwa die kleinfrüchtigen Monatserdbeeren 'Rügen' oder 'Alexandria'. Für größere Flächen, Spalierbepflanzungen oder Ampeln eignen sich Wiesenerdbeeren wie 'Florika' oder die französische Züchtung 'Viva Rosa'.

'Senga Sengana', altbekannte Züchtung aus Deutschland mit purpurroten, mittelfesten, rotfleischigen Früchten.

'Tenira', schmackhafte Züchtung aus den Niederlanden. Mittelgroße, glänzend rote, feste Früchte. Aromatisch, aber schwer entkelchbar.

'Gariguette', Sorte aus Frankreich mit exzellentem Erdbeeraroma; mittelfeste, auffallend längliche, intensiv rote Früchte.

→ **Gut konservieren** lassen sich Erdbeeren in Form von Konfitüre. Wenig überzeugend ist dagegen das Einfrieren ganzer Früchte. Beim Einfrieren des Fruchtmarks bleiben Aroma und Geschmack eher erhalten, es kann dann portionsweise zu fruchtigen Saucen oder Konfitüre verarbeitet werden. Gut schmecken auch getrocknete Erdbeeren, die man gelegentlich im Handel findet oder selbst trocknen kann. Daneben gibt es eine Reihe an »flüssigen« Erdbeerprodukten wie Erdbeeressig, Erdbeerlikör und Erdbeersekt.

Doch auch die Chile-Erdbeere *(Fragaria chiloensis)*, eine Art mit blaugrünen Blättern, behaarten Stängeln und sehr großen Früchten, war noch nicht perfekt, sie litt unter Winterkälte und setzte ohne richtige Befruchter nur wenige Früchte an. Um 1750 tauchte dann schließlich in Amsterdam eine neue Art auf, »Ananas-Erdbeere« genannt. Diese Artkreuzung zwischen Chile-Erdbeere und Scharlacherdbeere ist die Stammform der heutigen Gartenerdbeeren, von denen es mittlerweile weit über 1.000 Sorten gibt – eine Zahl, die kaum mehr überschaubar ist und jährlich kommen noch neue Züchtungen hinzu.

Marktbedeutung haben allerdings nur eine Handvoll davon, auch heute noch sind 80 bis 90 % der Anbauflächen im Inland mit 'Elsanta' bepflanzt. Man unterscheidet die im Erwerbsobstbau bevorzugten einmal tragenden Sorten ('Elsanta'), die im Frühjahr blühen und bald darauf fruchten. Halb remontierende Sorten setzen im Herbst nochmals einige Blüten und Früchte an. Remontierende Sorten bringen im Frühsommer eine erste Ernte; nach einer kurzen Ruhepause blühen die Pflanzen dann erneut und liefern Früchte bis in den Herbst.

Botanisch gesehen ist die Erdbeere keine Beere, sondern eine Sammelnussfrucht, bei dem roten Teil der Erdbeere handelt es sich um die fleischig verdickte Blütenachse. Die eigentlichen Früchte sind die kleinen, hellgrünen bis gelben Nüsschen, die entweder auf der roten Haut sitzen oder in kleine Vertiefungen eingebettet sind. Erdbeeren gehören zu den Sträuchern, die meisten Sorten sind selbstfruchtbar. Angebaut werden sie heute in vielen Ländern der Erde, von den Subtropen bis in nördlich kühle Breiten. Die Züchtung hat spezielle Sorten für warme und kalte Klimazonen entwickelt. In kälteren Regionen bereitet immer wieder Blütenfrost Probleme, ansonsten ist die Erdbeere nicht sehr anspruchsvoll. Die meisten Erdbeeren produzieren die USA, gefolgt von Spanien, Polen, Japan, Italien, Korea und Russland. Innerhalb von Europa rangiert Deutschland nach Spanien, Italien und Frankreich auf Platz 4.

Da die Nachfrage nach Erdbeeren in den letzten Jahren erheblich zugenommen hat und noch immer steigt, wird eine große Menge aus den europäischen Nachbarländern importiert. Hauptlieferant im Frühjahr ist Spanien, später kommen auch Früchte aus Italien, Frankreich, Belgien und den Niederlanden bei uns auf den Markt.

Die schon von den Römern beschriebenen Walderdbeeren gelangen dagegen kaum in den Handel, geringe Mengen kommen gelegentlich aus Frankreich und Spanien zu uns. Walderdbeeren sind nach wie vor die häufigste Erdbeerart und wachsen wild von Südeuropa bis in den hohen Norden, auch sind sie in China, Japan sowie in Nord- und Mittelamerika anzutreffen. Von der aromatischen Walderdbeere stammt die »Monatserdbeere« ab, die heute in verschiedenen Sorten erhältlich ist.

'**Gorella'**, ältere Sorte aus den Niederlanden; die leuchtend roten, mittelfesten Früchte reifen früh, nur vollreif aromatisch. Kelch löst leicht.

'**Elvira'**, niederländische Züchtung aus Gorella; süßsäuerlicher, eher neutraler Geschmack. Große, stark glänzende Früchte, mittelrotes Vitamin-C-reiches Fleisch.

'**Korona'**, sehr ertragreiche Züchtung aus den Niederlanden. Die mittelroten, mittelfesten, glänzenden Früchte schmecken eher fad, aber angenehm süßsäuerlich.

Für den Obsthandel haben aber weder Monatserdbeeren noch »Wiesenerdbeeren«, eine Kreuzung von Monats- und Gartenerdbeeren, große Bedeutung. Beide sind jedoch aufgrund ihrer Eigenschaften für den Hausgarten interessant: Monatserdbeeren wegen ihres Fruchtreichtums von Mai bis in den Herbst hinein und Wiesenerdbeeren aufgrund ihrer Eigenschaft als guter, Früchte spendender Bodendecker.

Schon den Germanen waren Erdbeeren wichtig, sie galten ihnen als Symbol für Sinnenfreuden. In der christlichen Bildsprache wurde die Erdbeere dann zur Frucht des Geistes umgedeutet, auf Heiligenbildchen symbolisiert sie Demut und Bescheidenheit. Und auch heute dürfen Erdbeeren zu bestimmten Gelegenheiten nicht fehlen, Wimbledon ohne Erdbeeren – undenkbar, ebenso wie die großen Erdbeerfeste in den USA.

Anlass zur Freude geben sie in jedem Fall, betrachtet man die Fülle an Inhaltsstoffen: Beim Vitamin-C-Gehalt (60 mg/100 g) können sie mit der Zitrone konkurrieren. Zudem enthalten Erdbeeren viel Folsäure und Vitamin B_2, weitere Vitamine der B-Gruppe, Vitamin E und Provitamin A. Daneben wichtige Mineralstoffe und Spurenelemente wie Mangan, Eisen, Calcium und Magnesium. An bioaktiven Substanzen ist die Erdbeere ebenfalls reich; wertvoll sind besonders die zu den Polyphenolen gerechneten Phenolsäuren (Ferualsäure und Ellagsäure).

Erdbeeren erhöhen die Abwehrkraft, helfen bei Gicht, schützen vor Krebs und beugen Thrombosen und Infarkten vor. Sie senken den Blutdruck, entschlacken, wirken entwässernd, stabilisieren die Darmflora und vertreiben Müdigeit und Nervosität.

Den größten Genuss bieten Erdbeeren der Saison – frisch verzehrt – als Dessert, Kuchenbelag oder in Verbindung mit Milchprodukten. Erdbeeren reifen nicht nach und halten nur 1 bis 2 Tage. Darum besser öfter einkaufen. Gute Qualität erkennt man am frischen Grün des Kelchblatts, an der unversehrten glänzenden Frucht ohne welke, rosa Stellen, vor allen Dingen aber am guten Aroma.

'**Evita'**, remontierende Erdbeersorte mit sehr großen, attraktiv roten, festen, haltbaren, angenehm schmeckenden, mildsäuerlichen Früchten. Sehr ertragreich.

'**Rapella'**, remontierende Sorte aus den Niederlanden. Mittelgroße, leuchtend rote, mittelfeste Früchte; süßsäuerlich, mild-aromatisch.

Himbeeren
»Königin der Beeren«

'Autumn bliss', 'Blissy', ertragreiche, robuste Herbsthimbeere aus Großbritannien, reift Anfang August bis Frostbeginn. Die mittelgroßen, matt dunkelroten Früchte wachsen an den einjährigen Ruten und schmecken leicht säuerlich mit schwach ausgeprägtem Aroma. Auch ideal zum Verarbeiten.

'Meeker', robuste, ertragreiche Züchtung aus den USA mit kräftig aromatischen, mittelgroßen, festen, gut haltbaren Früchten.

'Tulameen', Neuzüchtung aus Kanada mit sehr großen, glänzend hellroten, ausreichend festen Früchten. Angenehmes Himbeeraroma, mild-säuerlich.

Himbeeren, Brombeeren und die Hybridformen gehören zu der Gattung *Rubus*, abgeleitet von lateinisch ruber = rot, die ihrerseits ein Mitglied der großen Familie der Rosengewächse *(Rosaceae)* ist. Zur dieser Gattung zählen etwa 400 Arten, die überwiegend auf der Nordhalbkugel verbreitet sind, einige davon finden sich jedoch auch in Afrika, Australien und Neuseeland.

Die **Himbeere** *(Rubus idaeus)*, engl. raspberry, frz. framboise, wird schon von Plinius erwähnt und hatte den Ruf einer Heilpflanze. Im ausgehenden Mittelalter wurde sie von Mönchen kultiviert und weiterentwickelt. Schon zu Beginn des 17. Jh. kannte man rote und gelbe Sorten. Bei den Himbeeren, wild kommen sie in Europa, Asien und Nordamerika vor, unterscheidet man verschiedene Unterarten. Unsere Garten- und Waldhimbeeren stammen von der Europäischen Himbeere *(Rubus idaeus)* ab, heutige Kultursorten haben teilweise auch Anteile von der Amerikanischen Himbeere *(Rubus strigosus)*.

Botanisch gesehen ist die Himbeere keine »Beere«, sondern eine Sammel(stein)frucht. Tatsächlich lässt sich bei näherer Betrachtung eine Ansammlung kleiner, runder, mehr oder weniger behaarter Steinfrüchte erkennen, die auf einem zapfenförmigen Fruchtboden sitzen. Die 1 bis 3 cm großen Früchte wachsen an Halbsträuchern, bei denen die Ruten im Gegensatz zu den Sträuchern nur 2 Jahre alt werden. Himbeeren sind selbstfruchtbar, die Bestäubung mit Pollen einer anderen Sorte erhöht allerdings die Fruchtqualität. Bei dem umfangreichen Sortiment an Himbeeren unterscheidet man die im Erwerbsanbau meist eingesetzten einmal tragenden (sommertragenden) von den mehrmals tragenden (herbsttragenden) Sorten; bei denen man auch von remontierenden Sorten spricht. In der Züchtung sucht man weiterhin nach Sorten mit großen, rundlichen, leuchtend roten Früchten, die sich reif leicht vom Zapfen lösen lassen und sich zudem durch Haltbarkeit, hohen Ertrag und Wohlgeschmack sowie Resistenz gegen Krankheiten und Schädlinge auszeichnen.

An sich genügsam, stellen Himbeeren an das Klima nur wenig Ansprüche, sie gedeihen wild auch im Wald oder in den Bergen. Allerdings benötigen sie vor allem in der Wachstumsphase genügend Feuchtigkeit; Staunässe vertragen sie nicht. Himbeeren reifen in Mitteleuropa je nach Standort ab Ende Juni oder Mitte Juli, die Erntezeit dauert dann zwischen 4 und 6 Wochen. Das Pflücken der druckempfindlichen Himbeeren ist aufwändig und erfolgt für den Frischverzehr von Hand, wobei die Früchte direkt in die späteren Verkaufsschalen gefüllt werden. Mindestens 2-mal pro Woche müssen die Flächen durchgepflückt werden. Die meisten Sorten sind rot, es gibt aber auch gelbe, rosafarbene und schwarze Himbeeren, die jedoch im Erwerbsanbau keine große Rolle spielen. Reife Himbeeren sind saftig, süß und entwickeln ein herrliches Aroma, vertragen aber keine lange Lagerung. 85 % der Weltproduktion stammen aus Europa, wichtigster Erzeuger ist Russland, gefolgt von Serbien und Polen, den USA, Deutschland, Kanada, Ungarn, der Ukraine und Frankreich. In den Handel gelangen Himbeeren von Juni bis Oktober, Schwerpunkt der Saison sind die Monate Juli und August. Einfuhren aus Polen, Ungarn und anderen osteuropäischen Ländern sind vor allem für die Verarbeitungsindustrie von Bedeutung.

Die Himbeere verbindet Gesundheitswert und Genuss in geradezu idealer Weise. Auffallend hoch ist bei den aromatischen Früchten der Magnesium- und Calciumgehalt. Hinzu kommt das den Wasserhaushalt des Körpers regulierende Kalium. Daneben enthält die Himbeere weitere Mineralstoffe.

← **'Schönemann'**, Hauptsorte im Erwerbsanbau, sehr ertragreich; die festen, dunkelroten Früchte schmecken säuerlich-neutral.

'Glen Prosen', spät reifende Züchtung aus Schottland mit festen, glänzend mittelroten Früchten. Mäßig aromatisch, säuerlich. →

← **'Glen Moy'**, ertragreiche Frühsorte aus Schottland mit länglichen, mittelgroßen, festen, glänzenden Früchten. Süßsäuerlich, mäßig aromatisch.

'Rumiloba', robuste Züchtung aus Deutschland. Die süßsäuerlichen, großen, mittelrot glänzenden Früchte haben ein angenehmes Aroma →

← **'Everest'**, bei Vollreife gelbfrüchtige, mittelgroße Himbeersorte mit mildfruchtigen Beeren. Nur Liebhaberwert, kein Erwerbsanbau.

'Zefa 2', **'Zeva 2'**, ältere Züchtung aus der Schweiz mit sehr aromatischen, transportfesten Früchten. Diese Sorte ist gut zum Einfrieren geeignet. →

Rot oder schwarz

Beide sind sehr gesund

Himbeeren *schmecken einfach köstlich, doch dürfen sie nach dem Pflücken nicht mehr lange stehen. Am besten, man isst sie gleich oder verarbeitet sie noch am selben Tag weiter. Wen die kleinen Körnchen in der Himbeerkonfitüre stören, kann die Beeren auch pürieren, durch ein Sieb streichen und erst dann weiterverarbeiten.*

An Vitaminen hat die Himbeere ebenfalls viel zu bieten: Sie enthält die Vitamine C, E und viele der B-Gruppe. Interessant sind aber auch die weiteren Inhaltsstoffe. Himbeeren enthalten nämlich viele der wertvollen Flavonoide (gelbe Pflanzenfarbstoffe), Anthozyane (blaue Pflanzenfarbstoffe) und Polyphenole; hier gilt vor allem die Ellagsäure als besonders wirksamer Schutz gegen Krebs.

'Bababerry', purpurfarbene, robuste Himbeere.

'Esena Poslada', Himbeerzüchtung mit großen Früchten, bei Vollreife rosarot.

'Bristol', Himbeersorte aus den USA, zunächst rot, bei Vollreife schwarz.

Himbeeren wirken antibiotisch, hemmen Tumore, beugen Infarkten vor, senken den Cholesterinspiegel, regulieren die Verdauung und können Nieren- und Blasenleiden lindern. Wohl zu Recht wurden sie früher als Heilmittel betrachtet, bei so vielen positive Wirkungen. Das Beste aber ist, dass Himbeeren einfach königlich schmecken. Kaum ein anderer Vertreter des Beerenobstes hat eine solche Aromafülle zu bieten. Frisch gepflückt kommt ihr feinsüßer Geschmack am besten zur Geltung, etwa in Desserts, auf Kuchen und Torten oder in sommerlichen Obstsalaten. Himbeeren überzeugen jedoch auch als Eis, Sorbet oder in Roter Grütze. Konservieren lässt sich das feine Aroma in Konfitüre, Saft oder Sirup; auch ein hochwertiger Schnaps wird aus ihnen gebrannt. Da sich Himbeeren schlecht lagern lassen, sollte man sie noch am Tag der Ernte oder des Einkaufs verwenden. Will man sie einen Tag aufbewahren, legt man die Früchte möglichst breit aus. Auch einfrieren sollte man sie einzeln, so behalten Himbeeren ihre Form.

Brombeeren, Brame *(Rubus eubatus)*, engl. blackberry, bramble, frz. mûre, sind eng mit den Himbeeren verwandt und kommen seit Tausenden von Jahren auf der nördlichen Halbkugel wild vor; aber auch schon im alten Ägypten schätzte man ihre Heilwirkung. Als Kulturpflanze ist die Brombeere bei uns jedoch erst seit etwa 150 Jahren bekannt. Die damals aus Amerika eingeführten Sorten wurden anfangs aber eher zur Grundstücksbegrenzung, denn zur Obstproduktion genutzt.

Der Name »Brombeere« lässt sich auf das althochdeutsche Wort für »Dornenstrauch« = brame zurückführen. Demnach wäre die Brombeere also eine »Dornenbeere«. Das stimmt allerdings aus botanischer Sicht nicht ganz: Brombeeren haben nämlich keine Dornen, sondern wie die verwandte Rose leicht ablösbare Stacheln. Während es sich bei echten Dornen um umgewandelte Seitenzweige handelt, sind Stacheln Auswüchse der Oberhaut (Epidermis). Da sie keine Verbindung zum Holzkörper haben, lassen sie sich leicht abtrennen.

Die besten Früchte – Brombeeren sind wie Himbeeren auch keine echten Beeren, sondern Sammelsteinfrüchte, die sich aber im Gegensatz zu ihren roten Verwandten beim Pflücken nicht vom Zapfen lösen, dieser wird vielmehr mitgegessen – wachsen nach wie vor an stachelbewehrten Ruten, bekannt ist vor allem die Sorte 'Theodor Reimers', benannt nach dem Mann, der sie 1890 von Amerika nach Deutschland mitbrachte. Da die Brombeere in den USA im Vergleich zu Europa die wesentlich größere Bedeutung hat, verwundert es nicht, dass auch die meisten der heute bekannten Sorten von dort stammen. Viele der amerikanischen Sorten scheiden allerdings für den Anbau hier zu Lande aus, weil sie entweder zu spät reifen – Brombeeren haben mit 10 bis 12 Wochen die längste Reifezeit des gesamten Beerenobstes – oder aber nicht ausreichend winterhart sind.

Brombeeren brauchen viel Sonne, einen warmen und geschützten Standort, stellen jedoch als Tiefwurzler keine großen Ansprüche an den Boden. Dennoch erlangten sie im heimischen Anbau erst eine größere Bedeutung, als es die ersten stachellosen Sorten gab (in den USA 1928 entdeckt). Da mit den Stacheln allerdings auch viel des herbwürzigen Geschmacks und das kräftige Aroma verschwand, versucht man heute, Stachellosigkeit und bessere Geschmackseigenschaften wieder zu vereinen.

'Theodor Reimers', geschmacklich beste, sehr alte Brombeersorte. Die eher kleinen, aromatischen Früchte reifen an rankenden, stark stacheligen Trieben.

'Thornless Evergreen', stachellose, rankende Brombeersorte mit auffallend geschlitzten, dekorativen Blättern. Säuerliche, mittelfeste, mittelgroße Früchte.

'Black Satin', säuerliche, geschmacksarme, weiche, rasch verderbende Brombeersorte. Rankende Triebe ohne Stacheln.

'Chester Thornless', ertragreiche, rankende Brombeersorte mit stachellosen Trieben. Mildaromatisch, angenehm süßsäuerlich.

→ So wenig wie möglich waschen!

Himbeeren und Brombeeren aus dem eigenen Garten brauchen im Idealfall gar nicht gewaschen zu werden. (Bei trockenem Wetter ernten!) Doch auch gekaufte Früchte sollte man nur so wenig wie möglich waschen, denn Wasser laugt sie unnötig aus. Besser also Himbeeren und Brombeeren nur kurz abbrausen, abtropfen lassen und vorsichtig trockentupfen.

Brombeeren und Mischformen

Die **Blüte** der Sorte 'Cheyenne' sitzt an den aufrecht wachsenden Trieben und ist auffallend groß und attraktiv.

'Cheyenne', ist neben 'Choctau' die wichtigste der aufrecht wachsenden Brombeersorten. Die stacheligen Triebe tragen riesige, glänzend schwarze, ausreichend feste Früchte. Mildsäuerlich im Geschmack.

Brombeeren aus heimischem Anbau kommen von August bis Oktober auf den Markt, Importware gibt es schon im Juni; sie kommt aus den Niederlanden, Ungarn, Frankreich, Belgien, Italien und weiteren Ländern. Brombeeren sind druckempfindlich und wenig haltbar. Sie werden von Hand direkt in die Verkaufsschalen gepflückt, eine aufwändige Arbeit, daher sind sie wie Himbeeren auch, leider nicht gerade günstig. Dennoch lohnt es sich, Brombeeren entweder selbst zu sammeln oder zu kaufen, weil sie ausgesprochen viele wertvolle Inhaltsstoffe besitzen. Zu nennen sind hier vor allen Dingen die Mineralstoffe Magnesium, Calcium, Kalium und Phosphor, aber auch Vitamin C und E und besonders viel Provitamin A. Brombeeren enthalten zudem wertvolle bioaktive Substanzen wie Anthozyane (Pflanzenfarbstoffe) und Polyphenole, darunter die wertvolle Ellagsäure (Gerbstoffe); beiden wird ein wirksamer Schutz vor Krankheitserregern und Krebs nachgesagt. Ein Tee aus jungen Brombeerblättern in Kombination mit jungen Himbeer- und eventuell Walderdbeerblättern hilft bei Magen- und Darmbeschwerden und gegen Erkältungen.

'Loch Ness', 'Nessy', stachellose Brombeerzüchtung aus Schottland. Die großen, festen Früchte haben ein mildes Brombeeraroma.

Lagern lassen sich Brombeeren nur schlecht, deshalb sollte man sie unbedingt rasch verbrauchen. Im eigenen Garten nur bei trockener Witterung pflücken, nass geerntet beginnen sie schon nach wenigen Stunden zu faulen. Auch Brombeeren schmecken am besten frisch, mit Vanilleeis zum Nachtisch serviert oder als sommerlicher Kuchenbelag. Man kann sie aber auch zu Beeren-Grütze oder Kompott verarbeiten. Ihr kräftiges Aroma lässt sich für den Winter in Konfitüre einfangen. Einzeln auf Blechen oder Platten ausgelegt, kann man Brombeeren gut einfrieren und später bei Zimmertemperatur auftauen, so bleiben sie in Form und können für Desserts verwendet werden.

Die **Kratzbeere,** Ackerbrombeere *(Rubus caesius)* ist eine wild vorkommende Verwandte der Brombeere. Die Pflanze wächst an Waldrändern, aber auch an Hecken und Wegrainen bis in Höhen von 1.600 m. Auffallend sind die an sich dunkelblauen Früchte; durch die Bereifung erscheinen sie leuchtend königsblau. Aus Kratzbeeren wird, wie aus Brombeeren auch, ein wohlschmeckender Likör und Schnaps hergestellt. Himbeeren und Brombeeren lassen sich beliebig kreuzen, daher gibt es zahlreiche Mischformen, von denen die meisten in den USA entstanden sind. Viele dieser Hybridformen sind jedoch relativ holzfrostempfindlich und werden in Mitteleuropa daher nur selten angebaut. Botanisch rechnet man sie alle zur Art *Rubus loganobaccus*.

Loganbeere, engl. loganberry, frz. mûre de Logan, wird die Kreuzung aus 'Aughinbaugh'-Brombeere x 'Red Antwerp'-Himbeere genannt. Ihre extrem großen, bis zu 3,5 cm langen Früchte reifen von Juli bis August. Sie sind sehr saftig und aromatisch, schmecken aber sehr sauer. Sie werden zwar auch roh verzehrt, dienen jedoch überwiegend der Saftgewinnung oder werden zu Gelee und Konfitüre verarbeitet. Hier zu Lande gelangen Loganbeeren nur selten auf den Markt.

Die **Taybeere,** engl. tayberry, ist eine relativ junge schottische Kreuzung aus der 'Aurora'-Bombeere x Himbeere und erhielt ihren Namen nach dem Fluss »Tay« bei Dundee. An stacheligen 3 bis 5 m langen Ranken wachsen die bis zu 4 cm großen, dunkel- bis weinroten, nicht vom Zapfen lösenden Beeren. Zwar bringen die Pflanzen nur einen geringen Ertrag, doch sind die Früchte aromatisch und schmecken angenehm süßsäuerlich.

Die **Boysenbeere,** engl. boysenberry, frz. mûre de Boysen, ist eine kalifornische Kreuzung aus der Loganbeere und einer Brombeerart. Die Früchte haben ein intensives Aroma und schmecken süß.

Die **Japanische Weinbeere** *(Rubus phoenicolasius)*, engl. Japanese wineberry, wine raspberry, stammt aus Ostasien und ist botanisch eine eigene Art. Der attraktive Strauch mit seinen bis zu 3 m langen Ruten ist frostempfindlich, gedeiht aber auch bei uns in geschützten Lagen. Die leuchtend hellroten, angenehm weinsäuerlichen Früchte sind nur heidelbeergroß und reifen von Juli bis August.

Die blaue **Kratzbeere** ist eine wild wachsende Verwandte der Brombeere.

Die **Taybeere,** eine Kreuzung aus Brombeere x Himbeere mit sehr großen, bis zu 4 cm langen, dunkelroten Früchten. Reif aromatisch und süßsäuerlich.

Boysenbeeren sind vermutlich eine Kreuzung von Loganbeere x Brombeere.

Die **Loganbeere,** eine kalifornische Züchtung aus einer amerikanischen Brombeerart x europäischer Himbeere, hat aromatische, sehr saure Früchte.

Japanische Weinbeere ist eine nahe Verwandte von Himbeeren und Brombeeren. Die leuchtend hellroten, kugeligen Früchte schmecken leicht weinsäuerlich.

← **'Red Lake'**, seit den 30er Jahren verbreitete, mittelfrühe Züchtung aus den USA. Die mittelrot glänzenden, mittelfesten Beeren schmecken arttypisch, angenehm süßsäuerlich

'Rotet', niederländische → Züchtung mit mittelspäter Reifezeit. Kräftig rote, mittelgroße Beeren; säuerlich aromatisch. Intensiv rot.

← **'Rosetta'**, mittelspät reifende Züchtung aus den Niederlanden. Die blassrosa gefärbten, festen Beeren halten lange am Strauch. Kräftiges Aroma.

'Rovada', wichtigste → Sorte im Erwerbsanbau, spät reifend mit bis zu 20 cm langen Träubchen. Säuerlich, aromatisch, festfleischig.

← **'Rolan'**, mittelspät reifende Züchtung aus den Niederlanden mit großen, sehr festen, säuerlich schmeckenden attraktiv roten Beeren.

'Weiße Versailler', seit → 1850 bekannte weißfrüchtige Sorte aus Frankreich. Die mittelgroßen Beeren schmecken angenehm süßsäuerlich, sehr fruchtig.

Johannisbeeren und Stachelbeeren zählen zur Gattung *Ribes*, die ihrerseits der Familie der Steinbrechgewächse (*Saxifragaceae*) zugerechnet wird. Der Name der Gattung stammt vermutlich vom arabischen Wort »ribas« ab, was so viel bedeutet wie »sauer schmeckende Pflanze«.

Die **Rote Johannisbeere,** Ribisel (*Ribes rubrum*), engl. red currant, frz. groseille, gehört wie die Weiße Johannisbeere zur Untergattung Ribesia. Kultiviert werden beide noch nicht allzu lange; jedenfalls berichten die landwirtschaftlichen Schriften der Antike nichts von ihrem Anbau. Es waren Mönche, die im 14. Jh. erste Typen auslasen, angebaut wurden Johannisbeeren, in deren Name sich ein Hinweis auf die Reifezeit Ende Juni (Johannistag, 24. 6.) versteckt, dann ab dem 15. oder 16. Jh. Die Vorfahren der Kulturjohannisbeeren sind einmal die verschiedenen in Nordosteuropa und Eurasien beheimateten Wildarten (*Ribes sativum, Ribes rubrum, Ribes petraeum*); langstielige Sorten gehen zudem auch auf die im Mittelmeergebiet vorkommende Art *Ribes multiflorum* zurück. Sämtliche roten, rosa und weißen Sorten werden heute als *Ribes rubrum* zusammengefasst.

Johannisbeeren wachsen an bis zu 2 m hohen mehrjährigen Sträuchern oder Hochstämmchen, die aber schwieriger zu pflegen sind. Die mit zwischen 5 und 10 mm etwa erbsengroßen Beeren sitzen an kurzen Stielen in Trauben zusammen. Sie sind leuchtend rot, rund, glatt und manchmal etwas durchscheinend, in ihrem Innern befinden sich zahlreiche kleine Samen. Rote Johannisbeeren sind anspruchslose Pflanzen, sie gedeihen auch noch im Halbschatten auf ärmeren Böden, bringen dann allerdings weniger Früchte. Rote und Weiße Johannisbeeren bevorzugen humose, feuchte, mittelschwere Böden. Probleme bereitet bei manchen Sorten außerdem das »Verrieseln«. So nennt man das Abfallen der jungen Früchte 4 Wochen nach der Blüte; bei schwachem Verrieseln fehlen nur einzelne Beeren an den Trauben, ist das Verrieseln stark ausgeprägt, fehlen nahezu alle Beeren. Die Gründe dafür können unterschiedlicher Art sein, Faktoren wie schlechte Befruchtung, zu dichte Pflanzung, schlechte Standortbedingungen oder Trockenheit während der Blüte können eine Rolle spielen. Die meisten Sorten sind selbstfruchtbar, bei Fremdbestäubung werden allerdings bessere Qualitäten erzielt. Aromatische, mild-säuerliche Frühsorten wie die bekannte 'Jonkheer van Tets'

Johannisbeeren

Säuerlich & saftig

sind spätfrostgefährdet und platzen bei Nässe. Die Reife beginnt je nach Standort Ende Juni und dauert bis Ende Juli/Mitte August. Nach der Reife dürfen Rote Johannisbeeren nicht mehr zu lange hängen, sonst platzen die Früchte ebenfalls auf, überreife Beeren trocknen ein. Die Ernte erfolgt für den Frischmarkt von Hand, die druck- und transportempfindlichen Johannisbeeren pflückt man oft gleich in die Verkaufsschalen.

Heute werden Johannisbeeren in vielen Ländern der gemäßigten und kalten Zone sowohl auf der nördlichen als auch auf der südlichen Halbkugel kultiviert. Eine Spitzenstellung in der Produktion nehmen Russland, Polen und Deutschland ein, wobei vorwiegend rote Sorten angebaut werden. Bei uns auf den Markt kommt das Gros der heimischen Ware, wegen der hohen Erntekosten allerdings zu relativ hohen Preisen. Maschinell gepflückte Importware wird dagegen überwiegend industriell verarbeitet.

Die säurereichen Roten Johannisbeeren gelten als recht gesund, enthalten sie doch eine Menge an Vitaminen (A, C, E) und Mineralstoffen, allen voran Kalium, Magnesium, Phosphor und Eisen. Gekühlt sind sie kurze Zeit haltbar, dennoch sollten Johannisbeeren möglichst rasch verbraucht werden. Weniger saure Sorten eignen sich zum Frischverzehr in Desserts oder Obstsalaten. Rote Johannisbeeren lassen sich zudem vielfältig verarbeiten, in Kombination mit anderen Beeren schmecken sie als Grütze, konservieren kann man sie in Form von Konfitüre, Gelee, Saft oder Fruchtwein. Sehr gut schmecken die säuerlichen Früchte in Kombination mit Süßem, etwa auf Kuchen oder Torten mit zuckriger Baisehaube.

Weiße Johannisbeeren, engl. white currant, sind aromatischer und milder als die roten Sorten und daher oft beliebter. Aufgrund der unsicheren Erträge wurden sie jedoch im Anbau von den Roten Johannisbeeren verdrängt. Erst in den letzten Jahren erleben weiß- oder gelbbeerige Sorten aufgrund züchterisch verbesserter, ertragsstabiler Sorten eine kleine Renaissance.

Schwarze Johannisbeeren, Ahlbeere, Wanzenbeere *(Ribes nigrum)*, engl. black currant, frz. cassis, groseille noir, sind eine eigene Art; innerhalb der Gattung *Ribes* gehören sie neben anderen zur Untergattung *Coreosma*. Heimisch sind Schwarze Johannisbeeren von Mittel- über Osteuropa bis in die

'Jonkheer van Tets', wichtigste Frühsorte, 1931 in den Niederlanden gezüchtet. Die großen, mittelroten, weichen Beeren haben eine dünne Fruchthaut. Mildsäuerlich mit ausgezeichnetem Aroma.

'Primus', säuerlich-aromatische weiße Johannisbeere aus der Slowakei. Aromatische Beeren an langen Träubchen.

Mandschurei, aber auch vom Himalaja bis zum Kaukasus. Im deutschen Sprachraum werden sie im 16. Jh. als Heilpflanze erwähnt.

Die dunklen Beeren wachsen in Trauben an stachellosen, bis zu 1,7 m hohen Sträuchern, die einen eigenartigen, wanzenartigen Geruch verströmen. Bei den Sorten unterscheidet man langtraubige und kurztraubige, wobei Erstere vorwiegend für den Frischverzehr in Frage kommen und von Hand gepflückt werden, während man Sorten mit kurzen, büscheligen Trauben meist maschinell erntet und industriell verarbeitet. Im Vergleich zu Roten stellen Schwarze Johannisbeeren die etwas größeren Ansprüche an Bodenqualität und Wasserversorgung, sind ansonsten aber ebenfalls genügsam. Angebaut werden Schwarze Johannisbeeren heute in vielen Ländern der gemäßigten Zone, wichtige Produzenten sind Russland, Polen, Frankreich, die Niederlande und einige skandinavische Länder.

Aus ernährungsphysiologischer Sicht schneiden Schwarze Johannisbeeren überdurchschnittlich ab, denn sie haben ungewöhnlich hohe Gehalte an Mineralstoffen, Spurenelementen und Vitaminen. So ist allein ihr Vitamin-C-Gehalt mit 150 bis 250 mg/100 g drei- bis viermal so hoch wie bei der Zitrone (60 bis 70 mg/100 g). An Mineralstoffen enthält sie dieselben wie die Rote Johannisbeere, allerdings in wesentlich höherer Konzentration. Im Vergleich zu anderen Früchten besitzen Schwarze Johannisbeeren mit 1,2 mg/100 g auch einen sehr hohen Gehalt an Eisen.

'Fertöder', hocharomatische, robuste Züchtung mit süß-aromatischen Beeren; reift früh.

'Ometa', robuste Sorte der mittelspäten Reifegruppe. Die eher kleinen Beeren schmecken angenehm süß und mildaromatisch. Der Saft ist sehr farbintensiv.

Darüber hinaus haben Schwarze Johannisbeeren eine besonders gesundheitsfördernde Wirkung aufgrund der in ihnen enthaltenen bioaktiven Substanzen. Pflanzenfarbstoffe wie Karotene und Anthozyane – diese sind vor allem in roten und blauen Früchten vorhanden – sind »Radikalenfänger« und schützen den Organismus vor Herz-Kreislauf-Erkrankungen und Krebs. Außerdem wird ihnen eine entzündungshemmende Wirkung nachgesagt.

Schwarze Johannisbeeren reifen bei uns von Juli bis August und kommen, da sie nicht lange lagerfähig sind, auch in dieser Zeit auf den Markt; dann heißt es zugreifen. Zwar ist der kräftig-würzige, arttypische Geschmack der rohen schwarzen Beeren nicht jedermanns Sache. Es gibt aber mild schmeckende Sorten, die sich für den Frischverzehr, etwa in Desserts, eignen – mit Hilfe einer Gabel lassen sich übrigens alle Johannisbeerarten leicht von den Stielen streifen. Schwarze Johannisbeeren lassen sich aber auch ausgesprochen gut zu Saft, Gelee oder Konfitüre verarbeiten.

Die **Jostabeere** (*Ribes* x *nidigrolaria*), engl. josta berry, frz. caseille, ist eine relativ junge Artkreuzung zwischen Schwarzer Johannisbeere und Stachelbeere. Auch sie zählt zur Gattung *Ribes* und damit zu den Steinbrechgewächsen *(Saxifragaceae)*. Ziel der um 1920 begonnen Artkreuzungen war, möglichst robuste Pflanzen zu erhalten, denen Stachelbeermehltau und andere Krankheiten nichts anhaben konnten. Aus dieser Züchtungsarbeit sind die seit 1975 erhältlichen, heutigen Sorten entstanden. Die winterfesten Jostabeeren wachsen deutlich stärker als Stachelbeeren oder Schwarze Johannisbeeren. Günstigerweise tragen die Ruten der Jostabeere keine Stacheln, und auch sonst vereinigt die in der Größe ebenfalls zwischen beiden Eltern liegende Beere die günstigen Eigenschaften von beiden. Jostabeeren sind resistent gegen Stachelbeermehltau, Blattfallkrankheit und werden von der Johannisbeer-Gallmilbe gemieden.

Die rundlichen bis elliptischen, glatthäutigen Jostabeeren hängen in Trauben von 2 bis 5 Früchten am Strauch und reifen von Anfang bis Mitte Juli. Sie sind dann braunrot bis schwarz gefärbt und bleiben auch bei Vollreife am Strauch hängen. Auch was Inhaltsstoffe und Geschmack anbelangt, liegen die Jostabeeren zwischen den Schwarzen Johannisbeeren und Stachelbeeren. Sie überzeugen durch ihr gutes Aroma und ihre feine Säure sowie einen immer noch sehr hohen Anteil an Wirkstoffen. Jostabeeren eignen sich daher eher zum Frischverzehr, ergeben aber auch, nicht zuletzt dank ihres hohen Pektingehaltes, sehr gute Konfitüren und feine Gelees.

→ Reine Medizin

Der regelmäßige Genuss von Schwarzen Johannisbeeren erspart fast den Doktor, könnte man meinen. Jedenfalls schützen sie den Körper nicht nur vor Herzinfarkt und Krebs, sondern helfen auch bei Herzklopfen, bei Bronchialerkrankungen und Lungenentzündung. Ihr Saft wirkt entgiftend und desinfizierend und die enthaltenen Pektine beugen Verdauungsstörungen vor.

'Titania', robuste Neuzüchtung aus Schweden. Die großen, gut lösenden Beeren schmecken ziemlich sauer; mittleres Aroma, mittelspät reifend.

'Silvergieters' ist eine alte, krankheitsanfällige Sorte aus den Niederlanden mit weichen, süßen, aromatischen Beeren. Sehr hoher Vitamin-C-Gehalt.

Stachelbeeren und Jostabeeren

Stachelbeeren, Heckenbeeren, Krausbeeren, Klosterbeeren *(Ribes uva-crispa)*, engl. gooseberry, frz. groseille à maquereau, werden ebenfalls zur Gattung *Ribes* gerechnet und sind Steinbrechgewächse *(Saxifragaceae)*. Wild kommen sie in Eurasien und dem Mittelmeerraum vor, kultiviert werden sie seit über 400 Jahren, in größerem Umfang jedoch erst seit dem 18. Jh., und dies in erster Linie in England. Um 1900 waren bereits an die 1.000 Sorten bekannt, darunter auch heute noch weit verbreitete wie 'Rote Triumph' und 'Weiße Triumph'.

Angebaut werden die anspruchslosen Stachelbeeren heute in allen gemäßigten Zonen; Hauptproduzenten sind Polen, England, Ungarn, Tschechien, Belgien, die Niederlande und Deutschland.

'Josta' ist eine Artkreuzung von Schwarzer Johannisbeere und Stachelbeere. Es gibt verschiedene Sorten, darunter 'Jogranda' und 'Jostine'.

Stachelbeeren sind winterhart, aufgrund der frühen Blüte aber spätfrostgefährdet. Sie bevorzugen mittelschwere, nährstoffreiche Böden, die ausreichend feucht sind; auf Trockenheit oder Staunässe reagieren sie empfindlich. Halbschatten vertragen sie besser als zu viel Sonne (Sonnenbrand). Man unterscheidet die zahlreichen Sorten nach der Farbe. Viele bekannte davon kommen aus England, sind aber leider meist sehr anfällig gegenüber dem Amerikanischen Stachelbeermehltau, weshalb heute resistente Neuzüchtungen vorgezogen werden.

Stachelbeeren hängen einzeln oder paarweise an Büschen oder niedrigen Stämmchen. Sie werden etwa kirschgroß und sind mit mehr oder weniger borstigen Flaumhaaren bedeckt. Ihre Schale ist oft durchscheinend und grünlich weiß, goldgelb, hellbraun oder rot gefärbt. Ihr weiches, saftiges Fleisch enthält viele kleine, essbare Kerne. Stachelbeeren enthalten neben der hervortretenden Säure auch relativ viel Zucker; zudem Provitamin A, Vitamin C, E, Kalium, Calcium und Phosphor. Aufgrund ihrer Blut reinigenden, Herz-Kreislauf stärkenden und Rheuma lindernden Wirkung, aber auch wegen des hohen Mineralstoff- und Vitamingehalts sind sie eine wertvolle, gesundheitsfördernde Obstart. Auf den Markt kommen sie von Juni bis August; zum Rohverzehr eignen sich jedoch nur wirklich reife Früchte, größere Mengen unreifer Beeren, wie sie für die Industrie oder zur Weiterverarbeitung gepflückt werden (Grünpflücke) – können toxisch wirken. Vor dem Verzehr oder der Verarbeitung trennt man mit einem scharfen Messer den Stiel- und Blütenansatz ab.

'Grüne Kugel', mittelfrühe, großfrüchtige Züchtung aus Deutschland; intensiv grün, sehr süß, die Schale stört nicht.

'Achilles', sehr groß, süße, feste Stachelbeere. Vollreif attraktiv dunkelrot.

'Rolonda', robuste Züchtung aus Deutschland. Die mittelgroßen, fast schwarzroten, sehr festen Früchte schmecken gut, aber die zähe Schale stört etwas.

'Invicta', hellgrüne, mehltaufeste Züchtung aus Großbritannien. Die angenehm süß-säuerlichen Beeren reifen mittelspät. Die Schale stört beim Essen nicht.

'Rote Triumph', 1835 in Großbritannien gezüchtet, schmeckt neutral-süß.

Heidelbeeren Preiselbeeren & Co.

Waldheidelbeeren sind kleiner und haben durchgehend rotes Fleisch.

Kulturheidelbeeren sind größer und wachsen an bis zu 3 m hohen Sträuchern. Die wertvollen Farbstoffe sitzen hier nur in der Schale, das Fleisch ist farblos.

Die **Heidelbeere,** Waldheidelbeere, Blaubeere, Bickbeere *(Vaccinium myrtillus)*, engl. bilberry, whortleberry, frz. myrtille, zählt zur Familie der Erikagewächse *(Ericaceae)* und kommt in Eurasien und Nordamerika verbreitet wild vor. Die dunkelblauen, mehr oder weniger bereiften Beeren wachsen an anspruchslosen niedrigen Halbsträuchern; charakteristisch ist ihr dunkelroter stark färbender Saft. Die Beeren reifen von Juni bis September, dann lassen sie sich leicht von den Stielen streifen. In den letzten Jahren wurde die gesundheitsfördernde Wirkung der Heidelbeere nachgewiesen. Sie beruht auf ihrem Gehalt an bioaktiven Substanzen wie Pflanzenfarbstoffen (Anthozyane, Flavonoide) und Gerbstoffen. Heidelbeeren enthalten wichtige Mineralien und Spurenelemente (Calcium, Eisen, Kalium, Phosphor, Zink, Chrom, Mangan) und Vitamine (Provitamin A, Vitamine der B-Gruppe). Die kleinen Beeren wirken entzündungshemmend, stärken das Immunsystem, senken die Blutfettwerte und helfen in kleinen Dosen verabreicht, auch getrocknet, bei leichteren Durchfallerkrankungen. Vorsichtige verzehren die Beeren nicht roh (Fuchsbandwurm), sondern verarbeiten sie zu Saft, Grütze, Kompott, Konfitüre oder köstlichen Kuchen. Heidelbeeren lassen sich gut einfrieren oder auch trocknen.

Kulturheidelbeeren *(Vaccinium corymbosum)*, engl. blueberry, frz. myrtille americaine, eine eigene Art (Sammelbegriff unterschiedlicher Typen), stammen von nordamerikanischen Wildarten ab. Die ersten Sorten sind dort zu Beginn des 20. Jh. entstanden. Kulturheidelbeeren, in erster Linie für den Frischverzehr angebaut, schmecken anders als Waldheidelbeeren. Sie färben auch nicht, da Fruchtfleisch und Saft farblos sind. Die wertvollen Pflanzenfarbstoffe stecken nur in der Schale und können beim Rohverzehr nicht aufgenommen werden; erst beim Kochen treten sie aus der Schale heraus. Abgesehen davon entsprechen die Inhaltsstoffe in etwa denen der Waldheidelbeere.

Die **Preiselbeere** *(Vaccinium vitis-idaea)*, engl. cowberry, foxberry, mountain cranberry, frz. airelle rouge, gehört wie die Heidelbeere zur Familie der Erikagewächse *(Ericaceae)*. Die anfangs weißen, später leuchtend roten Beeren wachsen traubenförmig an kleinen, nur bis zu 30 cm hoch werdenden Sträuchern. Sie haben wenig, aber saftig rotes Fruchtfleisch. Ihren herben Geschmack verdan-

Preiselbeere, auch Kronsbeere genannt, kommt wild vor allem in Skandinavien vor. Mit ihrem herbsäuerlichen Geschmack sind sie der ideale Begleiter zu Wild.

Die Kulturpreiselbeere mit größeren Beeren gibt es erst seit wenigen Jahrzehnten. Anbauflächen existieren bei uns bisher vor allem in der Lüneburger Heide.

ken die Preiselbeeren den vielen organischen Säuren und Gerbstoffen. Zudem enthalten sie viele Mineralstoffe, Vitamine (Provitamin A, Vitamine der B-Gruppe, Vitamin C) und Ballaststoffe (Pektin). Preiselbeeren reifen je nach Lage von Ende August bis Oktober und halten bei kühler Lagerung und hoher Luftfeuchtigkeit bis zu 8 Wochen. Roh isst man sie kaum, sie überzeugen jedoch als Kompott, Mus, Konfitüre, Saft oder Likör.

Cranberry, Amerikanische oder Großfrüchtige Moosbeere *(Vaccinium macrocarpon),* ist ein Erikagewächs *(Ericaceae)* und stammt aus Nordamerika. Cranberries wachsen an kleinen, am Boden rankenden Halbsträuchern und lieben feuchte Standorte. Die Beeren sind – wie Preiselbeeren auch – erst weiß und verfärben sich dann mit zunehmender Reife rot, zunächst die Schale, später ebenfalls das feste Fruchtfleisch. Auch in Bezug auf Inhaltsstoffe und Verwendung gibt es keinen großen Unterschied zur Preiselbeere. Cranberries haben allerdings den höheren Eisen- und Vitamin-C-Gehalt, ganze Fässer davon dienten Seeleuten früher auf ihren Schiffen als Mittel gegen Skorbut.

Cranberries oder Kranichbeeren sind mit den heimischen Preiselbeeren eng verwandt, jedoch viel größer als diese. Angebaut werden sie hauptsächlich in den USA.

Weißdorn. Seine Früchte besitzen nur eine relativ dünne essbare Schicht. Ihr Geschmack ist fade bis süßlichsauer, aber sie enthalten viel Pektin.

Moosbeeren *(Vaccinium oxycoccos)*, engl. small cranberry, frz. canneberge des marais, gehören als Preiselbeerverwandte, aber mit etwas größeren Beeren als diese, ebenfalls zu den Erikagewächsen *(Ericaceae)*. Zu Hause ist diese Moorpflanze in Skandinavien, Russland, Nordasien und Nordamerika. Moosbeeren werden wie Preiselbeeren zu Kompott oder Konfitüre verarbeitet.

Der **Weißdorn** *(Crataegus laevigata)*, engl. hawthorn, frz. aubépine, ein Rosengewächs *(Rosaceae)* ist in ganz Europa heimisch. Seine mehligen Früchte kommen weniger für den Rohverzehr in Frage, eignen sich aber als Ergänzung (Gelierhilfe) für Gelees und Konfitüren.

Die **Schwarze Apfelbeere** *(Aronia melanocarpa)*, engl. black chokeberry, frz. fruit d'arone, ist ein in Nordamerika heimisches Rosengewächs *(Rosaceae)*. Die erbsengroßen Früchte der Apfelbeere wachsen an bis zu 1 m hohen Büschen.

Die Früchte der Apfelbeere können, im Gegensatz zu vielen anderen Beeren, bis zu 2 Wochen gelagert werden. Aus ihnen lassen sich Konfitüren oder Füllungen für Backwaren herstellen. Zudem dienen sie zur Saft- und Sirupherstellung.

→ Schwarze Apfelbeeren färben gut

Die im Prinzip wie schwarze »Eberesche« aussehenden Beeren der Aronia baut man in den Ostländern in größerem Maßstab an. Sie dienen vornehmlich zur Gewinnung des dunklen Saftes, der als Lebensmittelfarbstoff gefragt ist.

Schwarze Apfelbeere mit fast geruchlosen Früchten. Die violettschwarzen Beeren schmecken säuerlich-herb und erinnern entfernt an Heidelbeere.

Moosbeeren sind nahe Verwandte der Preiselbeere; für Saft, Kompott und Gelee.

Holunder, Sanddorn & andere Vitamin-Bomben

Schwarzer Holunder reift hier zu Lande von Ende August bis Mitte September. Die saftigen Beeren mit ihrem dunklen Saft sind roh allerdings giftig.

Schwarzer Holunder, Holder, Hollerbeere, Fliederbeere *(Sambucus nigra)*, engl. elderberry, frz. sureau, aus der Familie der *Caprifoliaceae*, kommt in ganz Eurasien bis in Höhen von 1.500 m wild vor, ist aber auch als Kulturpflanze verbreitet. Von den 5 bis 7 m hoch wachsenden Sträuchern werden nicht nur die Beeren, sondern auch die im Frühsommer erscheinenden, weiß-gelblichen, süßlich duftenden Blüten genutzt, vorwiegend zum Ausbacken der schmackhaften Hollerküchle. Ab Ende August können die herben, süß-säuerlich schmeckenden Beeren dann geerntet werden. Bei ihnen handelt es sich aus botanischer Sicht um kleine, etwa 5 mm große, dreisamige Steinfrüchte an dunkelroten Stielen; bei Reife neigen sich die gesamten Fruchtdolden nach unten. Holunderbüsche brauchen keine große Pflege. Sie lieben frische, nährstoffreiche Böden, kommen aber auch auf kargen Böden zurecht, bleiben dann allerdings relativ klein.

Holunder gilt als überaus gesund, er enthält eine ganze Reihe an Mineralstoffen (Kalium, Calcium, Magnesium, Phosphor), Vitaminen (Provitamin A, Vitamine der B-Gruppe, Vitamin C) und an wertvollen bioaktiven Substanzen; gesund sind insbesondere auch die Pflanzenfarbstoffe (Flavonoide, Anthocyane). Die in der Naturmedizin schon lange bekannten Holunderbeeren fördern nicht nur das Immunsystem, sie wirken auch entwässernd, Blut reinigend, Fieber senkend und Schweiß treibend. Zum Rohverzehr eignen sich die Beeren nicht, doch lassen sie sich ausgezeichnet zu Saft, Sirup, Gelee, Konfitüre oder Kompott verarbeiten.

→ **Über 1.000 Sorten** gibt es von der Weißen Maulbeere – angesichts der eher faden Früchte recht erstaunlich. Tatsächlich aber hat die Weiße Maulbeere die größte wirtschaftliche Bedeutung unter den Maulbeerarten – nicht als Obst, sondern der Blätter wegen, die schon seit Jahrtausenden das Futter für die Seidenraupen sind. Aufgrund eines strengen Exportverbots gelang es den Chinesen lange, ihr Seidenmonopol zu wahren, bis es um 550 n. Chr. griechischen Mönchen gelang, ein paar Samen außer Landes zu schmuggeln.

Die Heckenrose ist die bekannteste unter den Fruchtrosen. Ihre Hagebutten liefern bis zu 800 mg Vitamin C/100 g, einige Kultursorten sogar bis zu 1.400 mg.

Als **Hagebutten** (*Rosa* ssp.), engl. hip, rosehip, frz. gratte-cul, fruit de l'églantier, bezeichnet man die Früchte verschiedener wild wachsender Rosenarten *(Rosaceae)*, von denen es in den nördlichen gemäßigten und subtropischen Breiten mehr als 200 geben soll. Tatsächlich als Wildobst nutzt man davon jedoch nur wenige. Beispielsweise jene der Hecken- oder Hundsrose *(Rosa canina)* oder auch die Früchte der erst um 1850 aus Nordostasien eingeführten Kartoffelrose *(Rosa rugosa)*. In Inhaltsstoffen und Verwendung unterscheiden sich beide Arten nicht wesentlich; sie enthalten beide enorm viel Vitamin C, auf 100 g gerechnet bis zu 20-mal mehr als Zitronen. Hagebutten können hervorragend zu Fruchtmark und anschließend zu Konfitüre oder auch zu Chutney verarbeitet werden, zuvor müssen jedoch immer die Kerne mitsamt den »Härchen« entfernt werden.

An der Kartoffelrose kennen und schätzen viele ihre attraktiven, leuchtend rosa bis pinkfarbenen Blüten, doch auch die Früchte lassen sich nutzen.

Sandorn | *Die leuchtend orangefarbenen, bis zu 1 cm langen, ovalen, säuerlichen Beeren lösen sich auch reif nur widerstrebend vom Ast. Zudem machen die langen dornigen Triebe die Ernte nicht gerade einfacher – doch lohnt die Mühe trotz alledem, schließlich bieten sie enorm viel Vitamin C.*

Sanddorn, Sandbeere *(Hippophae rhamnoides)*, engl. sea buckthorn berry, frz. argousier, ist ein in Europa und Asien heimisches, anspruchsloses, frosthartes Gewächs *(Elaeagnaceae)*. Es kommt im Tiefland, aber auch in Höhen bis 1.800 m vor. Der Sanddornstrauch wird bis zu 3 m hoch, und genau so tief wurzelt er auch. Zwar bleiben die Beeren auch nach der Reife noch hängen, sie sollten jedoch unbedingt vor dem ersten Frost geerntet werden. Sanddorn enthält viele Wirkstoffe: Fruchtsäuren, Eiweiß und für Obst relativ viel Fett (7 %); zudem wichtige Mineralstoffe (Calcium, Magnesium), Vitamine (Provitamin A, B-Vitamine, Vitamin E, C) und bioaktive Substanzen (Flavonoide). Sein Vitamin-C-Gehalt schwankt, je nach Sorte und Standort liegt er zwischen 200 und 1300 mg/100 g.

Sanddorn ist nichts für den Frischverzehr, aber er ergibt, im Mix mit anderen Früchten, eine gute Konfitüre, gesunden Saft oder Sirup.

Maulbeeren (*Morus* ssp.), engl. mulberry, frz. murier, aus der Familie der *Moraceaen*, unterteilt man nach Farbe in verschiedene Arten: die Schwarze Maulbeere *(Morus nigra)* stammt aus Südwestasien und war schon Griechen und Römern bekannt; die Weiße Maulbeere *(Morus alba)* und die robustere Rote Maulbeere *(Morus rubra)* aus Nordamerika.

Maulbeeren enthalten reichlich Pektin, Fruchtsäuren, Mineralstoffe und Vitamine, kommen aber bei uns kaum auf den Markt, da sie rasch verderben und kaum transportfähig sind. Besonders wertvoll ist der hohe Gehalt an Karotenen.

Die Weiße Maulbeere schmeckt reif oft süßlich-fade und ist nur kurze Zeit haltbar. Von dieser Art existieren auch gelblich und rötich gefärbte Sorten.

Schwarze Maulbeeren erinnern etwas an Brombeeren. Sie sind sehr saftig, würzig und schmecken süßsäuerlich. Gut für Saft, Gelees, Konfitüren und Sirup.

Tafeltrauben
Herbstlicher Genuss

Nur zum Keltern *viel zu schade. Köstliche, saftig-süße Tafeltrauben sind im Spätsommer und Frühherbst das Obst der Saison. Verstärkt kommen sie seit kurzem auch aus inländischem Anbau auf den Markt.*

'Ester', 'Eszter', robuste blaue Tafeltraube aus Ungarn mit großen, knackigen Beeren an großen Trauben. Sehr fruchtig.

'Muscat bleu', pilzfeste blaue Tafeltraube aus der Schweiz. Die mittelgroßen, festen Beeren schmecken sehr würzig.

'Nero', robuste blaue Tafeltraube aus Ungarn. Die mildfruchtigen, großen, festen Beeren sitzen relativ dicht zusammen.

Bei den **Tafeltrauben,** Weintrauben *(Vitis vinifera)*, engl. table grape, frz. raisin de table, handelt es sich um ein sehr altes Gewächs aus der Familie der *Vitaceaen*. Schon vor 130 Millionen Jahren waren frühe Formen der Wildrebe bis nach Grönland verbreitet. Während der Eiszeiten wurden sie dann bis ins Mittelmeergebiet zurückgedrängt, vor ungefähr 7.000 Jahren siedelten sich Wildformen der Trauben auch wieder diesseits der Alpen an.

Als Urheimat der Trauben gelten Transkaukasien und Mittelasien, dort haben sich Arten entwickelt, die als Vorfahren unserer heutigen Tafeltrauben gelten. Das sind einmal die heimischen wilden Trauben (*Vitis vinifera* ssp. *silvestris*) und die Art *Vitis vinifera* ssp. *caucasia*. Kultiviert wurde die Rebe bereits vor 5.000 Jahren im alten Ägypten, sie diente damals vorwiegend der Weinherstellung. Griechen und Römer führten den Anbau fort, sie wussten auch schon um den gesundheitlichen Wert dieser Frucht. Im deutschsprachigen Raum wurden im Mittelalter Rebstöcke häufig spalierartig an Hauswänden gezogen.

Angebaut werden Reben heute in allen gemäßigten, teils auch in den subtropischen Zonen der Erde. Die Trauben (Tafel- und Weintrauben zusammen) nehmen in der Rangliste der Obstarten nach den Zitrusfrüchten und noch vor Bananen und Äpfeln den zweiten Platz ein, zwischen 50 und 60 Millionen Tonnen beträgt die jährliche Ernte weltweit. Davon sind jedoch nur etwa 10 % Tafeltrauben, der Löwenanteil (85 %) geht in die Wein- und Sektproduktion, die restlichen 5 % werden getrocknet und als Rosinen vermarktet.

Europa produziert bislang die Hälfte der gesamten Traubenernte, allen voran Italien, Spanien, Frankreich, Deutschland und die Balkanstaaten – allerdings überwiegend Trauben für die Weinherstellung, Tafeltrauben werden weniger produziert.

Deutschland ist weltweit der größte Importeur von Tafeltrauben. War bisher das Angebot so gut wie ausschließlich von ausländischer Ware bestimmt, so dürfte sich dies bald ändern, denn seit dem 1. Juli 2000 ist die Tafeltraube auch in Deutschland offiziell eine Obstart. Ihre Produktion unterliegt damit nicht länger dem Weinrecht. Das heißt, es dürfen jetzt überall auch jene Rebsorten gepflanzt werden, die für die Weinbereitung nicht klassifiziert sind. In Zukunft werden verstärkt Tafeltrauben aus heimischem Anbau auf den Markt kommen. Da überwiegend pilzresistente Sorten gepflanzt werden, benötigt man zu ihrer Kultivierung weniger Pflanzenschutzmittel. Heimische Trauben standen lange in dem Ruf, kleinbeerig und sauer zu sein; neue Sorten können aber in Aussehen, Konsistenz und Geschmack durchaus mit Importware mithalten, zumal man bei den weniger behandelten, heimischen Beeren die wertvolle Schale bedenkenlos mitessen kann.

Trauben sind – wie alle Vitis-Arten – Klettersträucher, mit dem Wilden Wein (*Parthenocissus* sp.) sind sie botanisch jedoch nicht verwandt. Reben stellen keine großen Ansprüche an den Untergrund, durch ihre weit in den Boden reichenden Wurzeln können sie sich selbst ausreichend mit Wasser versorgen, nur 1- bis 2-jährige Pflanzen müssen bewässert werden. An den Boden stellen sie keine großen Ansprüche. Probleme bereitet aber die große Anfälligkeit der Pflanzen gegenüber Krankheiten und Schädlingen. Seit in der zweiten Hälfte des 19. Jh. die Reblaus weite Anbauflächen in Europa vernichtet hat, dürfen in Weinbaugebieten nurmehr Pfropfreben, so nennt man auf reblausresistente Unterlagen veredelte Sorten, gepflanzt werden.

Die Zahl an Traubensorten lässt sich kaum mehr überblicken, man unterscheidet nach Farbe und zwischen kernhaltigen und kernlosen Sorten. Für den Frischverzehr werden solche mit großen, knackigen Beeren, viel Saft und Süße bevorzugt. Bislang liegen weiße Trauben im Verbrauch weit vor den blauen, aufgrund der wertvollen Inhaltsstoffe werden aber auch sie zunehmend nachgefragt.

Traubenernte im Herbst. Tafeltrauben dürfen keine beschädigten Beeren aufweisen und auch die Wachsschicht (»Duft«) sollte nicht verwischt sein.

'Romulus', pilzfeste Züchtung mit kleinen, grünen Beeren. Sie schmecken angenehm süß und haben keine Samen.

Trauben
Weiß und blau

'Regina', 'Watham Cross', weltweit zweitwichtigste Tafeltraube, seit 1883 in Europa. Knackige, milde, große, gelbgrüne Beeren.

'Thompson Seedless', 'Sultania', weltweit wichtigste Tafel- und Rosinentraube, reift mittelfrüh. Die goldgelben, dünnschaligen Beeren schmecken sehr süß.

'Almeria', 'Ohanes', 'Uva Blanca', am spätesten reifende, grüne Tafeltraube, sehr ertragreich, hochempfindlich. Die festen, großen Beeren schmecken neutral.

'Paparella', hellgrüne Tafeltraube aus Italien. Die ovalen, knackig-festen Beeren sitzen in relativ kompakten großen Trauben. Angenehm süß.

→ Weinblätter
selber einlegen ist nicht schwer. Gut eignen sich dafür beispielsweise junge Blätter der Sorte 'Trollinger'. Die Weinblätter werden gewaschen, entstielt, blanchiert (knapp 1 Minute) und kalt abgeschreckt. Anschließend füllt man sie in Gläser mit Schraubverschluss, füllt das Glas randvoll mit Wasser und sterilisiert die Gläser bei 70 °C. Auf diese Weise konserviert, halten sie sich bis zu zwei Jahren.

In Anbetracht ihrer Inhaltsstoffe gilt die Traube als sehr wertvolles Obst. Dabei sind es nicht so sehr die Spitzenwerte einzelner Vitamine oder Mineralstoffe, auch in Sachen Vitamin C ist die Traube eher Schlusslicht, vielmehr ist es zum einen das Zusammenspiel der verschiedenen Wirkstoffe, das den Ruf der Traube als Heilmittel begründet, zum andern aber, und das ist erst seit zwei Jahrzehnten erforscht, ist es ihr hoher Gehalt an bioaktiven Substanzen. Unter diesem Begriff werden Ballaststoffe, Milchsäurebakterien aus fermentierten Lebensmitteln (Joghurt, Sauerkraut) und sekundäre Pflanzenstoffe zusammengefasst.

Vier Fünftel der Traube bestehen aus Wasser, der Rest größtenteils aus Kohlenhydraten, vor allem in Form von Trauben- und Fruchtzucker. Weil diese Zuckerarten rasch verfügbar sind, liefern Trauben »Sofort-Energie«, Blutzuckerspiegel und Konzentrationsfähigkeit steigen, die Müdigkeit verfliegt. Zudem enthalten Trauben wichtige Vitamine der B-Gruppe, eine Mischung der wichtigsten Mineralstoffe (Kalium, Calcium, Phosphor, Eisen), Spurenelemente und Ballaststoffe.

In Sachen sekundäre Pflanzenstoffe stehen Trauben jedoch ganz vorn: Sie enthalten gleich mehrere sekundäre Pflanzenstoffe, die sonst nur in wenigen anderen Lebensmitteln zu finden sind.

Es sind insbesondere spezielle Polyphenole, die Trauben, Traubensaft und Wein (in Maßen) in den letzten Jahren ins Blickfeld gerückt haben. So zum Beispiel Ellagsäure, die sonst nur noch in wenigen Früchten auftaucht (Erdbeere, Himbeere, Brombeere, Walnuss). Sie hat im Vergleich zu anderen Phenolsäuren eine 300-mal höhere Krebs hemmende Wirkung. Hinzu kommt das ebenfalls zu den Polyphenolen gerechnete Flavonoid Querzetin, das sich besonders reichlich in Zwiebeln (35 mg/ 100 g) und Grünkohl (11 mg/100 g) findet, aber auch in Trauben (3 bis 4 mg/100 g) vorkommt und das vor Haut- und Darmkrebs schützt, weiter die Polyphenole Katechin in reifen Trauben, die ebenfalls vor Krebs schützen.

Damit schmeckt die Traube nicht nur ausgezeichnet, sie ist die reinste Heilfrucht: Die Beeren spenden rasch verfügbare Energie, regulieren den Blutzuckerspiegel, regen die Verdauung an, entwässern, stärken Nerven und Immunsystem, wirken Krankheiten wie Alzheimer, Parkinson und Krebs (vor allem die blauen Beeren) entgegen, halten die Arterien frei, festigen das Gewebe und sorgen überdies auch noch für gute Laune.

Kulinarisch von Bedeutung sind Trauben in erster Linie als Frischobst. Sie schmecken pur, in Obstsalaten, auf Kuchen und Torten oder zum Dessert.

'Cardinal', frühreife blaue Tafeltraube, 1939 in Kalifornien gezüchtet, sehr empfindlich. Nur vollreif guter Geschmack.

'Flame seedless', neuere Züchtung aus Kalifornien, sehr frühreif. Die leuchtend rotvioletten, knackigfesten, samenlosen Beeren schmecken neutral.

'Barlinka', wichtigste Tafeltraube in Südafrika mit über 40 % Anbaufläche. Sehr kompakte Trauben mit großen, blauen, festen Beeren. Nur vollreif mild-fruchtig.

'Red Giant', in Argentinien verbreitete Tafeltraube mit sehr großen, rotvioletten Beeren. Auffallend kompakte Trauben.

Die knackig-saftigen Beeren überzeugen aber auch in pikanten Gerichten, wo sie überraschende Kontraste setzen können, so beispielsweise in Kombination mit Sauerkraut, als Beilage zu Wildgeflügel, in würzigen Saucen, Fleischgerichten oder in frischen Salaten. Auch auf Käseplatten oder Büfetts tauchen sie regelmäßig auf.

Ungespritzte Trauben aus biologischem Anbau braucht man lediglich kurz unter kaltem Wasser abzubrausen, Importware sollte man gründlich mit warmem Wasser waschen.

Für die Herstellung von Kompott oder Konfitüre spielen Trauben kaum eine Rolle, doch zur Saftererzeugung sind sie bestens geeignet. Sogar die Rückstände der Saft- und Weinproduktion werden verwertet: Einmal zur Herstellung von Tresterbrand (Grappa) und zur Gewinnung von Traubenkernöl. Das aus den getrockneten Kernen schonend kaltgepresste Öl enthält neben Vitamin E den Traubenwirkstoff Procyandin, eine Kombination, die die Struktur der Haut verbessert. Der in den Kernen und auch im Öl enthaltene Schutzstoff OPC (oligomeres Proanthozyanidin) ist einer der stärksten Wirkstoffe gegen freie Radikale. Mit Traubenkernöl lassen sich Salate verfeinern, man kann es aber auch zum Braten verwenden, da es einen hohen Rauchpunkt hat (190 bis 230 °C).

Ein weiterer wirtschaftlicher Faktor ist das Trocknen von Trauben zu Rosinen, wobei dies ein Oberbegriff ist, unter dem die kleinen dunklen Korinthen, die größeren goldgelben Sultaninen und die großen Traubenrosinen (Weinbeeren) zusammengefasst sind. Zudem liefern Reben die großen Weinblätter, die sich ideal zum Füllen eignen.

'Königin der Weingärten', 'Regina dei Vigneti', ungarische Züchtung mit sehr großen, knackigen, gelbgrünen Beeren an attraktiven Trauben. Dezentes Muskataroma.

'Italia', 'Idéal' Hauptsorte im italienischen Tafeltrauben-Anbau. Die großen, sehr festen, grünen Beeren schmecken neutral.

Herbst ist Kastanienzeit!

Die Edelkastanie zählt zu den ältesten Nutzpflanzen, ihre Früchte werden schon seit der Steinzeit genutzt. Die heute in den wärmeren Gebieten Europas verbreitete Art stammt ursprünglich aus dem Schwarzmeergebiet. Wild wachsende Bäume erreichen eine Höhe von bis zu 30 m, jene der Kultursorten bleiben meist niedriger. Angebaut wird die Edel- oder Esskastanie, die sehr alt werden kann, vor allem in der Türkei, in Italien, Spanien, Portugal, Griechenland, Frankreich und auf dem Balkan; an den Südhängen der Alpen und selbst in Deutschland wächst sie im Weinbauklima am Bodensee, in der Pfalz, im Rhein-Main-Gebiet und in geschützten Lagen sogar in Norddeutschland, allerdings fallen die Erträge dort geringer aus.
Bei den Edelkastanien unterscheidet man 3 Typen: die kleineren und weniger lang haltbaren Esskastanien, frz. châtaignes, mit meist dunklerer Schalenfarbe; die größeren aromatischen Maronen, frz. marrons, mit hellerer, glänzender rötlich brauner Schale und drittens die so genannten Dauermaronen. Genaue Abgrenzungen sind jedoch schwierig. Während Esskastanien und Maronen im Oktober von alleine vom Baum fallen, bleiben die Dauermaronen länger hängen und müssen Ende November gepflückt werden. Die anderen beiden Typen sollten jedoch keinesfalls vorzeitig vom Baum geschlagen werden; Edelkastanien sind erst dann richtig reif, wenn die stacheligen Hüllen von selbst aufspringen. Dann beginnt die Kastanienernte – hier im Bergell –, die reifen Früchte werden eingesammelt und, sollen sie länger haltbar bleiben, noch getrocknet. Jetzt ist die Zeit der Kastanienfeuer und -feste!

Schalenobst

Edelkastanie & Walnuss

Unter dem Begriff Schalenobst, gemeinhin als Nüsse bezeichnet, werden verschiedene Fruchttypen zusammengefasst. Einmal echte Nüsse wie die Haselnuss oder die Kastanie, aber auch Steinfrüchte wie die Mandel oder die Walnuss.

Die **Edelkastanie,** Echte Kastanie, Esskastanie, Marone *(Castanea sativa)*, engl. sweet chestnut, marron, frz. châtaigne, marron, ist – obwohl der Name dies vermuten lässt – botanisch nicht mit der Rosskastanie verwandt, sondern ein Buchengewächs *(Fagaceae)*. Es gibt verschiedene Edelkastanienarten, unter denen die Japanische Kastanie *(Castanea crenata)*, die Chinesische Kastanie *(Castanea mollissima)*, die Amerikanische Kastanie *(Castanea dentata)* und die Europäische Kastanie *(Castanea sativa)* die wichtigsten sind.

Edelkastanien sind Nussfrüchte, die in einer mit Stacheln besetzten Fruchthülle sitzen. Jede Hülle enthält bis zu 3 Nüsse. Das gelbweißliche Fleisch befindet sich unter der braunroten, holzig-ledrigen Schale und ist von einer Samenhaut umgeben; beides muss vor dem Verzehr entfernt werden. Edelkastanien enthalten mit 50 % mehr Wasser als andere Nüsse, zudem 40 % Kohlenhydrate, Eiweiß, Fette, reichlich Mineralstoffe, Vitamine der B-Gruppe und etwas Vitamin C (20 bis 40 mg/ 100 g). Ihr Energiegehalt liegt bei 210 kcal/100 g. Ein Großteil der Ernte geht in die Konservenindustrie. Vor der Weiterverarbeitung in der Küche müssen Kastanien geschält werden; dafür schneidet man die Schale an der Spitze kreuzweise ein, röstet die Früchte 15 Minuten im Ofen, dabei wandelt sich die Stärke in Zucker um. Die Maronen werden süß. Geröstet sind sie als »heiße Maroni« beliebt, man verwendet sie aber auch gern für Füllungen, Kuchen oder Desserts. Beliebt sind in Frankreich die »Marrons glacés«, kandierte und glasierte ganze Früchte oder Stücke, ebenso wie süßes Maronenpüree mit Sahne.

Die **Walnuss,** Welsche Nuss, Baumnuss *(Juglans regia)*, engl. walnut, frz. noix, kommt in Europa als einzige Art der Gattung *Juglans (Juglandaceae)* wild vor. Sie stammt aus Mittelasien (Iran) und dem westlichen Zentralasien. Im Tertiär hatte es sogar in Grönland Walnussbäume gegeben. Während der Eiszeit sind sie jedoch ausgestorben und kamen erst mit den Römern wieder nach Mitteleuropa. Nach der Entdeckung der Neuen Welt wurde die Walnuss in Nordamerika und in den Andenländern Südamerikas eingeführt, später auch in Südafrika, Japan und Australien. Heute ist sie weltweit in den mild-gemäßigten Zonen verbreitet.

Walnüsse gelten zwar als »Nuss« schlechthin, sind botanisch aber keine Nüsse, sondern an bis zu 30 m hohen Bäumen wachsende Steinfrüchte. Sie bestehen aus einer ungenießbaren fleischig-ledrigen

'Parisienne', große, etwas eckige Walnuss aus Frankreich, die fast wulstfreie Schale lässt sich leicht öffnen. Sehr feines Nussaroma.

Esskastanien sind in den Anbauländern ein wichtiges Nahrungsmittel. Richtig ausgereift und getrocknet, kann man sie bis Januar oder Februar aufbewahren.

'Franquette', mittelgroße Walnuss-Sorte mit deutlicher Spitze aus Frankreich. Mitteldicke Schale, heller, ausgesprochen geschmackvoller Kern.

Unreife Walnüsse sind noch von einer runden, glatten, grünen Außenschale umgeben.

Sind die Walnüsse reif, platzt die Außenhülle von selbst auf und löst sich mehr oder weniger ab.

→ Walnüsse richtig aufbewahren

Wer sichergehen will, dass Walnüsse beim Lagern nicht leiden, bewahrt sie am besten luftdicht verschlossen und möglichst kühl in einem lichtundurchlässigen Behälter auf. Zu warm gelagert schmecken sie nach einiger Zeit ranzig. Werden Walnüsse dem Licht ausgesetzt, bauen sie die wertvollen Vitamine rascher ab. Übrigens: Schon ein paar Walnüsse täglich stärken die Nerven und senken den Cholesterinspiegel.

Wertvoller Inhalt
Wal- und Haselnuss

'**Walnuss Nr. 26**', großfruchtige Sorte aus Deutschland mit glatter, leicht zu öffnender Schale. Guter Geschmack.

'**Walnuss Nr. 120**', mittelgroße Sorte aus Deutschland. Die tiefgefurchte Schale hat eine grobkantige Naht, lässt sich aber ausreichend gut öffnen. Der hellgelbe, aromatische Kern löst sich nicht besonders leicht aus der Schale, wenn er voll ausgebildet ist.

Außenhülle, die aufreißt, sobald die Früchte reif sind und sich dann von selbst ablöst oder entfernt wird. Darunter befindet sich eine netzartig gerunzelte, hell- oder dunkelbraune Nuss, die aus zwei Schalenhälften mit deutlich sichtbarer Nahtleiste besteht. Im Innern befindet sich mit dem 2- bis 4-lappigen Kern der essbare Teil der Walnuss. Der helle Samen ist von einem dünnen, bräunlichen und bei frischen Nüssen bitter schmeckenden Häutchen umgeben, das ihn vor Eindringen von Sauerstoff schützt. Ist es verletzt, nimmt der ölhaltige Kern Sauerstoff auf; die Nüsse werden ranzig. Durch Vakuumverpacken kann dieser Prozess allerdings gestoppt werden. Die wichtigsten Anbauländer sind Kalifornien und China, gefolgt von der Türkei, der Ukraine, dem Iran und Indien; in Europa steht Frankreich vor Griechenland und Italien an erster Stelle.

'**Rote Donaunuss**', '**Nr. 1239**', mittelgroße, sehr regelmäßige Walnuss aus Österreich mit purpurrot gefärbter Kernhaut. Typisch ausgeprägtes Walnussaroma.

Wie die meisten Nüsse enthält die Walnuss neben wichtigen Mineralien (Kalium, Calcium, Magnesium, Phosphor, Eisen) und Vitaminen (B-Gruppe, Provitamin A) zwar viel Fett (63 %), das jedoch, da es überwiegend aus ungesättigten Fettsäuren besteht, positiv bewertet wird. Neben dem hohen Energiewert gilt die Walnuss, wie Nüsse generell, als sehr gesundheitsfördernd. Sie stärken die Konzentrationsfähigkeit und die Nerven und wirken zudem Cholesterinspiegel senkend. Walnüsse werden gern roh gegessen, jung eingelegt oder auch beim Backen verwendet. Zudem wird aus ihnen ein aromatisches Öl gewonnen.

Die **Haselnuss**, Waldhasel, Gemeine Hasel *(Corylus avellana)*, engl. hazelnut, frz. noisette, zählt zu den Birkengewächsen *(Betulaceae)*, ist schon seit Urzeiten in Europa und Kleinasien heimisch und kommt auch heute noch wild vor. Neben der genannten Art mit rundlichen Nüssen, gibt es auch eine zweite botanische Art *(Corylus maxima)* mit eher länglichen, walzenförmigen Früchten, die auch Lambertsnüsse genannt werden. Knapp drei Viertel der Weltproduktion stammen aus der Türkei, weitere Produzenten sind Italien, die USA, Spanien, China, der Iran und Griechenland. Haselnüsse wachsen an bis zu 7 m hohen Sträuchern und reifen hier zu Lande ab Mitte August. Der wohlschmeckende, von einer bräunlichen Haut umhüllte Kern steckt in einer harten, verholzten Schale. Haselnüsse weisen einen hohen Gehalt an Fett (etwa 60 %) auf, enthalten eine Menge Eiweiß (12 %), wertvolle Mineralstoffe (Kalium, Calcium, Phosphor, Eisen), Vitamine der B-Gruppe und Vitamin E. Haselnüsse schmecken in Nussmischungen, zerhackt auf Salaten und sind insbesondere für viele Backwaren unentbehrlich.

'San Giovanni', in Italien verbreitete Zellernuss der mittelspäten Reifegruppe mit mild schmeckenden Kernen, relativ dünnschalig.

'Webb´s Preisnuss', 'Webbs Zellernuss', in der Hülle vor der Vollreife.

'Römische Nuss, 'Atlas-Nuss', Plattnuss aus der Gruppe der Zellernüsse. Die sehr großen, flachen Kerne reifen Mitte September und schmecken süß.

'Hallsche Riesen', 'Große Zellernuss', Züchtung von 1788 mit aromatischen Kernen unter dicker Schale. Reift Ende September.

→ Auf das Verfallsdatum achten!

Nüsse haben eine Menge positiver Wirkungen und unterstützen Gehirn und Nerventätigkeit. Da die meisten Arten jedoch sehr viel Fett enthalten, werden sie bei zu warmer oder zu langer Lagerung schnell ranzig. Deshalb möglichst frische Nüsse einkaufen und dann zu Hause luftdicht, kühl und trocken aufbewahren.

'Comane', Hybride zwischen Zellernuss und Lambertshasel mit würzig-süßen, spitz-ovalen Kernen unter dünner Außenschale.

'Weiße Lamertsnuss', eine der ältesten Haselnuss-Sorten mit langen, festen, sehr angenehm süß schmeckenden Kernen; reift Mitte August.

Mandelernte *auf Sizilien, dem größten italienischen Anbaugebiet. Wenn die 4 bis 5 cm großen Steinfrüchte des Mandelbaumes reif sind, springt die grüne, fleischige Hülle auf und der Steinkern mit dem begehrten Inhalt kommt zum Vorschein. In großen Beständen erfolgt die Ernte meist mit Schüttelmaschinen, anschließend trocknen die Mandeln dann noch etwa eine Woche, bevor sie von ihrer harten Schale befreit werden.*

'Juno', eine Krachmandelsorte aus Italien. Diese Mandeln werden immer mit der Schale exportiert.

'Peerless', Krachmandel aus Kalifornien. Die USA sind ein Hauptlieferant für diese zu Weihnachten gefragte Spezialität.

Krachmandeln haben eine poröse, leicht zerbrechliche Schale. Sie werden vorwiegend für Nussmischungen verwendet.

Mandeln & Pistazien

Mandeln *(Prunus dulcis)*, engl. sweet almond, frz. amande douce, sind keine Nüsse, sondern die Steinfrüchte des Mandelbaumes, der zur Gattung *Prunus* und damit zur Familie der Rosengewächse *(Rosaceae)* zählt. Man unterscheidet 3 Unterarten: einmal die bittere Mandel (*Prunus dulcis* var. *amara*), dann die süße Mandel (*Prunus dulcis* var. *dulcis*) und schließlich die Krachmandel (*Prunus dulcis* var. *fragilis*) mit ihrer porösen Steinschale, auch Jordan- oder Knackmandel genannt.

Die Heimat des Mandelbaumes – die eigentliche, wild vorkommende Urform ist die Bittermandel – ist Vorder- und Zentralasien. Von dort aus gelangte die Pflanze nach Griechenland und breitete sich nach und nach im ganzen Mittelmeergebiet aus. Dort liegt auch heute noch der Anbauschwerpunkt innerhalb Europas. Hauptlieferant sind jedoch die USA, sie erzeugen etwa ein Drittel der Gesamtproduktion, gefolgt von Spanien, Italien, dem Iran, Marokko, Griechenland, der Türkei und weiteren. Für den Verkauf wird bei der Mehrzahl der Mandeln die harte Steinschale schon vor Ort maschinell aufgeschlagen, bevor die Kerne dann, überwiegend noch von der braunen Samenhaut umgeben, in den Export gelangen.

Süße Mandeln und Bittermandeln sind optisch nicht zu unterscheiden, lediglich am Geschmack kennt man sie auseinander. Doch Vorsicht: Bittermandeln enthalten das Glykosid Amygdalin, das sich durch Einwirkung von Wasser und Enzymen in Traubenzucker, Bittermandelöl und Blausäure aufspaltet. Für Kinder können schon kleine Mengen hochgiftig sein, für Erwachsene gilt eine Dosis von 60 g als tödlich. Werden Bittermandeln erhitzt, ist die Blausäure unproblematisch, sie verflüchtigt sich dabei. Kultiviert werden Bittermandeln zunehmend weniger, das auch von der Pharmazie geschätzte Bittermandelöl gewinnt man heute zumeist aus Aprikosenkernen. Nichts zu befürchten hat man dagegen bei süßen Mandeln. Sie besitzen einen hohen Nährwert, da sie 54 % Fett in günstiger Zusammensetzung enthalten, zudem knapp 20 % Eiweiß und reich an Provitamin A, Vitamin B_2 und Vitamin E (25 mg/100 g) sind, aber auch an Mineralstoffen wie Kalium (etwa 830 mg/100 g), Phosphor (455 mg/100 g), Magnesium (170 mg/100 g) und Calcium (250 mg/100 g). Aufgrund dieser Vielzahl an wertvollen Wirkstoffen, empfiehlt sich ab und zu ein paar Mandeln roh zu verzehren.

Qualitativ besser ist ungeschälte Ware, das braune Samenhäutchen lässt sich nach kurzem Überbrühen mit heißem Wasser leicht entfernen. Ansonsten haben diese Steinfrüchte in der Küche eine herausragende Bedeutung und sind mit ihrem angenehm süß-milden Geschmack, geschält oder ungeschält, ganz oder gemahlen, für sehr viele Gerichte gänzlich unverzichtbar. Gemahlen dienen sie als Grundstoff für die Marzipanherstellung.

Die **Pistazie,** Grüne Mandel, *(Pistacia vera)*, engl. pistachio nut, frz. pistache, zählt wie die Cashewnuss zur Familie der *Anacardiaceae*. Die Pistazie ist seit Tausenden von Jahren bekannt und kommt in Zentralasien, von Syrien über den Nord-Iran bis nach Nord-Afghanistan wild vor. Nach Rom gelangten sie vermutlich in den ersten Jahrzehnten n. Chr. und wurden später dann auch in Italien kultiviert.

Pistazien sind Steinfrüchte, die in engen Trauben an bis zu 10 m hohen Bäumen wachsen. Gegen Ende des Reifeprozesses beginnt sich das Fruchtfleisch von der Schale abzutrennen, diese spaltet sich auf. Der innere grüne oder gelbgrüne Kern ist von einer dünnen, oft rötlich braunen Samenhaut umschlossen. In der Pistazie stecken neben über 50 % Fett, etwa 20 % Eiweiß, wertvolle Vitamine der B-Gruppe und Mineralstoffe (Kalium, Magnesium, Eisen und Kupfer). In Südeuropa werden Pistazien häufig roh gegessen, bei uns knabbert man sie oft geröstet und gesalzen.

Die Schale der Pistazien springt idealerweise etwa 1 Monat vor der Reife von selbst auf, so lassen sie sich leicht öffnen. Geeignet für Garnituren, Desserts.

Die duftigen Blüten der Mandelbäume überziehen auf Sizilien im Frühjahr weite Flächen mit einem anmutigen Schleier, hier die Gegend bei Agrigent.

Bittermandeln, hier ohne Steinschale, sind die Früchte des Bittermandelbaumes, einer eigenen Varietät. Rein äußerlich sind sie von süßen Mandeln kaum zu unterscheiden.

Kokospalme *auf Jamaika. Die goldgelben Nüsse der Königs-Kokosnuss, einer Varietät, werden überwiegend jung als Trinkkokosnuss genutzt. Sie bieten dann weniger Fruchtfleisch, dafür aber umso mehr erfrischendes Kokoswasser.*

Die **Kokosnuss** *(Cocos nucifera)*, engl. coconut, frz. noix de coco, aufgrund ihrer vielseitigen Verwendbarkeit in den Tropen schon seit Jahrtausenden eine wertvolle Nutzpflanze, zählt als einzige Art zur Gattung *Cocos* in der Familie der Palmengewächse *(Palmae)*; die Königs-Kokosnuss stellt keine eigene Art dar, sondern ist lediglich eine Varietät (*Cocos nucifera* var. *aurantiaca*).

Heimat der Kokosnuss ist das tropische Melanesien. Kultiviert wird sie heute vor allem in Indonesien, auf den Philippinen, in Indien, Sri Lanka, Thailand und weiteren asiatischen Ländern, in Mexiko und Brasilien, aber auch in West- und Ostafrika. In den Anbauländern unterscheidet man eine Vielzahl von Sorten, die jedoch bei uns im Handel keine Rolle spielen. Die 20 bis 30 m hohen Stämme bringen je nach Sorte und Alter jährlich zwischen 50 und 180 Früchte hervor. Botanisch gesehen ist die Kokosnuss eine Steinfrucht, die äußere grüne Fruchtschicht wird wie die darunter liegende Faserschicht nach der Ernte gleich entfernt. Der Steinkern besteht aus einer etwa 5 mm dicken Schale mit drei Vertiefungen, den so genannten »Augen«, bei denen es sich um die Keimöffnungen handelt. Im Innern der Steinfrucht befindet sich ein Hohlraum, der nach 6 bis 7 Monaten mit trinkbarem Kokoswasser angefüllt ist. Dann geerntete Kokosnüsse nennt man auch »Trinkkokosnüsse«. Mit zunehmender Reife verfestigt sich das Kokoswasser zum weißen Fruchtfleisch der Kokosnuss. Ist sämtliche Flüssigkeit fest geworden, wird es ungenießbar und schmeckt seifig. Daher empfiehlt sich beim Einkauf die Schüttelprobe.

Von der Kokosnuss, aus botanischer Sicht eine Steinfrucht, kommt immer nur der bis zu 1 kg schwere innere Steinkern in den Handel.

Öffnen lässt sich eine Kokosnuss am besten, indem man durch 2 der 3 Augen einen Nagel schlägt, und das Kokoswasser – es schmeckt angenehm süßsäuerlich – ablaufen lässt. Dann zerschlägt man die harte Schale mit dem Hammer oder sägt sie auf. Das Fleisch der Kokosnuss hat einen nussigen, arttypischen Geschmack. Im Vergleich zu anderen Nüssen enthalten Kokosnüsse etwas weniger Fett (bis zu 40 %), außerdem Eiweiß (bis zu 6 %), viele Vitamine, vor allem jene der B-Gruppe, und Mineralstoffe, hervorzuheben sind hier Eisen und Zink. In der Küche findet zum einen das geraspelte oder aufgeschnittene Kokosfleisch Verwendung, es wird entweder frisch gegessen oder geröstet. Zum andern benötigt man häufig »Kokosmilch«, beispielsweise für viele asiatische Gerichte. Dabei handelt es sich eben nicht um das Kokoswasser, sondern um geraspeltes, mit Wasser versetztes Fruchtfleisch, das dann wieder ausgepresst wird. Kokosmilch verschiedener Konsistenz gibt es auch bereits fertig als Konserve zu kaufen.

Die **Erdnuss,** Erdmandel *(Arachis hypogaea)*, engl. peanut, frz. arachide, cacahuète, stammt aus Südamerika und zählt zu den Leguminosen *(Fabaceae);* weil ihre Hülsen aber geschlossen bleiben, rechnet man sie zu den Nussfrüchten. Angebaut wird sie heute in allen tropischen und subtropischen Gebieten. Erdnüsse enthalten 50 % Fett (wie bei anderen Nüssen auch, besteht der Fettanteil vorwiegend aus ungesättigten Fettsäuren), 26 % Eiweiß, Vitamine der B-Gruppe, Vitamin E und Mineralstoffe (Calcium, Magnesium und Kalium).

Pekannüsse, Hickory-Nüsse *(Carya illinoinensis)*, engl. pecan (nuts), frz. noix de pécan, gehören wie die Walnuss zur Familie der Nussbaumgewächse *(Juglandaceae)*, sind aber länger und glattschaliger. Pekannüsse sind Steinfrüchte mit einer ungenießbaren Außenhülle. Mit 65 bis 75 % ist ihr Gehalt an Fett recht hoch. Aber auch an Wirkstoffen haben sie, auf 100 g gerechnet, viel zu bieten: 75 mg Calcium, etwa 600 mg Kalium, 140 mg Magnesium, 5 mg Zink und 1 mg Kupfer.

Paranüsse, Brasilnüsse *(Bertholletia excelsa)*, engl. Brazil nut, frz. noix du brésil, stammen aus Brasilien, zählen zur Familie der *Lecythidaeaen* und wachsen an 20 bis 50 m hohen Bäumen. Allerdings nicht einzeln oder in Trauben, Paranüsse stecken mitsamt der Schale in großen runden, holzartigen 12 bis 15 cm großen, »pots« oder »ouriços« genannten Kapseln, die reif einfach vom Baum fallen, jedoch nicht aufplatzen. Paranüsse enthalten viel Fett (72 %), Eiweiß (14 %) und viele wichtige Mineralstoffe (Magnesium, Phosphor, Kalium, Eisen), Vitamin E und Vitamine der B-Gruppe.

Bei der feinen **Macadamianuss** *(Macadamia)*, engl. macadamia nut, Australian nut, frz. noix de macadam – sie gehört zu den Proteaceaen – unterscheidet man 2 Arten: einmal Nüsse mit dicker, rauer Schale *(Macadamia tetraphylla)* und solche mit glatter Schale *(Macadamia ternifolia)*, die sich etwas leichter knacken lassen. Die in Australien beheimateten Macadamianüsse weisen mit 76 % den höchsten Fettgehalt unter den Nüssen auf, zudem enthalten sie viele Mineralstoffe (Kalium, Magnesium, Calcium, Eisen) und Vitamine der B-Gruppe.

Kemirinüsse, Kandelnüsse *(Aleuritis moluccana)* sind die etwas mehr als haselnussgroßen Früchte des Kandelnussbaumes, einem Euphorbiengewächs *(Euphorbiaceae)*. Die Samen schmecken leicht bitter und sollten daher vor dem Verzehr gegart werden.

Die **Cashewnuss,** Kaschunuss *(Anacardium occidentale)*, engl. cashew nut, frz. noix de cajou, ist in Südamerika beheimatet. Die Hauptproduzenten sind Brasilien und Indien. Bei den an bis zu 10 m hohen Bäumen wachsenden Cashewäpfeln, sie werden in den Anbauländern als Obst verzehrt, handelt es sich um die fleischig verdickten Fruchtstiele der eigentlichen Frucht – der 2 cm langen Cashewnuss. Cashewnüsse enthalten 17 % Eiweiß, 42 % Fett, wichtige Mineralstoffe (Kalium, Calcium, Magnesium, Phosphor) und Vitamine (E, B-Gruppe).

← **Erdnüsse,** hier Type Virginia, weisen zumeist 2 bis 3 längliche, rotbraun-schalige Kerne in großen Hülsen auf. Sie sind ein wichtiger Eiweißlieferant.

Pekannüsse, in den wärmeren Zonen der USA angebaut, sind die »Walnüsse« der Südstaaten. Schon den Indianern galten sie als wichtiges Nahrungsmittel. →

← **Paranüsse** stecken mitsamt ihrer Schale in einer schweren, dunkelbraunen Kapselfrucht. Angeordnet sind die 12 bis 24 Samen wie die Segmente einer Orange.

Macadamianüsse zählen zu den besten Nüssen. Ihre harte Schale ist mit dem Nussknacker nicht zu öffnen, deshalb kommen sie geschält in den Handel. →

← **Kemirinüsse,** auch Kerzennüsse genannt, sind sehr fetthaltig und werden schnell ranzig. Gerieben verleihen sie vielen Gerichten eine sämige Konsistenz.

Cashewnüsse enthalten ein toxisches Öl, das durch Hitze unschädlich gemacht werden kann. Daher sind Cashewnüsse nur geschält und geröstet im Handel. →

Zweierlei Melonen
Saftig & aromatisch

Wassermelonen der Sorte 'Crimson Sweet' erkennt man an der unregelmäßig gestreiften Schale.

Die **Ogenmelone** ist klein, fast rund, stark duftend und süß. Sie entstand durch eine Kreuzung von Netz- und Cantaloupmelonen in Israel.

'Honey Rock', eine leicht ovale, aromatische, sehr süße Netzmelone mit orangefarbenem Fleisch. Wie alle Zuckermelonen mit hellen Samen.

Die **Warzenmelone** mit der auffällig gestreiften, unregelmäßigen Schale, hier aus der Türkei, zählt zu den Cantaloupmelonen.

Melonen gehören wie Gurken, Kürbis und Zucchini zu den Kürbisgewächsen *(Cucurbitaceae)*, werden jedoch im Unterschied zu diesen als Obst verzehrt. Bei Melonen unterscheidet man grundsätzlich nur zwei Arten: Die kleineren, feineren Zuckermelonen und die großen Wassermelonen, die jeweils anderen Gattungen angehören.

Bei der **Zuckermelone** *(Cucumis melo)*, engl. melon, sweet melon, frz. melon, handelt es sich um eine wärmebedürftige, einjährige Rankpflanze mit saftigen Beerenfrüchten, deren Heimat wohl im tropischen und subtropischen Westafrika zu suchen ist. Archäologisch überliefert sind Melonen bereits 3.000 v. Chr. in Ägypten und Persien. Im 15. Jh. n. Chr. gelangten sie nach Cantalupo bei Rom – nach diesem Ort wurde später eine ganze Gruppe benannt. Die Spanier brachten sie dann in die Neue Welt und heute werden Melonen rund um die Welt in den gemäßigten und trockenheißen Tropen angebaut. Wichtigste Erzeugerländer sind China, Türkei, Iran, USA, Spanien, Mexiko, die Mittelmeerländer und weitere. Selbst in Deutschland werden kleinste Mengen angebaut.

Es gibt Hunderte an Sorten, die sich in 3 große Gruppen einteilen lassen: die Cantaloup-Melonen, die Netzmelonen sowie die Winter- oder Honigmelonen. Die Sorten lassen sich jeweils untereinander kreuzen; insbesondere sind die Übergänge zwischen Cantaloup- und Netzmelonen fließend.

Zur Cantaloup- oder Kantalup-Gruppe (Cantalupensis-Gruppe) zählen zum einen der Charentais-Typ, von dem es glattschalige und Sorten mit genetzter Schale gibt. Letztere sind ein Mischtyp zwischen Cantaloup- und Netzmelone – ein Versuch der Züchter, die Charentais etwas länger haltbar zu machen. Zum andern gehört die aus Israel stammende Ogen-Melone dazu, eine gute Melone mit glatter dunkelgrüner, reif gelbgrün gesprenkelter Schale und hellen Furchen. Sie hat grünliches, süßes, leicht parfümiertes Fleisch.

Kennzeichnend für die Gruppe der Netzmelonen (Reticulata-Gruppe) ist das Netz von Korkleisten auf der Schale. Neben der amerikanischen und italienischen Netzmelone ist hier die Galia zu nennen, eine Kreuzung aus 'Ogen' und 'Honey Dew'. Dritte im Bunde sind die Winter- oder Honigmelonen (Inodorus-Gruppe). Die Früchte dieser Gruppe sind größer, wiegen zwischen 1 und 3 kg, reifen später und sind länger haltbar. Die Schale ist grün oder gelb und glatt oder leicht gerieft; das Fleisch meist grünlich weiß, saftig, aber wenig aromatisch.

Der Nährwert der Melonen ist relativ gering, bestehen sie doch neben einem verhältnismäßig hohen Gehalt an Zucker zu 90 % aus Wasser. Dennoch enthalten Melonen wichtige Wirkstoffe: Das sind einmal Eisen, Zink, Jod sowie Kalium, Phosphor und Mangan, aber auch Vitamine der B-Gruppe und Vitamin C.

Die **Gelbe Honigmelone** ist die bekannteste Zuckermelone. Süßes, festes, saftiges Fruchtfleisch, glatte Schale.

'Early Sweet' ist eine runde Netzmelone mit lachsfarbenem Fruchtfleisch, deren Schale leichte Längsrippen aufweist. Süß im Geschmack.

'Honey Dew', eine runde Honigmelone mit der typisch glatten Schale. Die Sorte wird in Amerika angebaut, diese hier kommt aus Costa Rica.

'Galia' heißt diese süße, aromatische Netzmelone mit festem Fruchtfleisch. Eine erfolgreiche Züchtung aus Israel.

Vor allem orangefarbene Melonen haben einen hohen Gehalt an Provitamin A. Damit wirken Melonen vitalisierend auf den Organismus, verbessern die Eiweißverwertung und stärken die Blutbildung. Achten sollte man beim Einkauf auf reife Früchte, da sie nach der Ernte nicht mehr süßer, sondern allenfalls noch saftiger, aromatischer und weicher werden können. Reife Melonen erkennt man – abgesehen von den Wintermelonen – am Aroma und daran, dass die Schale am Blütenboden auf Druck leicht nachgibt; Saison ist in Europa von Juni bis September, aus Importen ganzjährig.

Wassermelonen *(Citrullus lanatus)*, engl. watermelon, frz. pastèque, melon d'eau, bestehen bis zu 95 % aus Wasser. Ihr Anbau erstreckt sich auf alle wärmeren Regionen der Erde, wobei die Türkei das wichtigste Kulturland ist. Es gibt eine Vielzahl verschiedener Sorten. Die runden oder ovalen, an den Enden abgeplatteten Früchte können bis zu 15 kg erreichen, im Handel wiegen sie meist nur 2,5 kg.

Wassermelonen haben eine glatte, sehr dicke Schale. Ihr Fruchtfleisch ist rot, seltener gelb, von wässriger, lockerer Beschaffenheit und mit vielen, meist braunschwarzen Kernen durchsetzt. Wassermelonen können wie Zuckermelonen auch in vielen Variationen als Dessert oder Vorspeise serviert werden. Oder aber man isst sie in Spalten geschnitten und leicht gekühlt einfach aus der Hand, so sind sie die idealen, erfrischenden Durstlöscher.

Die glattschalige **Charentais-Melone** aus Frankreich, auch Cavaillon-Melone genannt, gilt mit ihrem intensiven Aroma als die feinste unter den Cantaloupmelonen. Typisch sind die grünen Furchen in der hellgrünen Schale, die sich bei Reife gelblich verfärbt. Ihr Fruchtfleisch ist weich, orangefarben, saftig und süß.

Kiwi & Kaktusfeige
Reich an Vitamin C

Kiwiplantagen während der Blüte verwandeln sich in ein weißgelbes Blütenmeer. An den Blüten lässt sich das Geschlecht der Pflanzen erkennen; auf 6 bis 8 weibliche kommt eine männliche Pflanze.

Kiwi sind Rankgewächse und klettern wie Weinreben an Gittern und Streben empor – bis zu 8 m lang können die Triebe werden. Sie bilden ein dichtes Laubdach, von dem die Beerenfrüchte an langen Stielen herunterhängen. Hier sind es die aus einer alten, japanischen Art gezüchteten Mini-Kiwi. Nach jahrzehntelanger Selektion ist es Forschern in Weihenstephan gelungen, daraus eine kleine, haarlose Kiwi mit dünner, essbarer Schale zu züchten, die bis zu -30 °C winterhart ist.

Kiwi, Chinesische Stachelbeere (*Actinidia deliciosa* var. *deliciosa*), engl. kiwi, kiwifruit, Chinese gooseberry, frz. kiwi, groseille de Chine. Die Gattung *Actinidiaceae* (Strahlengriffelgewächse) umfasst mehr als 50 Arten sowie 100 botanische Varietäten; auch die Kiwi, die bis 1959 »Chinesische Stachelbeere« hieß, zählt dazu. Ihr Ursprung liegt in Südwest-China. 1904 gelangten die ersten Samen nach Neuseeland. Gut 3 Jahrzehnte später wurden die ersten Plantagen angelegt; in den 50er Jahren begann man mit Exporten nach Australien und den USA. Auf Anregung eines kalifornischen Händlers suchte man einen griffigeren Namen für die Frucht, und so wurde sie nach dem Nationalvogel Neuseelands in »Kiwi« umbenannt – und der kometenhafte Aufstieg der Kiwi begann. Heute erntet man weltweit etwa 900.000 Tonnen, in der Hauptsache die Sorte 'Hayward'. Die größten Er-

Gelbe Kiwi der Sorte 'Zespri Gold' aus Neuseeland. Süßer im Geschmack.

'Hayward' ist weltweit die Nr. 1. Nahezu die gesamte Weltproduktion an Kiwis stammt von dieser Sorte. Sie überzeugt durch Geschmack und lange Haltbarkeit.

Die winterharten, nur stachelbeergroßen **Mini-Kiwi** liefern 60 bis 80 g Vitamin C – etwa so viel wie Zitronen – haben jedoch weniger Säure als große Kiwis.

zeugerländer sind Italien und Neuseeland, gefolgt von Chile, Frankreich, Japan, Griechenland, den USA und weiteren. Aus den verschiedenen Anbauregionen sind Kiwis ganzjährig im Handel.

Gezogen werden Kiwis an Gerüsten oder Pfählen. Sie sind in der Regel zweihäusig, das heißt, es gibt weibliche und männliche Pflanzen, die in einer bestimmten Anordnung (1:7-8) gepflanzt werden müssen. Die Früchte sind 5 bis 8 cm lang, walzenförmig und bis zu 100 g schwer. Ihre Schale ist erst grün, später rostbraun und dünn, aber zum Schutz vor Verdunstung rau und pelzig behaart. Die strahlenartig um eine helle Mittelachse angeordneten Samen sitzen paarweise zwischen feinen Lamellen und können mitgegessen werden.

Reife Kiwis geben auf Druck leicht nach, dann schmecken sie angenehm süß-säuerlich und erinnern an eine Mischung aus Melone und Stachelbeere. Kiwis liefern je nach Sorte 50 bis 200 mg Vitamin C/100 g; im Schnitt entsprechen sie damit in etwa der Zitrone. Außerdem enthalten sie Vitamin E, Kalium, Calcium und Eisen. Die Inhaltsstoffe von grünen und gelben Früchten sind weitgehend dieselben. Gelbe Kiwis enthalten jedoch doppelt so viel Vitamin E und nur halb so viele Ballaststoffe wie grüne. Ihnen fehlt zudem das Eiweiß spaltende Actinidin, das Milchprodukte leicht bitter und Gelatine nicht fest werden lässt. Dieser Stoff macht Fleisch zart: Man bestreicht es einfach einige Minuten vor dem Braten oder Grillen mit der Schnittfläche einer halbierten grünen Kiwi. Reife Früchte halten sich im Kühlschrank bis zu 4 Wochen, unreife lässt man bei Zimmertemperatur langsam nachreifen. Schneller geht es, wenn man sie mit einem Apfel oder einer Banane in einen Plastikbeutel steckt; das ausströmende Ethylen beschleunigt den Reifeprozess. Beliebt sind Kiwis vor allem als Frischobst, sie eignen sich jedoch auch gut für Konfitüren und Chutneys.

Kaktusfeige, Indische Feige, Stachelbirne *(Opuntia ficus-indica)*, engl. Indian fig, prickly pear, tuna, frz. figue d'Inde. Die Pflanze zählt zu den *Cactaceae* (Kaktusgewächsen). In Mexiko beheimatet, gelangte die Opuntie im 16. Jh. mit den Spaniern nach Europa; heute gedeiht sie in tropischen und subtropischen Klimaten oft als »Unkraut«. Wegen der Stacheln, mit Widerhaken bewehrten Härchen, die in die Haut eindringen und sehr schmerzhaft sind, am besten nicht mit bloßen Händen anfassen.

Die Stängel der **Opuntien** sind Wasserspeicher, ihre Blätter haben sich zu Stacheln zurückgebildet. Die Früchte entwickeln sich aus gelben Blüten und sitzen an den Rändern der scheibenförmigen Stängelglieder.

Kaktusfeigen sind die essbaren, gänseeigroßen Früchte der Opuntien. Außen stachelig – Vorsicht bei der Verarbeitung –, schmecken sie zartsüß und saftig.

Nach der Ernte müssen Kaktusfeigen so lange nachreifen, bis sie gelblich, rötlich oder braun sind. Erst dann sind sie mitsamt den Samenkernen genießbar.

Kaktusfeigen schälen: Aufpassen muss man bei ihnen auf die Stacheln, daher nimmt man sie von beiden Enden zwischen Daumen und Zeigefinger.

Oben und unten einen flachen Deckel abschneiden, jedoch nicht ganz durchtrennen. Die Frucht einmal der Länge nach von oben nach unten einschneiden und die Schale mit dem Messer rundum abziehen.

→ Kaktusfeigen

enthalten viele Vitamine der B-Gruppe, Vitamin C und Calcium. Kleine Oxalatkristalle können im Mund ein leichtes Brennen hervorrufen, sind aber unbedenklich. Meist isst man sie roh, etwa in Obstsalaten oder in Kombination mit Fleisch, Fisch oder Meeresfrüchten als Vorspeise. Das weiche Fruchtfleisch lässt sich aber auch gut durch ein Sieb streichen und als Basis für Sorbets und Saucen verwenden.

Feigen, Kaki & Datteln
Sie brauchen viel Sonne

Frische Feigen *sind sehr druckempfindlich, daher erfolgt die Ernte in Handarbeit. Die Früchte werden einlagig, meist auf Papier, in Steigen gelegt. Pur verzehrt sind Feigen ein Genuss, sie passen aber auch vorzüglich zu Pikantem wie Schinken oder Käse. Zu Fleisch oder Geflügel sind sie eine interessante Beilage, man verarbeitet sie aber auch zu Feigenbrot, Konfitüre oder Chutney.*

Die **Feige** *(Ficus carica)*, engl. fig, frz. figue, ist eine sehr alte Kulturpflanze. Vermutlich in Kleinasien beheimatet, wurde der Feigenbaum, ein Maulbeergewächs *(Moraceae)* schon von den Assyrern kultiviert. Bereits im Altertum war die Feige im gesamten Mittelmeerraum verbreitet und zählte zu den wichtigsten Nahrungsmitteln. Hauptproduzenten sind heute die Türkei, Griechenland, Portugal, Italien, Spanien und Südfrankreich. Aber auch in Kalifornien, Südamerika, Südafrika, Indien, Südostasien und Australien wird sie angebaut. Aus botanischer Sicht handelt es sich bei der Feige um eine Scheinfrucht, genauer gesagt, um einen Steinfruchtverband. Es existieren zahlreiche Sorten, der Handel unterscheidet jedoch allenfalls nach Herkünften. Frische Feigen sind reich an Zucker und Mineralstoffen, allen voran Kalium, Calcium, Magnesium, Phosphor und Eisen. An Vitaminen ragt besonders die B-Gruppe heraus. Zudem sind sie sehr ballaststoffreich und verdauungsfördernd. Die Wirkstoffe bleiben beim Trocknen erhalten, durch den Wasserverlust erhöht sich der Anteil der Inhaltstoffe pro 100 g sogar auf das 3 bis 4fache.

Feigen zerteilen Blütenansatz abschneiden und die Feige mit einem scharfen Messer erst längs halbieren, dann vierteln. Mit dem Messer an der Schale entlangfahren und das Fruchtfleisch ablösen.

Kaki, Chinesische Dattelpflaume, Kakifeige, Persimone *(Diospyros kaki)*, engl. kaki, date plum, frz. kaki, caqui, abricot du Japon. Die zur Familie der Ebenholzgewächse (Ebenaceae) zählende Kaki ist eine der ältesten Kulturpflanzen Ostasiens. Reif sind die tomatengroßen, relativ nährstoffreichen Früchte mit dem exotisch süßen Geschmack, wenn sie sich von gelb in blassrot verfärben. Sie sind eine gute Quelle für Provitamin A sowie Vitamine der B-Gruppe, zudem enthalten sie Kalium und Phosphor. Man verwendet sie für Desserts, gut schmeckt sie etwa in Verbindung mit Vanilleeis. Püriert ist sie Grundlage von Cremes, Sorbets und Eis, außerdem dient sie zur Herstellung von Konfitüre, Sirup, Kompott oder Saft.

Feigen gibt es in vielen Formen und Farben. Hier eine birnenförmige, grüne Sorte. Das Fruchtfleisch direkt unter der Haut ist weiß, im Innern rot.

Dattel *(Phoenix dactylifera)*, engl. date, frz. datte. Die Dattelpalme ist die einzige unter den Palmen *(Palmae)*, die auch in Europa gedeiht. Ursprünglich in Mesopotamien beheimatet, ist sie heute in der afroasiatischen Trockenzone vom Iran bis zum Maghreb sowie in Kalifornien verbreitet. Gehandelt werden die mit 300 kcal/100 g sehr nährstoffreichen Beerenfrüchte frisch, in der Hauptsache aber getrocknet. Datteln enthalten viel leicht verdaulichen Zucker, Mineralstoffe (Kalium, Calcium, Phosphor, Eisen, Kupfer) und Vitamine, vor allem der B-Gruppe und eignen sich damit gut als Snack. Zudem entwickeln sie dank der Aminosäure Tryptophan, die über Umwege in das Hormon Melatonin umgewandelt wird, eine einschlaffördernde Wirkung: einfach abends 5 Datteln essen.

Datteln kommen heute nicht nur getrocknet, sondern auch »frisch« in den Handel. Konserviert wurden jedoch auch sie – nämlich direkt nach der Ernte schockgefrostet.

Gelbgrüne Feigen, vor allem aus der Türkei, spielen im internationalen Handel die wichtigste Rolle. Sie werden überwiegend getrocknet angeboten.

Die **Kaki** stammt aus Ostasien und schmeckt vollreif, fast überreif, am besten, wenn das süße geleeartige Fruchtfleisch seinen Tannin-Gehalt verloren hat.

→ Kaki müssen richtig reif sein!

Unreif schmecken sie herb und haben aufgrund ihres Tanningehalts eine adstringierende Wirkung. Das Tannin baut sich jedoch ab und vollreif schmecken die Früchte angenehm süßlich. Es gibt auch nicht adstringierende Sorten, doch lässt sich der Unterschied von außen leider nicht erkennen.

Reife **grüne Feigen** mit rotem Fleisch. Dieses ist bei vielen Sorten von zahlreichen kleinen Samenkernen durchsetzt, sie geben der Frucht den knackigen Biss.

Als **Sharonfrucht** wird diese in Israel gezüchtete Kaki gehandelt. Bei ihr wurden die herben Gerbstoffe, die etwas harte Schale sowie die Kerne weggezüchtet.

Aromatische Ananas
Königin der Tropenfrüchte

Die Ananas mit ihrem einzigartigen Aroma ist die mit Abstand beliebteste tropische Frucht. Aus der Mitte der Blattrosette wächst nach 1 bis 1 1/2 Jahren ein Stiel mit zylindrischem Blütenstand heraus. Aus den 100 bis 200 rötlich violetten Blüten entwickeln sich dann ebenso viele Einzelfrüchte, die »Augen«. Sie wachsen zu einem fleischigen Fruchtverband zusammen.

Einfach perfekt – mit dieser Schältechnik lassen sich die unerwünschten Augen der Ananas mühelos entfernen und gleichzeitig dekorative Effekte erzielen. Frische Ananas sind zudem sehr gesund; sie enthalten viele Wirkstoffe, allen voran das Bromelain, ein Eiweiß spaltendes Enzym, das eine verdauungsfördernde Wirkung besitzt und den Blutdruck senkt.

'Smooth Cayenne', die weltweit wichtigste Sorte auf dem Markt. Die Früchte sind zylinderförmig, dunkelgelb bis orange und haben ein blassgelbes Fruchtfleisch.

'Manzana' ist eine Ananassorte, die vor allem in Kolumbien kultiviert wird. Die zylindrischen Früchte werden etwa 2 kg schwer und sind von gelbrötlicher Farbe.

'Amazonas', eine Sorte mit besonders großen Früchten aus Südamerika. Sie hat sehr helles, fast weißes Fruchtfleisch und einen hervorragenden Geschmack.

Ananas *(Ananas comosus)*, engl. pineapple, frz. ananas, span. piña, ananás. Die Ananas ist ein Vertreter der Familie der *Bromeliaceae* (Ananasgewächse), von denen viele als Zierpflanzen bekannt wurden. Ihre Urheimat ist in Paraguay und Südbrasilien zu suchen. Christoph Columbus begegnete 1493 der »Nana meant«, der erlesenen Frucht, wie die Eingeborenen sie nannten, als erster Europäer auf Guadeloupe. Mit portugiesischen Seefahrern gelangte die Ananas dann im 16. Jahrhundert bis nach Afrika und Indien; 1535 kamen die ersten Früchte nach Spanien. Ein französischer Hugenottenpfarrer gab der Frucht den Namen »Ananaz«, in Anlehnung an die indianische Bezeichnung »Nana«. Die Portugiesen übernahmen ihn, in Spanien entschied man sich, wohl wegen der Ähnlichkeit mit einem Pinienzapfen, für »piña«, woraus die Engländer dann »pineapple« ableiteten. Gegen Ende des 16. Jahrhunderts war die Ananas in den meisten tropischen Gebieten der Welt eingebürgert und auch in Europa in Mode gekommen.

Im Jahre 1886 erreichte die veredelte Ananas-Sorte 'Smooth Cayenne' über Australien die Insel Hawaii, wo sie bereits 6 Jahre später industriell verarbeitet wurde. Es begann ihr unaufhaltsamer Aufstieg als Dosenfrucht. Lange war Hawaii das Zentrum des Ananasanbaus; heute liegt der Produktionsschwerpunkt in Thailand und auf den Philippinen; beide erzeugen etwa 1/3 der Weltproduktion. Wichtige Erzeugerländer sind außerdem Indien, China und Indonesien sowie in Afrika Nigeria, Kenia, die Elfenbeinküste und Südafrika. In Südamerika produzieren Brasilien, Kolumbien, Venezuela und Peru die königliche Frucht; in Nordamerika sind es die USA (Hawaii), Mexiko, Costa Rica, die Dominikanische Republik und Honduras. In Europa ist die Produktion auf Spanien und die Azoren (Anbau unter Glas) beschränkt.

Weltweit erfolgt der Ananasanbau in Plantagen, wobei die Pflanzer mit relativ wenig Wasser auskommen. Ideal sind 22 bis 29 °C, dann kann nach 15 bis 24 Monaten erstmals geerntet werden. Nach weiteren 15 bis 18 Monaten dann ein zweites Mal aus Seitentrieben. Durch eine Ethylen-Behandlung wird die Blüte so gesteuert, dass die Früchte eines Feldes zur selben Zeit reifen und nach 5 bis 7 Monaten zeitgleich geerntet werden können. Man unterscheidet über 100 Ananassorten, die sich in 5 Gruppen einteilen lassen: Die *Cayenne-Gruppe* mit relativ großen, 1,5 bis 2,5 kg schweren, zylindrischen, orange gefärbten Früchten mit flachen Augen. Ihr Fruchtfleisch ist hellbgelb, süß und leicht säuerlich. Die kleinen Früchte der *Queen-Gruppe* haben gewölbte Augen und stachelige Blätter. Des Weiteren gibt es die mittelgroßen *Spanish-* und *Abacaxi-Gruppe* sowie die großfrüchtige *Perolera-Gruppe*. Der Handel unterscheidet nicht nach Sorten, sondern nach Herkunft. Am besten und teuersten ist die Flugware, die optimal ausreifen kann und dann per Luftfracht transportiert wird.

Unreife Ananas schmecken sauer, überreife fade und süß. Ihr Fleisch wird erst glasig, später braun. Da Ananasfrüchte nicht nachreifen , lohnt es, beim Einkauf auf gute Qualitäten zu achten. Die Farbe der Schale ist übrigens nicht immer ein Indiz für Reife; sie erkennt man besser am angenehmen Duft (am Stielansatz riechen) sowie an den braunen Spitzen der einzelnen Schuppen. Bei reifen Früchten lassen sich die mittleren Blättchen mühelos aus dem Schopf ziehen und das Fruchtfleisch gibt auf Druck leicht nach. Gute Qualität erkennt man auch an frischen, grünen Blättern, der leuchtenden Schale und am Fehlen von weichen Stellen. Ananas eignet sich in erster Linie für den Frischverzehr, da viele Wirkstoffe bei der Konservierung zerstört werden. So etwa das Eiweiß spaltende, verdauungsanregende und entschlackende Enzym Bromelain. Außerdem ist die Frucht reich an Mineralstoffen wie Kalium, Calcium, Phosphor und Eisen sowie an Zucker und Vitaminen. Wegen des hohen Gehalts an Fruchtsäuren können jedoch beim Verzehr größerer Mengen Reizungen der Magenschleimhaut auftreten. In der Küche lässt sich Ananas vielfältig einsetzen – süß und pikant.

Baby-Ananas zählen zur 'Queen'-Gruppe. Deren süße Früchte sind klein, konisch und haben ein goldgelbes, sehr aromatisches Fruchtfleisch. Angebaut werden sie vor allem in Südafrika und Australien sowie auf Réunion und Mauritius.

→ Ananas + Gelatine

Im Prinzip sind der Fantasie bei der Verwendung von Ananas keine Grenzen gesetzt. Nur Cremespeisen mit Gelatine werden nicht richtig fest. Der Grund ist das Enzym Bromelain, das auch bewirkt, dass Fleisch in Verbindung mit roher Ananas zarter und bekömmlicher wird. Soll eine Creme mit Ananas gelieren, empfiehlt sich die Verwendung von Agar-Agar.

Ananas schälen

Die Ananas von oben nach unten dünn schälen. Die »Augen« bleiben dabei noch deutlich sichtbar. Die Augen, die in diagonalen Reihen verlaufen, mit einem Sägemesser in keilförmigen Streifen herausschneiden. So vorbereitet, ist die Ananas eine attraktive Dekoration.

Bananen: nicht nur für den Export grün geerntet

Bananen lässt man nie an der Staude ausreifen, vollreif platzen sie leicht auf, werden rasch mehlig und faulen schnell. Daher werden sie auch in den Anbauländern stets grünreif geerntet. Mit der Machete werden die Stauden gefällt und die großen Fruchtstände abgeschnitten. Diese sind im Schnitt 35 bis 50 Kilogramm schwer und tragen etwa 200 Früchte. Bananen benötigen viel Wärme und Wasser und wachsen daher vorwiegend im tropischen Tiefland. Angebaut werden sie vor allem im so genannten »Bananengürtel«, einer Zone, die sich beidseits des Äquators bis zum 30. Breitengrad erstreckt. Nur wenige Bananensorten gedeihen auch in den Subtropen.
Aus botanischer Sicht handelt es sich bei Bananen um 3- bis 5-kantige, unterständige Beeren, die eine Länge von 6 bis 30 cm und eine Dicke zwischen 2 und 5 cm erreichen können. Aus einem Rhizom im Boden bildet sich ein Scheinstamm, der nach etwa einem Jahr und nur einmal einen großen Blütenstand hervorbringt, der erst aufrecht wächst und dann herabhängt. An diesem öffnen sich nach und nach Reihen rotvioletter Blüten, aus denen sich später die fingerförmigen Früchte entwickeln. Daher übrigens auch der Name: Er kommt von arabisch »banan« = Finger. 12 bis 20 solcher Finger sitzen an einer Hand – so wird eine Reihe bezeichnet – und 6 bis 20 Hände sind zu einem Büschel vereint. Zuerst wachsen die Früchte nach unten; bald aber wenden sie sich – hormonbedingt – dem Licht zu und streben innerhalb weniger Tage erst nach außen, dann nach oben. Darum ist die Banane krumm.

Bananen haben immer Saison

Die **Banane, Obstbanane,** Paradiesfeige (*Musa x paradisiaca*), engl. banana, frz. banane, zählt zu der kleinen, in den Tropen und Subtropen verbreiteten Familie der Bananengewächse *(Musaceae)*. Die Familie enthält nur 2 Gattungen: Musa und Ensete, wobei Ensete keine essbaren Früchte hervorbringt. Die Gattung Musa wird in 5 Sektionen unterteilt, alle wirtschaftlich bedeutenden Bananen gehören zur Sektion Eumusa. Ursprünglich sind Bananen in Südostasien beheimatet, hier wurden sie bereits 4.000 v. Chr. kultiviert. Nach Afrika gelangten sie erst viel später. Die Portugiesen brachten sie dann im 16. Jh. in die Karibik, von wo sie sich bis Mittel- und Südamerika verbreiteten.

Heute sind Bananen nach den Zitrusfrüchten die zweitwichtigste Obstart weltweit. 40 % der Weltproduktion stammen aus Asien, 25 % aus Südamerika, 15 % aus Mittel- und Nordamerika und 12 % aus Afrika. Die beiden Hauptproduzenten Indien und Brasilien exportieren ihre Ernte kaum; die wichtigsten Exportländer sind Ecuador, Costa Rica, Panama und Kolumbien. Größter Importeur sind die USA, gefolgt von Deutschland. Weltweit gibt es über 1.000 Sorten, die meisten haben nur lokale Bedeutung. Der Handel unterscheidet bei Bananen zwischen großen Obstbananen (hierzu zählen die verschiedenen Cavendish-Untergruppen), Roten Bananen, Babybananen und Apfelbananen. Letztere kommen meist per Luftfracht zu uns und sind entsprechend teuer.

Die kohlenhydratreiche, leicht verdauliche Banane ist der optimale Snack, von Natur aus hygienisch verpackt. Bananen enthalten wertvolle Wirkstoffe wie Kalium, Phosphor, Eisen, Magnesium, viele Spurenelemente, Provitamin A sowie Vitamine der B-Gruppe, Vitamin C und E. Bananen sind schnelle Energiespender und haben dank ihres Gehalts an Faserstoffen eine verdauungsregulierende Wirkung. Zudem sorgen sie für Wohlbefinden. Grund dafür ist das in ihnen enthaltene Serotonin, noch mehr aber der Zucker, der im Gehirn zu dem Botenstoff Serotonin umgewandelt wird.

Apfelbananen sind kleinwüchsig, dünnschalig und nur 8 bis 10 cm lang. Süß und zugleich etwas säuerlich, erinnern sie im Geschmack leicht an Apfel.

Große Obstbananen sind die mit Abstand marktbedeutendsten unter den süßen Bananen. Sie sind vollreif, wenn die Schale kleine braune Flecken aufweist.

Rote Obstbananen haben auch ein leicht rötliches Fleisch. Die süßen, aromatischen Bananen werden in Südostasien, Ostafrika und in der Karibik angebaut.

Zucker- oder Babybananen sind 10 bis 12 cm lang und dünnschalig. Süß mit ausgeprägtem Geschmack. Sie werden gern in Honig gebraten oder flambiert.

Gemüse- oder Kochbananen sind auch reif stärkehaltig und in tropischen Ländern, vor allem in Afrika, ein Grundnahrungsmittel wie bei uns die Kartoffel.

→ Reifestadien

Der Handel unterscheidet 7 Reifestufen: Bei Stufe 1 sind die Bananen grün, hart und haben ein Stärke-Zucker-Verhältnis von 20 : 1; bei Stufe 7 weist die Schale der Früchte braune Punkte auf, das Stärke-Zucker-Verhältnis ist jetzt 1 : 20. Meist sind Bananen der Stufe 4 bis 5 im Handel. Noch grüne, aber bereits angereifte Früchte können bei Raumtemperatur nachreifen. Wenn's schnell gehen soll, am besten in einer Tüte mit einem Apfel.

Mangovielfalt

Frucht der Früchte

Mangofrüchte hängen an langen Stielen und berühren manchmal fast den Boden. Der Ertrag kann je nach Sorte, Klima und Bodenverhältnissen enorm schwanken.

Mango *(Mangifera indica)*, engl. mango, frz. mangue, span. mango, zählt zur Familie der *Anacardiaceae* (Nierenbaumgewächse), zu der auch Kaschuapfel und Pistazie gehören. Die Heimat der Mango liegt in Ostasien – von Indien über dem malaiischen Archipel bis Südchina –; ihr Ursprung wird an den Südhängen des Himalaja vermutet. Sie wird in Indien schon seit über 4.000 Jahren kultiviert und bis heute schreiben die Inder ihrer Nationalfrucht besondere Kräfte zu.

Angebaut werden Mangos mittlerweile überall in den Tropen und zunehmend auch in den Subtropen, etwa in Florida, Israel oder Südafrika. Nach den Bananen sind sie die wichtigsten tropischen Früchte. 75 % der Weltproduktion wird in Asien geerntet; wichtigstes Erzeugerland ist Indien, gefolgt von Mexiko, China, Pakistan, Thailand, Indonesien, Nigeria, den Philippinen und Brasilien. Mangos sind die an langen Stielen hängenden Steinfrüchte des immergrünen Mangobaumes.

Reife Mangos auslösen: Die Frucht längs in 3 Teile schneiden, dabei das Messer jeweils dicht am Stein entlang führen.

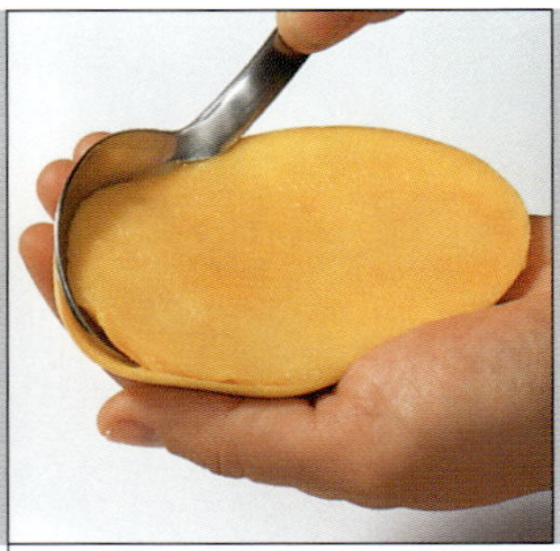

Aus beiden »Backen« das Fruchtfleisch mit einem Löffel am Stück herauslösen, dicht an der Schale entlangfahren.

Das ausgelöste Fruchtfleisch kann jetzt nach Belieben in Würfel, Spalten oder auch in Scheiben geschnitten werden.

Vom Mittelstück die Schale ringsum dünn abschneiden – so geht nur relativ wenig Fruchtfleisch verloren.

Den Stein mit der Gabel auf ein Schneidebrett drücken. Mit einem Messer das anhaftende Fruchtfleisch abstreifen.

Mangos dekorativ servieren: Von einer Mango die »Backen« abschneiden. Fruchtfleisch längs und quer einschneiden.

Beim Einschneiden des Fruchtfleisches die Schale nicht mit durchtrennen. Die Mangobacke »umstülpen«.

Jetzt können die einzelnen Fruchtfleischwürfel bequem mit einem Löffel direkt aus der Schale gegessen werden.

Die Vielfalt ist groß, allein in Indien soll es an die 1.000 Mangosorten geben. Für den Handel sind jedoch nur etwa 2 Dutzend von Bedeutung. Mangos weisen in Größe, Form und Farbe große Unterschiede auf: Manche sind kaum größer als eine Aprikose, andere erreichen ein Gewicht von bis zu 2 kg; im Mittel wiegt eine Mango etwa 300 g. Sie können rund bis länglich-oval, nieren- oder herzförmig sein. Die Farbpalette reifer Mangos reicht von Grün über Gelb und Orange bis hin zu kräftigem Rot oder Rotviolett. Der Ertrag kann enorm schwanken, da er von der Sorte, dem Klima, insbesondere der Witterung während der Blüte, und den Bodenverhältnissen abhängig ist. Man unterscheidet 4 Sortengruppen: indische, ostasiatische, westindische und Florida-Sorten. Auf die Märkte der westlichen Welt kommen vor allem Letztere – aus Mittel- und Südamerika sowie aus Südafrika –, die kleineren, länglichen asiatischen Sorten mit ausgezeichnetem Geschmack dagegen nur selten.

Unter der glatten ledrigen Schale befindet sich das hellgelbe bis orangefarbene, mehr oder weniger faserige, sehr saftige Fruchtfleisch. Sein köstlicher Geschmack ist süß, teils mit säuerlicher Note; er kann von Sorte zu Sorte – wie beim Apfel – recht unterschiedlich ausfallen. Gelegentlich tritt ein harziger oder leichter Terpentingeschmack auf, der von uns als unangenehm empfunden, in den Anbauländern jedoch geschätzt wird.

Reife Mangos sind nur auf dem Flugweg transportierbar, was sie entsprechend teuer macht. Deshalb werden die Früchte meist halbreif geerntet, Einbußen in Geschmack und Qualität in Kauf genommen. Geleeartiges Fruchtfleisch um den Stein ist ein Zeichen von Überreife, muss jedoch noch keinen Qualitätsverlust bedeuten. Anders dagegen bräunlich verfärbtes Fleisch: In diesem Fall wurden die Früchte falsch, meist zu kalt, gelagert. Ein Indiz für Reife ist das Aroma, zudem sollte die Frucht auf Druck leicht nachgeben. Mangos sind reich an Beta-Carotin, an Vitaminen der B-Gruppe, Vitamin C und E; zudem enthalten sie viele Mineralstoffe, etwa Calcium, Eisen, Kalium, Magnesium und Kupfer. Mangos wirken stimulierend, verdauungsfördernd und leicht laxativ. Verzehrt werden sie in erster Linie frisch, idealerweise leicht gekühlt. Im Ganzen, zu Püree oder Mark verarbeitet, eignen sie sich für Desserts, Sorbets, Saucen oder Konfitüre, schmecken aber auch pikant mit Fleisch, Fisch oder in Curries.

← **'Kent'** zählt zu den bedeutendsten Sorten für den Handel. Großfrüchtig, oval mit grüngelber, oft rot überlaufener Schale und tiefgelbem Fleisch. Sehr süß und aromatisch.

'Keitt' aus Israel oder Mittelamerika, für den Handel wichtige Sorte. Die süßen, mild-aromatischen Früchte wiegen zwischen 500 g und 2 kg, haben gelbes Fleisch und eine grüngelbe Schale. →

← **'Tommy Atkins'**, eine ertragreiche Sorte mit oval bis länglichen Früchten. Gelbfleischige, außen orangegelbe bis rote Sorte. Süß, mild-aromatisch, aber ohne den typischen Mangocharakter.

'Haden', hier aus Costa Rica, bringt Früchte zwischen 500 und 680 g hervor. Angenehm fruchtig im Geschmack, süß und leicht säuerlich. Das gelbe Fleisch ist jedoch sehr faserig. →

← **'Manila'** ist eine Mangosorte der Spitzenklasse: saftig, säurereich und mit sehr eigenem, ausgewogenem Aroma. Schmeckt auch überreif noch gut. Wird von den Philippinen angeboten.

Diese thailändische Mango behält auch bei Vollreife ihre grüne Schalenfarbe. Sie zeichnet sich durch einen sehr angenehmen, dabei dezent säuerlichen Eigengeschmack aus. →

Maracuja & mehr
Exotische Aromen

Die Blüten *der Passionsfrucht sind auffallend schön; in ihren Staubgefäßen und Stempeln meinen viele symbolhaft Kreuz und Dornenkrone der Passion Christi zu erkennen; daher der Name. Die Früchte der zu den Lianen gerechneten Pflanze werden hier von Hand geerntet.*

Passionsfrucht, Maracuja, Granadilla (*Passiflora* ssp.), engl. passionfruit, granadilla, frz. fruit del la passion, grenadille. Fast alle Passionsfruchtarten sind in den Tropen Mittel- und Südamerikas beheimatet. Sie zählen zur Familie der *Passifloraceae* (Passionsblumengewächse). Die Gattung Passiflora umfasst mehr als 400 Arten, kommerziell bedeutend ist aber nur *Passiflora edulis*.

Die runde bis rund-ovale **Purpurgranadilla** (*Passiflora edulis* var. *edulis*), engl. purple granadilla, frz. grenadille, ist bei uns die wichtigste Passionsfrucht. Sie wird in tropischen Höhenlagen und in den Subtropen angebaut, etwa in Australien, Kenia und Südafrika. Ihre Schalenfarbe verändert sich mit zunehmender Reife von Grünbraun nach Purpurviolett. Das erfrischende Fruchtfleisch wird direkt aus der Schale gelöffelt, lässt sich aber auch für Salate, Fruchtsaucen, Eis, Cremes oder Getränke nutzen. Purpurgranadillas werden im Handel oft als Maracuja angeboten.

Gelbe Maracuja oder **Gelbe Granadilla** wird vor allem zur industriellen Saftgewinnung angebaut. Mit zunehmender Reife verfärbt sie sich von Grün nach Gelb.

Gelbe Maracuja, Gelbe Passionsfrucht, Gelbe Granadilla (*Passiflora edulis* var. *flavicarpa*) gedeiht hingegen in warm-tropischen Gebieten, beispielsweise in Brasilien, Hawaii oder Sri Lanka. Sie weist das Dreifache an Provitamin A auf als die Purpurgranadilla, ist jedoch aufgrund des höheren Säuregehaltes weniger für den Frischverzehr geeignet.

Die hellorange bis orangebraune **Süße Granadilla** *(Passiflora ligularis)* wird vorwiegend in Mittelamerika angebaut, zu uns kommt sie, wenn überhaupt, aus Kolumbien. Passionsfrüchte enthalten wertvolle Mineralien wie Kalium, Magnesium, Phosphor und Eisen sowie Vitamine der B-Gruppe, Provitamin A und Vitamin C. Sie eignen sich zum Frischverzehr, das Fruchtfleisch lässt sich gut auslöffeln und pur essen oder in Obstsalaten und Desserts verwenden. Köstlich schmeckt auch der Saft. Dafür halbiert man die Früchte, löffelt die Pulpe aus, rührt sie kurz mit dem Pürierstab durch und streicht die Mischung durch ein Sieb; so erhält man den köstlichen, vielseitig verwendbaren Saft.

Die **Karambole, Sternfrucht** *(Averrhoa carambola)*, engl. carambola, starfruit, frz. carambole, pomme de Goa, ist ein Sauerkleegewächs *(Oxalidaceae)* und wird ganzjährig importiert.

Physalis, Kapstachelbeere *(Physalis peruviana)*, engl. Cape gooseberry, frz. physalis, ist ein in den Tropen beheimatetes Nachtschattengewächs *(Solanaceae)*.

Die **Litchi,** Litschi *(Litchi chinensis)*, engl. lychee, litchee, frz. litchi, cérise de la Chine, zählt zu den Seifenbaumgewächsen *(Sapindaceae)*. Mit ihrem dezenten Rosenaroma und dem süßsäuerlichen Geschmack gilt sie als »Spenderin der Lebensfreude«.

Die Karambole ist eine fleischige Beerenfrucht mit 5 ausgeprägten Rippen. Erst grün, verfärbt sie sich später gelb. Süß und leicht säuerlich im Geschmack.

In den Tropen zu Hause sind Karambolen, die Früchte eines immergrünen Baumes.

Die Purpurgranadilla gilt mit ihrem intensiven, süßsäuerlichen Aroma als die beste unter den Passionsfrüchten und wird für den Frischverzehr bevorzugt.

Physalis sind von einer papierdünnen Hülle umgeben. Die Beerenfrüchte sind saftig-süß, mit ihrer angenehmen Säure erinnern sie leicht an Stachelbeere.

Süße Granadilla deutlich süßer und aromatischer als andere Arten. Die runde, 7 bis 10 cm große Frucht gelangt hier zu Lande jedoch nur selten in den Handel.

Litchis gelten in China als feinste Frucht. Sie müssen vollreif geerntet werden, da sie nicht nachreifen, und werden meist frisch, aber auch als Konserve verzehrt.

→ Sehr dekorativ

Die Karambole ist nicht unbedingt aromatisch, aber aufgeschnitten recht dekorativ. Zwar verfärben sich die Längsrippen rasch braun, doch sie lassen sich mit einem Messer leicht entfernen. Gesund sind sie obendrein: Sternfrüchte enthalten Mineralstoffe (Kalium, Calcium, Magnesium und Phosphor) sowie viel Vitamin C und B_1.

Papaya & Granatapfel
Früchte vom Baum

Papayas oder Baummelonen sind in Südmexiko heimisch. Die Früchte des bis zu 10 m hohen schnell wachsenden, baumförmigen Krautes hängen wie Kokosnüsse in den Blattachseln der Krone. Kultiviert werden sie in den feuchten Tropen, aber auch in den frostfreien Subtropen.

'Bahia' heißt die etwa 1 kg schwere Papayasorte aus Brasilien. Das lachsfarbene Fruchtfleisch schmeckt vollreif hervorragend und erinnert an Himbeere und Aprikose und dank der enthaltenen Fruchtsäure, sie fehlt bei anderen Sorten, auch säuerlich-erfrischend.

'Solo' gilt weltweit als Spitzensorte, vor allem was den internationalen Handel anbelangt. Die erst grüne Frucht wird bei Reife gelb, braune Flecken auf der Schale sind kein Zeichen für Qualitätsminderung. Im Geschmack ist sie süß und melonenartig.

Papaya vorbereiten

Die Frucht schälen, längs halbieren und die Kerne mit einem Löffel herausschaben. Die Hälften längs in Spalten schneiden.

Papaya, Baummelone *(Carica papaya)*, engl. papaya, pawpaw, frz. papaye, melon des Tropiques, ist ein Melonenbaumgewächs *(Caricaceae)*. Diese Familie ist im tropischen Afrika und in Südamerika beheimatet, die Papaya stammt aus Südmexiko und dem tropischen Mittelamerika. Hauptanbaugebiete liegen heute in Südamerika und Asien. Die wichtigsten Erzeugerländer der wertvollen, sehr gesunden Frucht sind Brasilien, Thailand, Nigeria, Indien, Mexiko und Indonesien. Die Früchte wachsen an einem 2 bis 10 m hohen, baumförmigen Kraut mit unverzweigtem Stamm und riesigem

Rosafleischige Guaven stammen meist aus Australien oder Südafrika. Sie sind intensiver im Geschmack als die weißfleischigen asiatischen Sorten.

Blattschopf mit tief eingeschnittenen, langstieligen Blättern. Die fleischigen, rund bis eiförmig länglichen Beerenfrüchte ähneln Melonen und können – je nach Sorte – bis zu 80 cm lang und 9 kg schwer werden. International gehandelt werden jedoch nur kleinere, 400 bis 600 g schwere Exemplare. Papayas sind unreif grün und schmecken sehr herb, später verfärbt sich die Schale gelbgrün bis gelborange, die Früchte schmecken dann süß. Bisweilen fehlt Papayas etwas die Säure. Bei vollreifen Früchten gibt die glatte, ledrige Haut auf Druck leicht nach. Die druckempfindlichen Papayas werden viertel- bis halbreif geerntet, transportiert und reifen am Zielort noch nach; Temperaturen unter 7 bis 8 °C vertragen sie nicht. Zu früh geerntet, bleiben die Baummelonen grün und können allenfalls als Gemüse verarbeitet werden.

Das vollreif weiche, blassgelb bis rote Fruchtfleisch ist melonenartig. Papayas liefern viel Provitamin A, Vitamine des B-Komplexes und Vitamin C – mit 80 mg/100 g sogar mehr als Kiwi. Wichtig sind auch die Papayaenzyme: Der ganze Baum, insbesondere die unreifen Früchte, enthalten den Milchsaft mit Eiweiß spaltendem Papain. Dieses verbessert den Eiweißhaushalt im Körper und fördert Wohlbefinden und Verdauung. Auch die pfeffrig-scharfen Samenkerne enthalten Papain, weshalb man einige von ihnen gelegentlich ruhig mitessen kann. Sie lassen sich auch trocknen und wie Pfeffer vermahlen. Papain ist zudem ein bekannter Fleischzartmacher: Marinaden oder dem Kochwasser beigefügt, macht es Fleisch mürbe. In Desserts verhindert es das Festwerden von Gelatine. Reife Papayas isst man roh, mit Zitronen- oder Limettensaft beträufelt, oder in Obstsalaten. Sie schmecken auch pikant, etwa in Salaten mit Geflügelfleisch oder Meeresfrüchten. Unreife Früchte eignen sich gut für Kompotts oder Chutneys.

Granatapfel *(Punica granatum)*, engl. pomegranate, frz. grenade, zählt zu den Granatapfelbaumgewächsen *(Punicaceae)*. Der strauchartige Granatapfelbaum stammt aus dem Mittleren Osten, in Persien wurde er schon vor 2.000 Jahren kultiviert. Seine leuchtend roten Blüten gelten als Symbol der Liebe, die Frucht als Sinnbild der Fruchtbarkeit. Heute wird der Granatapfel in vielen Ländern mit tropischem und subtropischem Klima angebaut; beste Qualität kommt aus Regionen mit kühlen Wintern und trocken-heißen Sommern. Die ausgereift gelb- bis rotbräunliche Frucht mit der ledrigen Schale lässt sich gut transportieren und bei Zimmertemperatur 2 bis 3 Wochen, bei 5 °C und 90 % Luftfeuchtigkeit sogar monatelang lagern. Der größte Teil der Ernte wird in den Anbauländern verbraucht, Saison haben Importe von September bis Dezember; Hauptlieferanten sind Spanien und die Türkei. Granatäpfel sind reich an Fruchtsäuren, Zucker und Kalium. Verwendung findet vor allem ihr erfrischender Saft. Rollt man die Früchte kräftig über eine harte Oberfläche, platzt das weiche Fruchtfleisch und man kann ihn direkt aus der Frucht mit einem Halm trinken.

Die **Guave** *(Psidium guajava)*, engl. guava, frz. goyave, stammt wohl aus Brasilien oder Mexiko. Guaven sind apfel- oder birnenförmig, haben eine grüne oder gelbe Schale und gelten als sehr gesund.

Das Innere des Granatapfels ist durch weißliche Trennhäute in Kammern unterteilt. Dort befinden sich viele helle Samenkerne, von denen jeder eine weichfleischige, durchsichtige, rosa bis dunkelrote Fruchtfleischhülle hat. Die Fruchtkerne schmecken säuerlich süß bis herb und erinnern an Johannisbeeren. Für Obstsalate, Eis, Cremes, Gelees und Getränke.

Granatäpfel sind rund, oft leicht kantig. Die Beerenfrüchte wiegen meist zwischen 200 und 500 g.

Granatapfel auslösen: Am Kelchansatz mit dem Messer einen Keil herausschneiden.

Mit leichtem Druck auseinander brechen, dann fallen die Samenkerne heraus.

Granatäpfel lassen sich auch wie Orangen auspressen.

Zitrusfrüchte

Saftige Orangen

Orangen müssen vollreif geerntet werden, denn sie reifen, einmal gepflückt, nicht nach. Ihren Reifezustand erkennt man übrigens nicht an der Schalenfarbe, sondern am Verhältnis von Zucker und Säure. Orangen enthalten zahlreiche Mineralstoffe wie Kalium, Calcium und Phosphor und wichtige Enzyme. Vor allem aber sind sie ein wichtiger Vitamin-Lieferant.

Innerhalb der Familie der **Rautengewächse** *(Rutaceae)*, zu denen die Zitrusfrüchte gerechnet werden, gibt es rund 1.600 Arten, zusammengefasst in 150 Gattungen. Von wirtschaftlicher Bedeutung sind davon jedoch nur zwei: die Gattung *Citrus*, zu der Orangen, Mandarinen, Grapefruits und Zitronen gehören, sowie die Gattung *Fortunella*, zu ihr zählt die Kumquat. Alle *Citrus*-Arten kommen ursprünglich aus Südostasien; dort kultivierte man einige Arten schon vor rund 4.000 Jahren. Wohl mit Alexander dem Großen gelangten sie in den östlichen Mittelmeerraum.

Im Europa des Barock kamen sie dann richtig in Mode, viele Höfe legten »Orangerien« an; Gebäude mit großen Fenstern, um die kälteempfindlichen Pflanzen darin zu überwintern. Botanisch handelt es sich bei Zitrusfrüchten um eine Art Beeren (Endokarpbeeren), die an immergrünen Bäumen oder Sträuchern wachsen. Die weißen oder rosa Blüten enthalten wie die Blätter und Früchte ätherische Öle, die für Aroma und Geschmack verantwortlich sind. Mengenmäßig rangieren Zitrusfrüchte heute als meist angebaute Früchte der Welt noch vor Bananen und Tafeltrauben. An erster Stelle stehen mit über 60 % der Gesamtproduktion die Orangen, gefolgt von Mandarinen, Zitronen, Limetten, Grapefruits und Pampelmusen.

Bei der **Orange, Apfelsine**, Süßorange, Chinaapfel *(Citrus sinensis)*, engl. und frz. orange, deutet der lateinische Name eindeutig auf die Herkunft hin.

← **'Thompson Navel'**, kleine, feinschalige Navel-Orange. Hier zu Lande kommt sie als eine der frühesten Sorten ab November auf den Markt.

← **'Valencia'** ist die wichtigste unter den gewöhnlichen Orangen. Säuerlich und aromatisch. Sie ist sehr saftig und hat wenig Kerne.

'Valencia Late' ist äußerst saftreich. Weltweit wichtigste Sorte, aus der viele der industriell gewonnenen Säfte gepresst werden. →

'Navelina', eine früh reifende, relativ kleine Navel-Orange mit dünner Schale. Sie ist heute die wichtigste der spanischen Sorten. →

Pomeranzen sind Bitterorangen und damit zum Rohverzehr ungeeignet. Sie werden vor allem zu bitterer Orangenmarmelade und zu Likör verarbeitet, aus ihrer Schale wird Orangeat hergestellt.

Die **Bergamotte** ist vor allem des ätherischen Öls wegen gefragt, das für Likör und zum Aromatisieren von Tabak und Tee genutzt wird und auch in der Parfümindustrie eine wichtige Rolle spielt.

In den Mittelmeerraum gelangte sie von China mit den Portugiesen in der 2. Hälfte des 15. Jahrhunderts. Heute gedeihen Orangen vorwiegend in den Subtropen, teils auch in den Tropen. Die Plantagen liegen meist in einer Zone zwischen dem 20. und 40. Breitengrad nördlich und südlich des Äquators.

Ungefähr 40 % der Weltproduktion stammen aus Südamerika, 25 % aus Nord- und Mittelamerika, 18 % aus Asien und etwa 8 % aus Europa. Wichtige Anbauländer sind Brasilien, die USA, Mexiko, China, Spanien, Indien, Italien und andere; größter Exporteur für den Frischmarkt ist Spanien.

Von den über 400 Sorten sind nur 30 von Bedeutung; um die 20 davon gelangen auf unsere Märkte. Äußerlich sind weder Sorte noch Reifegrad leicht feststellbar. Der Farbwechsel von Grün nach Orange setzt erst nach einer Reihe kühler Nächte ein, wie sie in den europäischen Anbaugebieten, in Kalifornien oder Südafrika die Regel sind. Anders dagegen in den tropischen Gebieten wie Brasilien oder Florida, dort können die Früchte auch bei Vollreife grün bleiben. Geerntet werden Orangen, wenn sie das richtige, meist staatlich festgesetzte Zucker-Säure-Verhältnis aufweisen. Der Wert liegt je nach Sorte zwischen 5,5 : 1 und 7,5 : 1. Zudem muss die Mindestgröße (35 mm) sowie der Mindestsaftgehalt (30 bis 35 %) erreicht sein. Orangen müssen sorgfältig gelagert werden, sie sind recht druckempfindlich. Verletzungen der Schale führen schnell zum Verderb.

Der Handel unterscheidet vier Gruppen: Navel-Orangen, gewöhnliche Orangen, Blut- und Zuckerorangen. Die kernlosen Navel-Orangen mit dem typischen Nabel haben goldgelbes, saftig-süßes Fruchtfleisch und gehören zu den besten Essorangen. Gewöhnliche Orangen sind ausgesprochen kernreich; ihr Anbau spielt vor allem für die verarbeitende Industrie eine Rolle. Saftige Blutorangen zeichnen sich durch eine rote Pigmentierung der Schale und des Fruchtfleischs aus, hervorgerufen durch kühle Nächte. Dank ihres ausgeprägten, kräftigen Geschmacks zählen manche Blutorangen ('Tarocco', 'Maltaise') zu den besten Essorangen. Zuckerorangen sind wegen der fehlenden Säure eher fade und werden nur selten angeboten.

Orangen sind vor allem in der kalten Jahreszeit ein wichtiger Vitamin-C-Lieferant (49 mg/100 g). Daneben enthalten sie viele weitere Vitamine, vor allem aus der B-Gruppe, und Spurenelemente. Mineralien wie Calcium, Kalium und Magnesium tragen zu ihrer vitalisierenden, das Immunsystem stärkenden Wirkung bei. Orangen lassen sich vielfältig verwenden, süß für Obstsalate, Desserts und Backwaren, pikant für Vorspeisen oder Fruchtsaucen zu Fleisch und Geflügel. Vor allem aber sind sie für den Frischverzehr geeignet.

Nicht so **Bitterorangen, Pomeranzen** *(Citrus aurantium)* oder **Bergamotten** *(Citrus bergamia)*, die für den Frischverzehr ungeeignet sind, für die verarbeitende Industrie aber eine große Rolle spielen.

← **'Shamouti'**, oval und größer als die 'Valencia', mit dickerer Schale und ausgewogenem Zucker-Säure-Verhältnis. Leicht schäl- und teilbar.

← **'Moro'**, eine sehr variable italienische Blutorangensorte mit dunkel geädertem Fruchtfleisch. Relativ klein, säuerlich süß, sehr saftig.

'Tarocco' aus Sizilien, → eine mittelgroße bis große, ovale Blutorange. Sehr süß, mit feinem, ausgeprägtem Aroma, kaum Kerne.

'Sanguinelli', eine kleine → bis mittelgroße spanische Blutorange mit typischem Aroma. Außen wie innen tiefrot bis bläulich gefärbt.

← **Mandarine** – ein Sammelbegriff für eine unglaubliche Vielzahl an Sorten, Formen und Geschmacksrichtungen; entstanden aus Kreuzungen und Mutationen.

← Die **'Temple'** oder **'Temple Orange'** ist eine Tangor, also eine Kreuzung von Mandarine und Orange. Sehr saftig, aromatisch, würziger Geschmack.

Die **Clementine** ist die heute im Mittelmeerraum am häufigsten angebaute Mandarine. Sie ist sehr saftig, angenehm süß, aromatisch und leicht teilbar. →

Die **Tangerine** ist im 19. Jahrhundert in Florida entstanden. Sie ist sehr kleinfrüchtig und aromatisch und wird heute zu der Mandarinen gerechnet. →

← Die **Satsuma** ist recht kältetolerant und wird heute vor allem in Japan und Spanien angebaut. Gut schälbar, saftig, meist kernlos. Guter Geschmack, aber wenig Säure.

← **'Clausel(l)ina'** heißt eine sehr früh reifende Satsuma-Sorte, die in Spanien ausgesprochen populär ist bei Vollreife lässt sie im Geschmack etwas nach.

Die **'Minneola'** ist die wohl wichtigste Tangelo, damit bezeichnet man die Kreuzung von Mandarinen und Grapefruits. Hocharomatisch und extrem saftig. →

'Nova', in Forida entstandene Kreuzung einer Clementine mit einer Tangelo-Sorte. In Spanien 'Clemenvilla', in Israel 'Suntina' genannt. Zart, sehr saftig. →

← **Pampelmusen** variieren in der Form von rund bis birnenförmig und im Geschmack von süß bis recht sauer. Nicht mit Grapefruits zu verwechseln.

← Als Pomelo wird **'Goliath'**, die bedeutendste Pampelmusensorte der chinesischen Gruppe im israelischen Anbau, vermarktet. Angenehm süß, kaum bitte

Die **Rote Pomelo** besitzt ein festes, saftiges Fruchtfleisch. Die dicke Schale der Pomelos wird auch kandiert und dient zudem der Pektingewinnung. →

Rosafleischige Grapefruits haben meist eine leicht gefärbte Schale, hier die Sorte 'Marsh Rosé', und einen etwas höheren Zuckergehalt als gelbe Sorten. →

Mandarinen, Grapefruits & Co.

Es gibt zwar auch die **Mandarine** *(Citrus reticulata)*, engl. mandarin orange, tangerine, frz. mandarine, doch versteht man darunter noch viel mehr: Mandarine ist ein Sammelbegriff für all jene Varietäten, Kreuzungen und Mutationen, die sich von der Orange durch ihre dünne, leicht ablösbare Schale, die kleinere Größe, die leicht abgeflachte Form sowie durch ihre Süße und das fruchttypische Aroma unterscheiden. Das Fruchtfleisch ist in 8 bis 10 Segmente aufgeteilt, die sich leicht voneinander lösen lassen.

Mandarinen stammen vermutlich aus Nordostindien oder Südwestchina, nach Europa kamen sie erst relativ spät. Zu Beginn des 19. Jahrhunderts tauchten die Früchte in England auf, von dort gelangten sie um 1850 in die Neue Welt. Mandarinen werden heute meist in 4 Arten eingeteilt – in die Satsuma *(Citrus unshiu)*, die Mittelmeer-Mandarine *(Citrus deliciosa)*, die King-Mandarine *(Citrus nobilis)* sowie die Gewöhnliche Mandarine *(Citrus reticulata)*, zu der beispielsweise auch die Clementine zählt. Die verschiedenen Arten wurden und werden viel untereinander, daneben aber auch noch mit anderen *Citrus*-Arten gekreuzt: »Tangor« etwa sind die Früchte aus Kreuzungen von Mandarine x Orange, »Tangelos« werden jene aus einer Kreuzung von Mandarine x Grapefruit oder Pampelmuse genannt. Die vitaminreichen Mandarinen eignen sich ausgezeichnet für den Frischverzehr, in den Anbauländern verarbeitet man sie in großem Umfang auch zu Konserven. Die einzelnen Sorten und Arten können in Aroma und Geschmack variieren, sind aber meist saftig und süß bis süß-säuerlich. Wesentlich herber und größer sind Pampelmusen und Grapefruits, die im Handel oft nicht unterschieden werden, jedoch durchaus verschiedenen Arten angehören.

Die **Pampelmuse, Pomelo** *(Citrus maxima)*, engl. pomelo, pummelo, shaddock, frz. pamplemousse, stammt aus Thailand und Malaysia und wird heute in Südostasien und seit geraumer Zeit auch in Israel angebaut. Rund bis eiförmig, erreichen die Früchte einen Durchmesser von 10 bis 25 cm, wiegen zwischen 0,5 und 1,5 kg und sind damit die größten Zitrusfrüchte. Kennzeichnend ist ihre grünlich gelbe bis gelbe, dicke, wattige Schale sowie die 1 bis 3 cm dicke Albedo, so wird die weiße Zone zwischen Schale und Fruchtfleisch bei allen Zitrusfrüchten genannt. Letzteres teilt sich in 8 bis 11 Segmente, in puncto Farbe und Geschmack sind die Unterschiede recht groß: von grünlich bis tiefrot reicht die Palette und im Geschmack sind sie flachsüß, süß-säuerlich, sauer oder bitter. Pampelmusen sind reich an Mineralstoffen und Vitamin C.

Die **Grapefruit** (*Citrus* x *paradisi*), engl. grapefruit, frz. pomélo, ist wohl eine natürliche Hybride aus Orange und Pampelmuse. Deutlich größer als eine Orange, erreicht sie aber nicht die Größe der Pampelmuse. Grapefruits sind fest, meist sehr saftig und je nach Sorte säuerlich bis süß-säuerlich, mit einer mehr oder weniger stark ausgeprägten Bitternote. Sie enthalten wertvolle Wirkstoffe, sind appetitanregend und verdauungsfördernd. Meist verzehrt man sie roh, direkt aus der Schale oder auch in süßen oder pikanten Salaten. Ein Großteil der Ernte wird zu Saft oder Konzentrat verarbeitet.

Die Grapefruit ist vermutlich eine natürliche Hybride aus Orange und Pampelmuse. Der Name rührt wohl daher, dass die Früchte mancher Sorten so dicht wie Trauben nebeneinander hängen.

'Marsh' ist die marktbeherrschende gelbfleischige Grapefruit-Sorte. Sie ist sehr saftig und besitzt nur wenige Kerne, oft auch vollkommen kernlos.

'Star Ruby' aus Texas ist eine intensiv gefärbte rotfleischige Grapefruit; auch ihre Schale ist deutlich rot pigmentiert. Sehr mild und aromatisch.

→ **Für die rote Farbe** oder Pigmentierung bei Grapefruits ist der Farbstoff Lykopin, ein Karoten, verantwortlich, das auch in reifen Tomaten vorkommt. Untersuchungen zufolge hat Lykopin eine Krebs hemmende und Infarkt vorbeugende Wirkung. Zusätzlich enthalten Grapefruits Kalium, Calcium, Vitamine der B-Gruppe und viel Vitamin C in günstiger Kombination mit weiteren Wirkstoffen, so dass Grapefruits als sehr gesund gelten.

Zitronen & Limetten
Mit angenehmer Säure

Die **Zedrat-** oder **Zitronatzitrone** hat wenig Fruchtfleisch, dafür umso mehr der weißen Innenschale, aus der man Zitronat herstellt.

Zitronen wachsen an immergrünen Bäumen, die gleichzeitig blühen und Früchte tragen. Die wichtigsten Anbaugebiete in Europa liegen in Italien und auf der Iberischen Halbinsel. Das subtropische bis gemäßigte Klima ist für den Zitronenanbau ideal.

Die Heimat der **Zitrone** *(Citrus limon)*, engl. lemon, frz. citron, dürfte wie bei anderen Zitrusfrüchten auch irgendwo zwischen Himalaja und Südchina liegen. Im 12. Jh. gelangte sie in den Mittelmeerraum, von wo aus sie sich weiterverbreitete.

Zitronen werden heute weltweit in den Subtropen angebaut, wichtigste Produzenten sind die USA, Italien, Spanien, Argentinien und andere; führendes Exportland ist Spanien. Im Gegensatz zu anderen *Citrus*-Arten können Zitronenbäume das ganze Jahr über blühen und fruchten.

Das saftige, blassgelbe Fruchtfleisch teilt sich in 6 bis 13 Segmente und enthält neben Zitronensäure vor allem Vitamine der B-Gruppe und Vitamin C. Zitronen schmecken ausgesprochen sauer, gelten jedoch als gesund; ihnen wird eine appetitanregende, fiebersenkende Wirkung bescheinigt.

Die **Zedratzitrone, Zitronatzitrone** *(Citrus medica)*, engl. citron, frz. cédrat, stammt aus Nordostindien. Sie kam etwa 300 v. Chr. als erste Zitrusfrucht in den Mittelmeerraum und wurde in der Antike als Parfüm und zur Mottenabwehr genutzt.

Als **Verdelli** bezeichnet man in Italien Zitronen, die zwischen Juni und September geerntet werden. Zuvor reifen sie bis zu 12 Monaten am Baum.

'Verna' ist eine der wichtigsten Sorten in Europa. Die längliche, an beiden Enden spitz zulaufende Zitrone hat kaum Kerne und ihr Säuregehalt ist relativ gering.

Heute werden sie in erster Linie zur Zitronatgewinnung angebaut, Hauptproduzenten sind Italien, Frankreich, Griechenland, Israel und andere.

Mexikanische Limette *(Citrus aurantiifolia)*, engl. und frz. lime, auch »echte« Limette genannt, ist die ältere der beiden Limetten-Arten. Die typischen Limetten der Karibik – Hauptproduzent ist Mexiko – sind hocharomatisch und klein.

Größer ist dagegen die **Persische Limette** *(Citrus latifolia)*, die in Brasilien, den USA sowie in weiteren Ländern Mittel- und Südamerikas angebaut wird. Sie hat eine glatte, feinporige anfangs dunkelgrüne, später grünlich gelbe Schale und ist sehr saftig. Limetten sind für die Küchen der tropischen Länder unentbehrlich und enthalten viel Kalium, Calcium, Phosphor und Vitamin C.

Mexikanische Limette, klein, hocharomatisch, sehr sauer, mit vielen Kernen. Sie ist die bekanntere der beiden Sauren Limetten, wird aber weniger gehandelt.

Kumquats, hier die Sorte 'Meiwa', sind die kleinsten Zitrusfrüchte. Ihre weiche Schale kann mitgegessen werden. Die Früchte sind reich an Pektin, Mineralstoffen und Vitaminen.

'Eureka' ist saft- und säurereich, kernlos, angenehm im Aroma. Außerhalb des Mittelmeerraumes die wichtigste Sorte (Kalifornien, Südafrika, Australien).

Tahiti- oder **Persische Limetten** sind mittelgroß, kernlos und fast doppelt so saftig wie Zitronen. Limetten kommen meist unbehandelt auf den Markt.

'Primofiori',eine Zitronensorte mit besonders viel Saft und feiner Säure. Sie kommt von Oktober bis Februar aus Italien und Spanien auf den Markt.

Die **Kaffirlimette** wird in Südostasien, Afrika und Mittelamerika kultiviert. Ihre Blätter und die dünn abgeriebene Schale werden als Würzmittel verwendet.

→ Zitronatzitronen

sind stark kernhaltig, säuerlich herb bis süß und wenig saftig. Zur Zitronatgewinnung halbiert man die unreifen Früchte längs, entfernt Fruchtfleischsegmente und die äußere Schale und legt die beiden Hälften zur Fermentierung bis zu 1 Monat in Salzwasser. Anschließend werden sie gewässert und kandiert. Ist die Oberfläche leicht angetrocknet, überzieht man die Hälften noch mit einem Zuckerguss.

Küchenpraxis Profi-Tipps

Vielfältig sind die Möglichkeiten, Obst zu verarbeiten. In der Küchenpraxis wird die Saft- und Markgewinnung, das Gelieren und Binden sowie das Garnieren und Verzieren in anschaulichen Bildfolgen genau erklärt. Auch die verschiedenen Süßmittel – von Ahornsirup bis Rübenkraut – dürfen nicht fehlen.

Gewinnen von Obstsaft, Mark & Sirup

a **Granatäpfel auspressen:** Die Früchte lassen sich dank ihrer Form und saftigen Fruchtkerne per Zitruspresse entsaften.

b Die Fruchthälfte vorsichtig aufsetzen (es kann spritzen, der rote Saft hinterlässt braune Flecken) und auspressen.

→ Zum Dampfentsaften eignen sich Äpfel, Quitten, Birnen, Kirschen, Johannisbeeren, Himbeeren, Brombeeren, Stachelbeeren, Holunder, Sanddorn und Schlehe. Säfte mit ausgeglichenem Zucker-Säure-Verhältnis erhält man durch Mischen. Besonders gut schmeckt Apfel mit Quitte, Schlehe mit Birne oder Holunder mit Apfel. Selbst gemachter Saft mit etwas Wasser gemischt (Schorle), ist im Sommer eine gesunde fruchtige Erfrischung.

Markgewinnung

Zur Fruchtmarkgewinnung gibt es mehrere Methoden. Welche die geeignete ist, richtet sich nach der Struktur, Form und Festigkeit der Früchte. Beeren und andere weiche Obstarten lassen sich mit einem Stabmixer ungegart pürieren *[siehe rechts oben]*. Härtere und faserreiche Früchte, wie Mango oder Ananas püriert man in einem elektrischen Standmixer, nachdem man sie gewaschen, geputzt und grob zerkleinert hat *[siehe rechts oben]*.

Für ein sehr feines Mark die pürierten Früchte durch ein Sieb streichen. Das fertige Mark kann mit Puderzucker gesüßt und nach Belieben mit Rum, Grand Manier, Himbeergeist, Zesten von Zitrusfüchten oder Nüssen verfeinert werden. Fruchtmarksaucen mit Gewürzen, etwa Nelke, Zimt, Muskat oder Ingwer passen sehr gut auch zu gebratenem Fleisch.

Entsaften

Auch für die Gewinnung von Obstsäften kann man auf mehrere Methoden zurückgreifen. Man unterscheidet grundsätzlich zwischen rohem Saft, der kalt gewonnen wird, und solchem, der mit Hilfe eines »Dampfentsafters« heiß gewonnen wird.

Kaltentsaften funktioniert bei Zitrusfrüchten immer noch am einfachsten mit einer mechanischen oder elektrischen Zitruspresse. Auch Granatäpfel sind zum Auspressen geeignet *[siehe a und b, links oben]*. Mit dem elektrischen Entsafter – der Zentrifugenmethode – lässt sich fast jede Frucht kaltentsaften. Dafür das Obst waschen, grob zerkleinern, die Kerne entfernen und das Fruchtfleisch mit Schale entsaften *[siehe rechts, Mitte]*. Die Saftausbeute ist hier vergleichsweise hoch. Rohe Säfte sollte man frisch genießen, sie enthalten dann noch viele Wirkstoffe (Fruchtsäure, Vitamine); zudem gären sie bei Zimmertemperatur recht schnell. Fügt man etwas Ascorbinsäure hinzu, ist der Saft einige Tage im Kühlschrank haltbar.

Dampfentsaften ist eine Technik, bei der man gleich zwei Arbeitsgänge auf einmal erledigt: Das Entsaften der Früchte unter Dampfdruck und das Haltbarmachen des Saftes durch Hitzeeinwirkung. Ein Dampfentsafter funktioniert im Prinzip ähnlich wie ein Schnellkochtopf mit Dämpfeinsatz. Die Früchte werden in einen Siebeinsatz gelegt, die Hitzequelle eingeschaltet und das Wasser erhitzt. Durch den entstehenden Dampf wird die

a **Himbeersirup herstellen:** Beeren grob zerdrücken, über Nacht kalt stellen.

b **Ein Sieb** mit einem Baumwolltuch auslegen. Fruchtpüree in das Sieb schütten.

c **Das Tuch** an den Ecken aufnehmen, zusammendrehen und gründlich auspressen.

d **Den aufsteigenden Schaum** mit einem Löffel abschöpfen, bis der Sirup klar ist.

Zellstruktur der Früchte gelockert und der heiße Saft tritt aus. Zum Entsaften vorgehen, wie in den beiden Steps rechts unten gezeigt. Die Kochzeiten variieren dabei je nach Obstsorte: Äpfel, Birnen, Quitten brauchen 60 bis 90 Minuten, Kirschen und Beerenobst 50 bis 60 Minuten.

Ein wichtiger Vorteil des Dampfentsaftens ist, neben dem Haltbarmachen, dass etwa Johannisbeeren nicht unbedingt von den Rispen befreit, sondern nur gewaschen werden müssen. Äpfel und Birnen kann man ebenfalls nur gewaschen und grob zerteilt, samt Schale und Kerngehäuse entsaften. Grundsätzlich sollte man nur reife, aber nicht überreife Früchte verwenden. Beeren mit Stielen, insbesondere Holunder, nur bei ausreichender Hitze (100 °C) entsaften, denn die in den Stielen enthaltene Blausäure wird erst durch das Erhitzen zerstört. Wer niedrigere Temperaturen bevorzugt, entstielt die Beeren besser.

Der je nach Rezept oder Geschmack benötigte Zucker wird vor dem Entsaften mit den Früchten in das Sieb geschüttet. Säfte, die zu Gelee weiterverarbeitet werden sollen, ohne Zucker entsaften, da eine Zuckerbeigabe beim Einkochen erfolgt. Säfte, die verdünnt genossen werden, brauchen mehr Zucker. Auf 1 kg süße Früchte rechnet man 100 g bis 150 g Zucker und auf 1 kg saure Früchte 200 g bis 250 g.

Der heiße Saft wird in saubere, heiß gespülte und auf einem Küchentuch abgetropfte Flaschen gefüllt, wie rechts gezeigt. Man kann den Saft auch direkt vom Ablaufrohr in die Flaschen abfüllen und diese sofort verschließen. Den Saft immer bei Zimmertemperatur langsam abkühlen lassen. So abgefüllt ist er 4 Wochen haltbar.

Himbeersirup wird aus kalt gepresstem Saft hergestellt. Dafür 1 kg Himbeeren vorsichtig waschen und trockentupfen. Den Fruchtsaft gewinnen, wie unten links beschrieben *[siehe a bis c]*. 500 bis 600 ml Saft für einen leichten Sirup mit 250 g Zucker, für einen schweren mit 500 g Zucker langsam erhitzen, bis sich der Zucker gelöst hat. Einen Backpinsel in heißes Wasser tauchen und damit die Zuckerkristalle vom Topfrand wischen. Sirup zum Kochen bringen, die Hitze reduzieren und den Topf halb von der Kochstelle ziehen. Den Schaum wiederholt abschöpfen *[siehe d]*, den heißen Sirup in saubere Flaschen füllen und diese sofort verschließen. Langsam abkühlen lassen.

Ein Stabmixer püriert im Handumdrehen Beeren, Bananen, Kiwi, Kaki und Papaya. Ein dazu passender Spritzschutz verhindert lästige Obstflecken.

Der Standmixer meistert auch härtere sowie stark faserige Obstsorten wie geschälte Ananas oder geschälte und entsteinte Mango, Melone und Litchi.

Entsafter: Die vorbereiteten Obststücke portionsweise in die Öffnung füllen. Nicht mit Fingern nach unten schieben, sondern immer mit dem Kunststoffstopfen.

Den Saftauffangbehälter unter den Ablauf stellen und den Saft hineinlaufen lassen. In ein Glas oder eine Flasche füllen und möglichst frisch genießen.

Dampfentsafter: 3 bis 4 kg Früchte waschen, in den Siebeinsatz des Einkochtopfs legen. Das Wasser einfüllen und den Temperaturregler auf »Entsaften« stellen. Nach etwa 1 Stunde läuft der heiße Saft in den Auffangbehälter.

Den Saft heiß und randvoll, gleich nach der Gewinnung, in die sauberen Flaschen füllen und sofort mit einem Glasdeckel samt Gummiring verschließen. Auf einem Holzbrett oder Geschirrtuch langsam abkühlen lassen.

Pur oder aromatisch
Verschiedene Süßmittel

Die Lust des Menschen am Süßen ist wahrscheinlich so alt wie die Menschheit selbst. Erschwinglich ist Zucker aber erst seit ungefähr 200 Jahren. Auf Grund der Entdeckung, dass Zucker aus Zuckerrohr chemisch identisch mit Rübenzucker ist, wurde in Preußen 1801 die erste Rübenzuckerfabrik errichtet. Somit war man nicht mehr von der teuren Kolonialware Rohrzucker abhängig. Heute kommen neben weißem und braunem Zucker auch wieder verstärkt altbekannte Süßmittel wie Honig in verschiedenen Geschmacksrichtungen oder Rübenkraut zum Einsatz.

Raffinadezucker ist schneeweiß. Er wird in verschiedenen Körnungen von fein bis grob angeboten und ist der bei uns am häufigsten verwendete Zucker. Puderzucker verwendet man, wenn schnelles Auflösen erwünscht ist.

Fruchtzucker ist frei in Früchten vorhanden, etwa in Tafeltrauben, Bananen oder Äpfeln. Von besonderer Bedeutung ist er für die Diätetik, insbesondere für Diabetiker, da er besser vertragen wird als andere Zuckerarten.

Brauner Zucker, Rohzucker oder Farinzucker genannt, ist nicht völlig von der bei der Zuckerherstellung anfallenden, braunen Melasse gereinigt. Diese verleiht ihm einen kräftigen Geschmack. Seine Süßkraft ist geringer als die des weißen Zuckers, was jedoch in der Vollwertküche geschätzt wird.

Ahornsirup wird aus dem Saft des Zuckerahorns *(Acer saccharum)* eingekocht. Heller, milder Ahornsirup eignet sich gut zum Süßen von Obst, Milchprodukten oder Desserts, dunkler auch zum Backen. Ahornsirup süßt stärker als Zucker, 75 g Ahornsirup ersetzen 100 g Zucker. Dabei spart man gleichzeitig auch Flüssigkeit ein; beim Backen also die Menge (etwa Milch oder Wasser) um 1 bis 2 EL verringern.

Agavendicksaft erfreut sich bei uns zunehmender Beliebtheit. Der dickflüssige, klare Sirup eignet sich bestens zum Süßen von Salaten, Müslis, Joghurt, Getränken, Konfitüren und Desserts, da er den natürlichen Geschmack von Obst unterstreicht. Ferner enthält er das Enzym Papain und ist somit willkommener Bestandteil von Marinaden, die Fleisch zart machen sollen.

Rübenkraut oder Zuckerrübensirup ist in Nord- und Westeuropa auch heute noch ein beliebtes Süßungsmittel. Es sorgt etwa für das typische Aroma in Gebäck wie Lebkuchen oder Aachener Printen. Vielseitig verwendbar.

Apfeldicksaft, Birnendicksaft oder ein Gemisch aus beidem, wird aus dem Saft der Früchte gewonnen und ist weniger süß als weißer Zucker. Gut in Obstsalaten oder anderen Desserts.

Zuckersirup ist für die Dessertküche wichtig, da er leicht löslich und gut zu dosieren ist. Man kann ihn als Fertigprodukt kaufen; er lässt sich aber auch leicht selbst herstellen *[siehe a bis c]*.

a **Zuckersirup herstellen:** 500 g Zucker und 1 l Wasser zum Kochen bringen.

b Zucker auflösen und die Mischung mindestens 1 Minute köcheln, bis der Sirup klar ist.

c Mit einem nassen Pinsel Zuckerkristalle vom Topfrand abwischen. Ergibt 1,2 l Sirup.

Raffinade, ein reiner, weißer Zucker, der in verschiedenen Körnungen zwischen 0,2 und 2 mm Durchmesser gehandelt wird.

Puderzucker, sehr fein zermahlene Raffinade mit 0,05 mm Korndurchmesser. Zum Backen, für Desserts und zum Bestauben.

Fructose. In kleinen Mengen Zuckeraustauschstoff für Diabetiker, mit der 1,2fachen Süßkraft von »Haushaltszucker«.

Ursüße oder Succanat ist getrockneter Zuckerrohrsaft mit hohem Mineralstoffanteil. Für die Vollwertküche geeignet.

Kandisfarin, brauner Zucker, aus braunem Kandissirup. Intensiviert die Bräunung und das Aroma von Gebäck.

Palmzucker, Javazucker: In Südostasien viel verwendet. Palmzucker ist auch gemahlen oder in cremiger Form erhältlich.

Ahornsirup ist in unterschiedlichen Konzentrationen im Handel, sein Geschmack ist fein-mild bis kräftig-aromatisch.

Rübenkraut, -sirup oder Zuckerkraut erhält man durch das Einkochen gereinigter, geschnitzelter Zuckerrüben.

Melasse ist ein dickflüssiges Nebenprodukt der Zuckergewinnung. Zur Rumherstellung, als Pulver für Backwaren.

Topinambur-Sirup wird durch Einkochen der Wurzelknollen gewonnen, deren Zuckergehalt recht hoch ist.

Agaven-Dicksaft wird aus dem Blütenschaft der Agavenpflanze sowie den umliegenden weichen Blättern gewonnen.

Apfel-Birnen-Dicksaft wird durch Einkochen des Saftes gewonnen. Er schmeckt angenehm aromatisch.

Binden & Gelieren
Pudding, Grütze & Co.

Binden nennt man das Andicken von Speisen mit Speisestärke, Speisestärkeerzeugnissen, Mehl, Mehlbutter oder auch Ei. Sehr einfach ist das Binden mit Stärke. Hier zu Lande wird diese meist aus Weizen, Kartoffeln oder Mais hergestellt, andernorts auch aus anderen Pflanzen. Eine Bindung mit Flüssigkeit – man nennt diesen Vorgang Verkleisterung – erfolgt erst ab einer Temperatur von 65 °C. Man rührt daher Stärke erst mit wenig kaltem Wasser an, bevor sie dann in heiße Flüssigkeit eingerührt wird. Je öfter man diese aufkocht, desto mehr verflüchtigt sich der leichte Mehlgeschmack. α-Amylase, ein Stärke spaltendes Enzym im Mundspeichel, macht angedickte Speisen wieder flüssig. Deshalb dürfen Pudding & Co. nicht mit benutztem Besteck (Probierlöffel) in Berührung kommen.

Gelieren beschreibt die Methode des Andickens mit Gelatine, Agar-Agar oder anderen Geliermitteln. Gelatine ist das gängigste Geliermittel. Sie wird in kaltem Wasser eingeweicht und dann warm bis heiß (sie schmilzt ab 30 °C) aufgelöst. Für die Herstellung leichter Gelees rechnet man auf 1/2 l Flüssigkeit 8 bis 10 g gemahlene oder 5 Blatt feste Gelatine. Zum Stürzen benötigt man auf 1/2 l Flüssigkeit

Weiße Gelatine aus Kollagen, einem Protein mit hoher biologischer Wertigkeit. In Blattform oder gemahlen erhältlich.

Rote Gelatine, chemisch identisch mit weißer Gelatine. Für alle Speisen, die in der Farbe Rosa bis Rot werden sollen.

Agar-Agar. Pflanzliches Geliermittel, aus Meeresalgen gewonnen. Als Fäden oder gemahlen im Handel.

Pfeilwurzelmehl. Speisestärke, die aus Knollen oder Wurzeln tropischer Pflanzen gewonnen wird.

Tapioka. Maniokstärke mit Wasser verrührt, durch ein Sieb gepresst und getrocknet. Für transparente Süßspeisen.

Sago. Altbekannte Kügelchen aus Stärke der Sagopalme oder anderer Stärkepflanzen. Für Fruchtgrützen und Kaltschalen.

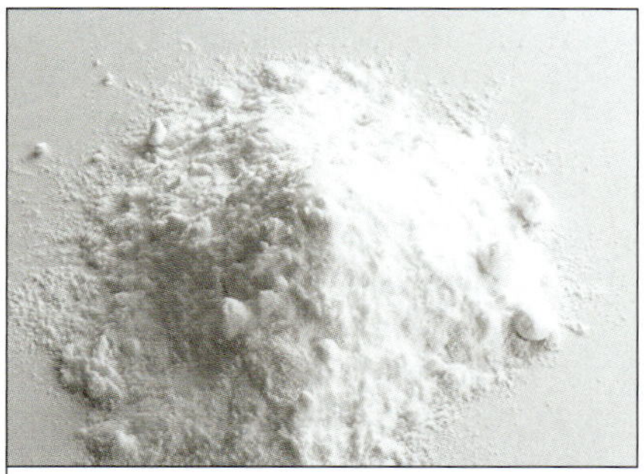

Weizenstärke gibt es grob- oder feinkörnig. Übliche Handelsform ist die feinstvermahlene. 100 g binden 40 g Flüssigkeit.

Kartoffelstärke ist eine der in Europa gängigsten Sorten von Speisestärke. Sie ist vielseitig verwendbar.

Maisstärke ist die in der Lebensmittelindustrie meistverwendete Stärke – für Pudding-, Suppen-, Saucenpulver.

14 bis 16 g gemahlene oder 7 bis 8 Blätter Gelatine. Das Volumen einer Form zum Stürzen sollte nicht größer als 1 1/2 l sein, da das Eigengewicht der gelierenden Masse diese instabil macht.

Für Fruchtspiegel, Tortenschichten und Cremes aus frischen Kiwis, Ananas und Papayas verwendet man besser Agar-Agar. Diese Früchte enthalten Eiweiß spaltende Enzyme, welche Gelatine unwirksam machen. Agar-Agar zählt zudem zu den Geliermitteln mit hervorragender Wirksamkeit.

Pektine (Polysaccharide) eignen sich ebenfalls gut als Gelierhilfe, sie sind Bestandteil der Zellwände einiger Obstsorten (Äpfel, Zitrusfrüchte) und werden heute chemisch standardisiert hergestellt. In konzentrierten Zuckerlösungen bilden sie in Verbindung mit Säure Gele, was unter anderem für die Konfitüreherstellung von Bedeutung ist. Die schnell gelierenden Pektine sorgen für die richtige Konsistenz und verhindern außerdem ein Aufschwimmen der Früchte im Glas.

Rote Grütze

je 300 g rote Johannisbeeren und Himbeeren

1/4 l Rotwein, 120 g Zucker

30 g Speisestärke

400 g gemischte Beeren (Johannisbeeren, Himbeeren, Brombeeren, Heidelbeeren)

100 g halbierte kleine Erdbeeren

1. Johannisbeeren waschen, von den Rispen streifen und mit den Himbeeren in 1/4 l Wasser und Rotwein aufkochen. Topf von der Hitzequelle nehmen und zugedeckt 10 Minuten ziehen lassen.

2. Die Mischung durch ein Sieb streichen, dabei gut durchdrücken. Den Saft mit Wasser auf 1 l ergänzen, Zucker zufügen und die Mischung aufkochen. Gemischte Beeren waschen, abtropfen lassen und in die Saft-Zucker-Mischung schütten. Halbierte Erdbeeren ebenfalls zufügen. Speisestärke mit wenig kaltem Wasser anrühren, unter Rühren eingießen und aufwallen, dann abkühlen lassen. Dazu schmeckt Vanillesauce, Milch oder Sahne.

Apfelpektin-Gelierhilfe

VORBEREITUNG: Die Äpfel zur Saftgewinnung über Nacht in einem Tuch abtropfen lassen.

1 1/4 l Wasser

2,25 kg Äpfel, etwa Golden Delicious

1. Äpfel waschen, halbieren, mit Schale und Kerngehäuse in dünne Spalten schneiden. Weiter vorgehen wie rechts gezeigt *[siehe a]*. Deckel auflegen, die Apfelmischung aufkochen und 20 bis 25 Minuten köcheln, bis die Äpfel ganz weich sind.

2. Ein sauberes Baumwolltuch so an den Beinen eines umgedrehten Hockers befestigen, dass es tief durchhängt. Eine große Schüssel darunter stellen, Äpfel samt Garflüssigkeit in das Tuch schütten und über Nacht langsam abtropfen lassen *[siehe b]*.

3. Den aufgefangenen Saft (es sollten 1 1/2 l sein) aufkochen und auf die Hälfte reduzieren *[siehe c]*. Nochmals durch ein mit einem Baumwolltuch ausgelegtes Sieb gießen und in kleine Einmachgläser füllen *[siehe d und e]*. Gläser verschließen und 5 Minuten sterilisieren. 150 g der Pektinlösung reicht für 1 l Fruchtsaft aus pektinarmen Früchten.

a **Apfelpektin gewinnen:** Äpfel und Wasser in einen großen Topf füllen.

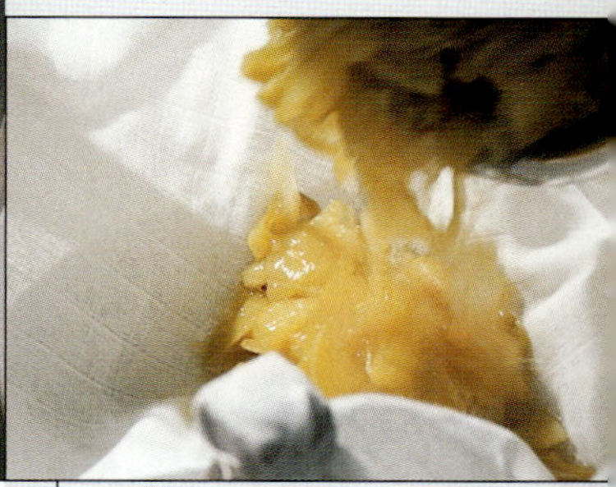

b Die Apfelmischung in das durchhängende Tuch schütten und abtropfen lassen.

c Den Apfelsaft in einem Topf aufkochen und auf die Hälfte einkochen lassen.

d Reduzierten Saft durch ein mit einem Baumwolltuch ausgelegtes Sieb gießen.

e Fertiges Pektin in Gläser abfüllen. Es kann auch gut eingefroren werden.

Selbst einmachen

Konfitüren & Gelees

Für die Konfitüren- und Marmeladenherstellung sind einige Faktoren von entscheidender Bedeutung.

In Verbindung mit Zucker ist das in vielen Pflanzen natürlich vorkommende Pektin das wichtigste Geliermittel für Konfitüren. Dieses ist jedoch nur gut wirksam, wenn gleichzeitig eine gewisse Menge an Zucker und Säure vorhanden sind. Es ist also entscheidend, wie viel Gehalt an Pektin und Säure die jeweilige Fruchtsorte mitbringt. Zitrusfrüchte, Quitten, Schwarze und Rote Johannisbeeren oder Preiselbeeren haben einen hohen Gehalt an Pektin. Äpfel, Aprikosen, Brombeeren, Himbeeren oder Heidelbeeren und Pflaumen einen mittleren, während Trauben, Nektarinen, Holunder, Kirschen, Mangos oder Melonen nur einen geringen Anteil aufweisen. Generell gilt, unreife Früchte enthalten mehr Pektin als reife, die ihr Pektin schon zu einem großen Teil in Zucker umgewandelt haben. Fehlende Säure kann in Form von Zitronensäure oder -saft zugefügt werden.

Gelierzucker

Sollen pektinarme Früchte zu Konfitüre verarbeitet werden, kombiniert man sie mit pektinreichen Früchten oder fügt zusätzliches Pektin hinzu. Pektingelierhilfen können beispielsweise selbst aus Äpfeln hergestellt werden, sind aber auch flüssig oder in Pulverform im Supermarkt erhältlich.

Am einfachsten ist jedoch die Verwendung von Gelierzucker. Bei ihm handelt es sich um Haushaltszucker, dem Pektin und Wein- oder Zitronensäure beigemischt wurden. Die zugesetzte Säure aktiviert die Gelbildung, verstärkt das Fruchtaroma und trägt zum Erhalt der Fruchtfarben bei. Gelierzucker gibt es im Verhältnis 1 : 1, 2 : 1 oder auch 3 : 1; wobei die erste Zahl den Fruchtanteil, die zweite den Gelierzuckeranteil angibt (Packungsaufschrift beachten!). Wenn hier nicht anders angegeben, wird Gelierzucker des Typs 1 : 1 verwendet.

Einmachzucker ist zum Kochen von Konfitüre weniger geeignet. Bei ihm handelt es sich um Haushaltszucker ohne Zusätze von Pektin oder Säure (Packungsaufschrift beachten). Er wird gerne für Kompotte verwendet und ist von sehr grober Körnung.

Gläser vorbereiten

Gläser müssen grundsätzlich unbeschädigt und gründlich sauber sein. Nach dem Reinigen in der Spülmaschine oder von Hand legt man sie mitsamt den Deckeln in heißes Wasser, nimmt sie unmittelbar vor dem Befüllen heraus, stellt sie auf den Kopf und lässt das Wasser ablaufen. Zum Einfüllen von Konfitüre ist ein Spezialtrichter mit großer Öffnung hilfreich. Beim Einfüllen auf sauberes und schnelles Arbeiten achten.

Gelierprobe machen

Um sicher zu gehen, dass Konfitüre & Gelee die richtige Konsistenz haben – Konfitüre sollte nicht zu fest sein, aber auch nicht fließen, Gelee sollte man mit dem Löffel abstechen können – empfiehlt es sich, beim Einkochen eine Gelierprobe zu machen (siehe rechts). Kocht man Konfitüre zu lange ein, so erhält man eine sirupartige Masse.

Gelee lässt sich auch folgendermaßen prüfen: einige Tropfen Gelee in ein Glas mit kaltem Wasser fallen lassen – sinken sie zu Boden und bleiben ganz – ist das Gelee ausreichend geliert.

Die gefüllten Gläser gut auskühlen lassen und zum Lagern an einen kühlen sowie dunklen Ort stellen. Gläser von Zeit zu Zeit prüfen, um sicher zu gehen, dass sie gut verschlossen sind.

Nektarinen-Pflaume-Konfitüre

ERGIBT: 16 Gläser von je 1/4 l

VORBEREITUNG: Früchte 4 bis 5 Stunden Saft ziehen lassen.

1 kg Nektarinen

1 kg reife Pflaumen

Saft von 1 Zitrone

6 cl Mandellikör, 2 kg Gelierzucker

1. Früchte in kochendes Wasser tauchen, häuten, halbieren, entsteinen und klein würfeln.

2. Weiterverfahren und die Gelierprobe machen, wie rechts gezeigt. In Gläser abfüllen *[siehe rechts]*.

Für die Nektarinen-Pflaumen-Konfitüre die Früchte in einem Topf mit der Hälfte des Gelierzuckers vermengen.

Früchte 4 bis 5 Stunden Saft ziehen lassen. Erst dann restlichen Zucker, Zitronensaft und Mandellikör zufügen.

Alles unter Rühren zum Kochen bringen und die Mischung 3 bis 4 Minuten sprudelnd kochen lassen.

Den sich stark bildenden Schaum mit einem großen Löffel oder Schaumlöffel wiederholt abschöpfen.

Für die Gelierprobe einen Löffel Konfitüre abnehmen, auf einen kalten Teller geben und kurz anziehen lassen.

Der Gelierpunkt ist erreicht, wenn sich auf der Oberfläche beim Zusammenschieben mit einem Löffel Fältchen bilden.

Konfitüre in saubere, mit kochend heißem Wasser ausgespülte, abgetropfte Gläser füllen und verschließen.

Gläser abwischen, umgedreht auf ein Tuch stellen. Wiederholt umdrehen, so verteilen sich die Fruchtstückchen.

Für das Gelee die gekochten Johannisbeeren durch ein mit einem Tuch ausgelegtes Sieb gießen und ablaufen lassen.

Saftmenge abmessen und in einen Edelstahltopf gießen. Gelierzucker und den Sherry zufügen und unterrühren.

Die Mischung 2 bis 3 Minuten sprudelnd kochen lassen. Den Schaum abnehmen und die Gelierprobe machen.

Das Johannisbeergelee heiß in die vorbereiteten Gläser füllen, verschließen und auskühlen lassen.

Johannisbeergelee mit Sherry

ERGIBT: 3 Gläser von je 1/2 l

1 kg rote Johannisbeeren

50 g Zucker

Gelierzucker, die gleiche Menge wie gewonnener Saft

1/8 l Cream Sherry

1. Die Johannisbeeren in stehendem Wasser waschen, gut abtropfen lassen und mit einer Gabel vorsichtig von den Rispen streifen. Mit 1/8 l Wasser und Zucker in einem Topf unter Rühren aufkochen lassen.

2. Das Johannisbeergelee fertig stellen und in Gläser füllen wie in der Bildfolge rechts gezeigt. Nach dem Auskühlen kühl und dunkel lagern.

Fruchtsaucen mit und ohne Alkohol

← Orangensauce

200 ml frisch gepressten Orangensaft durch ein feines Sieb seihen und den Saft mit 90 g Zucker und den Zesten von 1/2 unbehandelten Orange 3 bis 4 Minuten einkochen lassen. 3 cl Orangenlikör (etwa Grand Marnier) einrühren und die Sauce erkalten lassen. Farblich dunkler und etwas säuerlicher wird die Sauce, wenn man statt des Orangensaftes Blutorangensaft verwendet.

→ Walderdbeerensauce

1/4 l Muskatellerwein mit 50 g Zucker und 3 längs halbierten Zitronengrasstängeln (je 10 cm lang) bei geringer Hitze 10 Minuten köcheln. Durch ein Sieb gießen, mit 1/4 bis 1/2 TL in wenig Wasser angerührter Speisestärke binden und aufkochen lassen. Vom Herd nehmen, 125 g Walderdbeeren zufügen und die Sauce abkühlen lassen. Vor dem Servieren in feine Streifen geschnittene Zitronenmelisse einrühren.

→ Kiwisauce

Je nach gewünschter Farbe entweder 300 g grüne oder 300 g gelbe Kiwi schälen. Mit 80 ml Agavendicksaft und 1 cl Limettensaft verrühren, mit dem Mixstab fein pürieren und die Sauce durch ein Sieb passieren. Die Kiwisauce nach Belieben mit 2 cl Kiwilikör verfeinern. Mit ihrem angenehm säuerlichen Geschmack passt die Sauce gut zu Süßem wie Eis oder Flans.

← Traubensauce

50 g Zucker leicht karamellisieren und mit 50 ml schwarzem Johannisbeersaft ablöschen. 1/4 TL abgeriebene Orangenschale und 2 g fein geschnittenen Ingwer mitköcheln. 250 g halbierte, blaue Weintrauben 6 bis 8 Minuten mitdünsten. Die Sauce pürieren, durch ein Sieb passieren, aufkochen und mit 1/4 TL angerührter Speisestärke binden. Erkalten lassen. Nach Belieben mit 2 cl Grappa verfeinern.

Feigensauce

100 ml Rotwein und 4 cl roten Portwein zum Kochen bringen. 40 g braunen Zucker zufügen und 3 Minuten köcheln lassen. In der Zwischenzeit die Feigen schälen, in Stücke schneiden und 5 Minuten mitköcheln. Die Sauce durch ein Sieb streichen und erkalten lassen. 3 bis 4 Pfefferminzblättchen in feine Streifen schneiden und vor dem Servieren in die Sauce rühren.

Kaktusfeigenbutter

4 Kaktusfeigen (je 100 g) schälen und in Scheiben schneiden. 100 g Zucker karamellisieren, mit 4 cl Whisky und 200 ml frisch gepresstem Blutorangensaft ablöschen. Kaktusfeigen und das Mark von 1/2 Vanilleschote 5 Minuten mitköcheln, pürieren. Die Sauce durch ein Sieb streichen. Erhitzen und mit 1/2 TL angerührter Stärke binden. 50 g kalte Butter flöckchenweise einrühren, die Sauce darf nicht mehr kochen. Auf Eiswasserbad kaltschlagen.

Granatapfelsauce

Von 4 Granatäpfeln (je 250 g) mit einem Sägemesser am Kelchansatz ein keilförmiges Stück herausschneiden. Die Früchte über einer Schüssel mit etwas Druck auseinander brechen, ein paar Kerne für die Garnitur beiseite stellen. Den Rest mit 80 g Zucker, 2 cl Limettensaft und 120 ml kräftigem Rotwein aufkochen. Flüssigkeit bei geringer Hitze auf die Hälfte reduzieren, die Sauce vom Herd nehmen, abkühlen lassen, passieren.

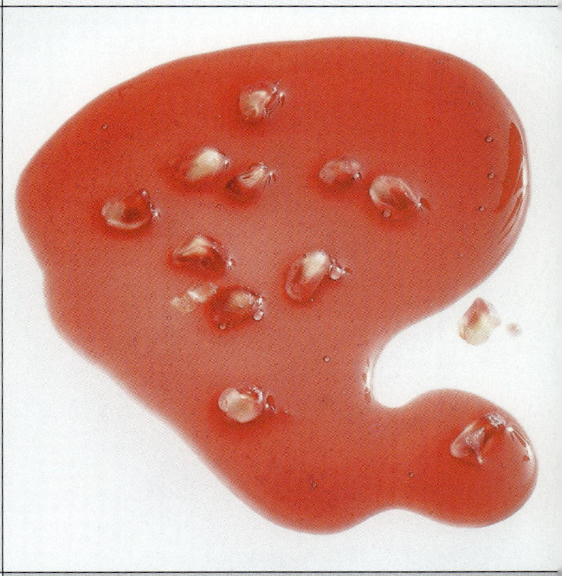

Maracujasauce

4 Maracujafrüchte (je etwa 80 g Fruchtfleisch) halbieren und das Fruchtfleisch mit einem Löffel auslösen. Das Maracujafruchtfleisch mit 100 g Palmzucker, 100 ml Orangensaft und 20 ml Limettensaft aufkochen und 5 Minuten bei geringer Hitze köcheln lassen. Vom Herd nehmen und 2 cl weißen Rum unterrühren. Die Sauce durch ein Sieb passieren und erkalten lassen.

Johannisbeersauce

1/4 l Rosé auf die Hälfte reduzieren, 80 ml Orangensaft und 100 g Zucker einrühren, aufkochen. 300 g rote Johannisbeeren waschen, von den Rispen streifen, abtropfen lassen und im Weinsud kurz dünsten. Durch ein Sieb passieren, aufkochen und die Sauce mit 1/2 TL in etwas Wasser angerührter Speisestärke binden. Vom Herd nehmen. 2 cl Cassis einrühren, 100 g weiße Johannisbeeren untermischen. Abkühlen lassen.

Bunt & fruchtig
Saucendekorationen

Garnituren aus Fruchtpüree bringen Farbe ins Spiel und machen Desserts oder Gebäck zum optischen Erlebnis. Durch ihren frischen Geschmack sind sie auch kulinarisch eine Bereicherung auf dem Dessertteller und ein fruchtiges Gegengewicht zu gehaltvollen süßen Cremes. Sehr gut passen Fruchtsaucen auch zu Eis.

Zum Garnieren darf die Sauce oder das Fruchtmark nicht zu flüssig sein. Verwendet man mehrere für eine Garnitur, müssen sie annähernd die gleiche Konsistenz haben, damit sie nicht ineinander laufen. Auftragen lassen sich Pürees am besten mit Dosierflaschen aus Kunststoff, Spritztüten aus Pergament oder auch mit dem Löffel.

Weiße Linien auf Fruchtpürees lassen sich gut mit Milchprodukten wie Joghurt (mit hohem Fettgehalt), Crème fraîche oder Schmand zaubern. Alle drei können mit Puderzucker oder Zuckersirup verrührt und damit leicht gesüßt werden. Joghurt sollte man allerdings erst unmittelbar vor dem Servieren auftragen, da er schnell zerfließt.

Um die Festigkeit zu erhöhen, kann Joghurt auch leicht gebunden werden. Dazu etwas Joghurt erhitzen, mit angerührter Stärke binden und unter den restlichen Joghurt rühren, kühl verwenden.

Für den bunten Saucenspiegel (großes Bild oben), 4 bis 7 verschiedenfarbige Fruchtpürees gleicher Konsistenz in die Mitte eines Tellers setzen (Abbildung im Uhrzeigersinn: Püree aus gelben Kiwis, Heidelbeeren, Aprikosen, Erdbeeren, grünen Kiwis, Papayas und in der Mitte Himbeermark). Mit einem Stäbchen von der Mitte des Tellers beginnend eine spiralförmige Linie ziehen. Diese Technik eignet sich auch gut für mehrfarbige Suppen.

Saucenmuster

Spinnennetz: Auf einem Himbeerspiegel mit der Spritztüte eine gleichmäßige Spirale aus Crème fraîche aufbringen.

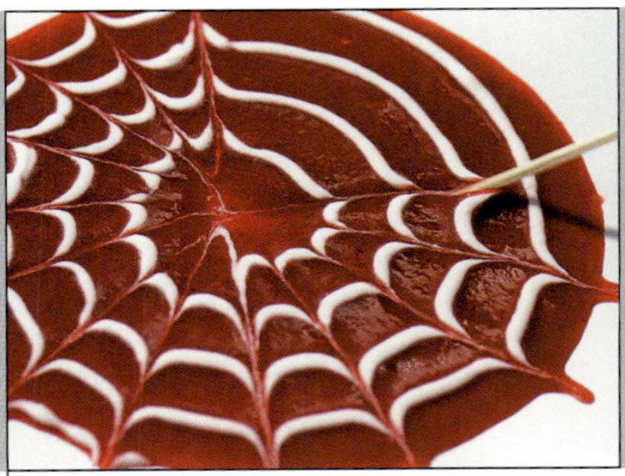

Mit einem Stäbchen oder Messer vom Zentrum aus Linien in gleichmäßigem Abstand nach außen ziehen.

Nach jedem Zug Stäbchen oder Messer abwischen, so geraten die Linen schön sauber und gleichmäßig.

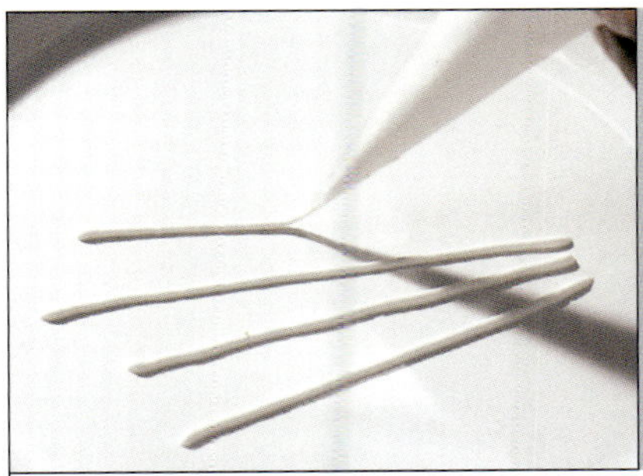

Frucht-Strahlen: Mit einer Pergament-spritztüte 4 »Strahlen« Crème fraîche nebeneinander spritzen.

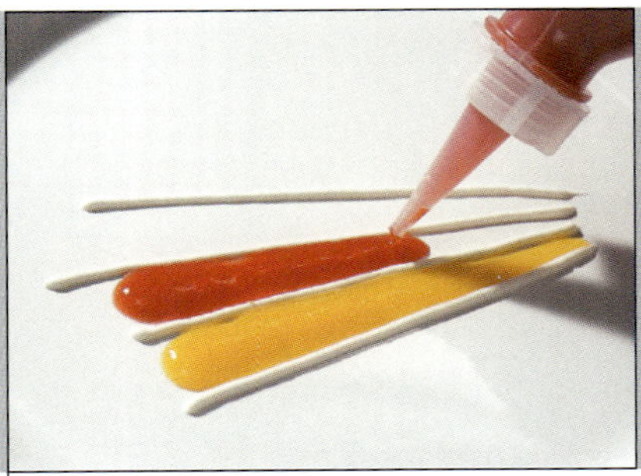

Die Zwischenräume mit verschiedenfarbigem Fruchtmark ausfüllen, das geht am besten mit Dosierflaschen.

Mit einem Stäbchen eine wellenförmige Linie durch die Pürees ziehen. Hier: Mango-, Erdbeer- und Kiwifruchtmark.

Mango-Blatt: Auf einen nierenförmigen Klecks Mangofruchtmark eine Schlangenlinie aus Crème fraîche spritzen.

Ein Stäbchen von oben nach unten einmal durch die Crème fraîche ziehen. So entsteht das Blattmuster.

Nach Belieben mit Obststücken garnieren. Zum Beispiel mit Kiwi, Erdbeere, Karambole oder Banane.

Fruchtstreifen: 4 verschiedene Fruchtpürees von gleicher Konsistenz parallel nebeneinander spritzen.

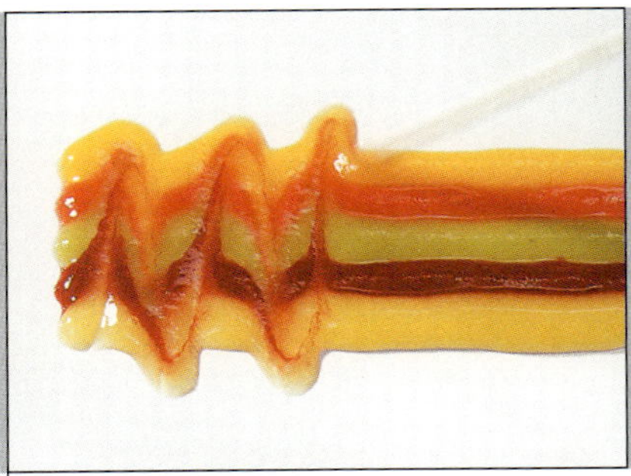

Durch alle Fruchtpürees (von oben: Erdbeer, Kiwi, Himbeer und Aprikose) eine wellenförmige Linie ziehen.

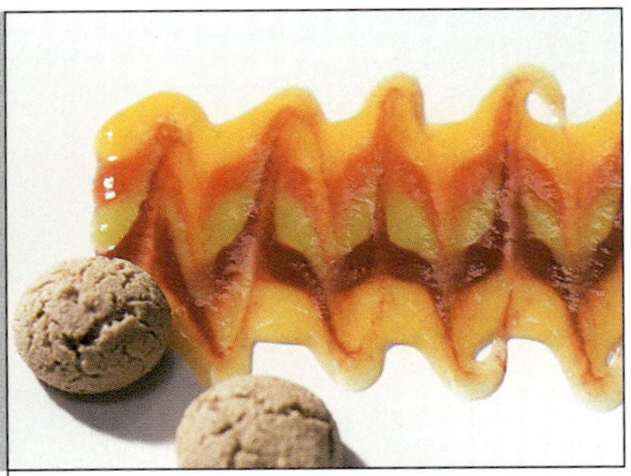

Auf dem Dessertteller nach Belieben mit Amarettini, Sahne, Baisertropfen oder Fruchtstückchen garnieren.

Schön verziert
Mit der richtigen Technik

In die Dosierflasche füllt man das Fruchtmark am besten mit einem Trichter ein.

Kunstvoll gespritzte Formen und Linien aus Zucker, Sahne oder Schokolade sehen schön aus und erhöhen die Vorfreude auf den süßen Genuss. Fruchtmark kann entweder, sparsam eingesetzt, elegante Farbtupfer beisteuern wie bei den »Schokoladenkreisen« rechts oder auch, großzügig verwendet, für sich selbst wirken wie bei der »Farben-Vielfalt« unten. Um Formen flächig auszufüllen, eignet sich grundsätzlich eher die Dosierflasche. Die Spritztüte aus Pergamentpapier ermöglicht hingegen das Aufbringen von filigranen Linien. Sie lässt sich ganz leicht selbst herstellen (siehe unten).

Spritztüte drehen: Papierdreieck an der langen Seite greifen, eindrehen.

Weiter aufrollen, dabei mit der linken Hand die Spitze festhalten. Sie muss vollständig geschlossen bleiben.

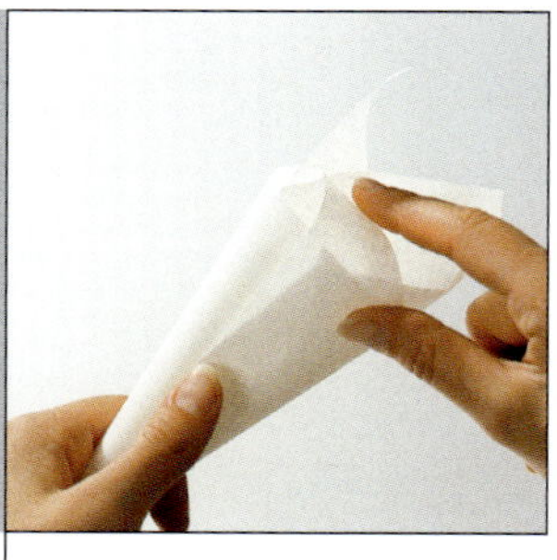

Am oberen Ende überstehende Papierenden nach innen falten und die Pergamenttüte damit fixieren.

Schokolade oder Glasur einfüllen und die Papierenden einschlagen.

Mit einer scharfen Schere die Spitze abschneiden. Die Größe der Öffnung bestimmt die Dicke des Spritzfadens.

Schokolade oder eine andere Glasur lässt sich mit einer solchen Papierspritztüte in filigranen Linien aufspritzen.

Für die rechts gezeigten Garnituren wird außer Fruchtpürees, für die man einfach etwas Fruchtmark mit Puderzucker glatt rührt, zum Teil auch Fondant und Schokoladenspritzglasur benötigt. Wer Fondant nicht bekommt, kann ihn auch durch Eiweißspritzglasur ersetzen oder einfach eine dicke Puderzuckerglasur verwenden.

Fondant, eine reine Zuckerglasur, wird in guter Qualität als Industrieprodukt angeboten. Der feste Fondant braucht nur im Wasserbad erwärmt und entsprechend verdünnt zu werden. Dazu den Fondant auf etwa 32 °C im Wasserbad erwärmen. Die Temperatur sollte dabei 35 °C nicht übersteigen, weil der Fondant sonst beim Trocknen seinen Glanz verliert. Etwas Läuterzucker, Eiweiß oder auch Rum einrühren, bis die Masse gleichmäßig flüssig ist und zäh vom Löffel fließt. In die Dosierflasche gefüllt, lässt sie sich leicht handhaben.

Eiweißspritzglasur ist einfach in der Zusammensetzung und lässt sich problemlos verarbeiten. 150 bis 200 g Puderzucker mit einem Eiweiß und 2 TL Zitronen- oder Limettensaft so lange rühren, bis eine glatte, seidig glänzende Glasur entsteht. Ist sie noch zu flüssig, den Zuckeranteil erhöhen, bis die Glasur nicht mehr auseinander läuft. Eiweißspritzglasur möglichst schnell verwenden, da die Oberfläche schnell antrocknet. Daher die Schüssel auch immer mit einem feuchten Tuch abdecken. Zum Spritzen sollte die Glasur besonders zäh sein, damit der Spritzfaden nicht abreißt. Für einige wenige Garnituren reichen natürlich auch kleinere Mengen Glasur im gleichen Mischverhältnis.

Schokoladenspritzglasur: 200 g zerkleinerte Kuvertüre auf einem Wasserbad langsam schmelzen. 40 g gesiebten Puderzucker einrühren und einige Tropfen Wasser untermischen. Aber Vorsicht: zu viel Wasser macht die Kuvertüre dick und unbrauchbar. Man kann statt Puderzucker und Wasser auch tropfenweise Läuterzucker einrühren, damit gelingt die Glasur noch leichter. Ihre Festigkeit wird dabei durch die Zuckermenge bestimmt; einfach so viel einrühren, bis sie glatt und zähflüssig ist. Die Kuvertüre muss auch während der Verarbeitung ständig bei einer Temperatur von 32 °C gehalten werden, nur so bleibt sie spritzfähig. Zum Aufspritzen von dünnen Linien füllt man sie am besten in eine Pergamentpapiertüte (siehe links).

Dosierflaschen gibt es im Handel zu kaufen. Man chneidet einfach die Spitze mit der Schere oder einem scharfen Messer ab. Aber ur das äußerste Ende, der Strahl wird sonst zu breit. →

Für zweifarbige Kreise erst rote Kleckse, etwa aus Himbeermark, auf den Teller tropfen. Darauf Kreise in einer anderen Farbe platzieren, etwa gelbe aus Pfirsichmark. →

← **Für zweifarbige Tropfen** erst zweifarbige Fruchtmarkkreise auftropfen, und diese dann mit einem Stäbchen in Tropfenform verziehen. Hier: Himbeer- und Aprikosenmark.

← **Schmetterling:** Aus Fondant einen Schmetterling mit Fühlern spritzen. Die Flügel mit Erdbeerpüree ausfüllen. Einen Klecks Mangopüree darauf tropfen. In die Mitte ein Orangenfilet setzen.

Für den Schokozaun aus Schokoladenspritzglasur eine Welle und darüber im rechten Winkel zwei parallele Linien spritzen. Passt zum Beispiel zu einem Granatapfelgranité. →

Schokoladenkreise: Mit Schokoladenglasur größer werdende Kreise aufspritzen. Verschiedenfarbige und unterschiedlich große Mark-Kleckse auf und zwischen die Linien tropfen. →

← **Sahne-Frucht-Dekoration:** Mit der Sterntülle Nr. 6 zwei Linien oder einen Kreis aus Sahne spritzen. Mit der Dosierflasche Himbeermark zwischen die Linien und Kiwimark in den Kreis spritzen.

← **Sahne-Frucht-Schlaufen:** Mit der Lochtülle Nr. 4 Schlaufen aufspritzen, mit Kiwi- und Erdbeermark ausfüllen und nach Belieben mit Früchten, Zitronenmelisse oder Minze garnieren.

Farben-Vielfalt: Verschiedene Fruchtpürees flächig aneinander spritzen. Von oben: Heidelbeermark mit einem Klecks Aprikosenmark, Pfirsich-, Himbeer-, Kiwi- sowie Erdbeermark. →

Dreiecke mit verlängerten Linien aus Schokoladenglasur aufspritzen. Die Hohlräume etwa mit Kiwi- und Erdbeermark ausfüllen und mit einen Klecks Mangomark garnieren. →

Verzieren mit Obst

Kristalle, Chips & Co.

Mit Zucker umhüllte Johannisbeeren, hauchdünne Fruchtchips, Ananaskristalle und glänzende Zitruszesten sind wunderschöne Garnituren für Desserts, Getränke, Gebäck und exotisch-pikante Gerichte. Gezuckerte Früchte sollte man am Tag der Zubereitung verbrauchen. Karambolen, Birnen und Ananas für Chips oder Kristalle schneidet man am besten mit der Aufschnittmaschine hauchdünn. Filigrane Ananaskristalle kocht man mit Zuckersirup in verschweißten Gefrierbeuteln; der aromatische Saft, der sich dabei bildet, lässt sich anderweitig verwenden. Zur trockenen Aufbewahrung der Ananaskristalle benötigt man Silikagel, das ihnen die überschüssige Feuchtigkeit entzieht und sich dadurch hell verfärbt. Silikagel gibt es in der Apotheke, entweder in Blau, als »Blaugel« mit dem Farbstoff Kobalt oder – da neuerdings diskutiert wird, ob Kobalt gesundheitsschädlich ist – auch als Silikagel mit orangem Farbindikator, als »Silicagel orange« oder »Trockenperlen orange«.

Karambole-Birne-Chips

1 Birne, 1 Karambole

Dauerbackfolie

Puderzucker zum Bestauben

1. Die Birne waschen, schälen, längs in hauchdünne Scheiben schneiden. Karambole waschen, quer in hauchdünne Scheiben schneiden. Weiter vorgehen wie in der Bildfolge rechts oben beschrieben *[siehe a und b]*.

2. Das Blech auf der mittleren Einschubleiste in den auf 60 °C vorgeheizten Ofen schieben. Chips bei leicht geöffneter Ofentür 6 bis 8 Stunden trocknen lassen, nach der Hälfte der Zeit wenden.

Ananaskristalle

200 g Zucker, 1 Baby-Ananas, 1 Zitrone

2 bis 3 Tropfen Maiskeimöl, Backpapier

Folienschweißgerät, Silikagel

1. Den Zucker mit 600 ml Wasser aufkochen, abschäumen, den Topf von der Herdplatte ziehen. Ananas schälen, oben und unten flach schneiden und in 1 1/2 mm dünne Scheiben schneiden. Die Zitrone auspressen und den Saft in den Sirup rühren. Je 7 bis 8 Ananasscheiben mit dem Sirup in Gefrierbeutel füllen, mit einem Folienschweißgerät verschweißen. Dadurch wird den Beuteln Luft entzogen, was verhindert, dass sie auf dem Wasser schwimmen. Beutel 5 bis 7 Minuten in Wasser kochen, in Eiswasser kühlen, öffnen und die Fruchtscheiben auf einem Sieb abtropfen lassen.

2. Die Scheiben auf die Folie legen, wie in der Bildfolge rechts beschrieben *[siehe c]*. Die Früchte im Ofen bei 50 °C etwa 7 Stunden trocknen, umdrehen und bei abgeschaltetem Ofen weiter trocknen. Lagern wie rechts gezeigt *[siehe d]*.

Zucker-Johannisbeeren

Johannisbeerrispen nach Bedarf

2 Eiweiße

Zucker

1. Johannisbeeren waschen, abtropfen lassen und trockentupfen. Eiweiße in einem tiefen Teller leicht verquirlen. Zucker in einen zweiten Teller streuen.

2. Rispen einzeln durch Eiweiß und Zucker ziehen *[siehe e und f]*. Auf einem Kuchengitter 1 bis 2 Stunden trocknen. Rispen gleich verwenden.

Kandierte Zitrusschalen

2 unbehandelte Orangen

4 unbehandelte Zitronen oder Limetten

60 g Zucker

1. Die Zitrusschalen zu Julienne schneiden, im kochenden Wasser 2 Minuten blanchieren und auf einem Sieb abtropfen lassen. Auf Küchenpapier ausgebreitet etwas trocknen lassen.

2. Den Zucker mit 4 EL Wasser erhitzen, bis sich der Zucker gelöst hat. Weiter vorgehen, wie in der Bildfolge rechts beschrieben *[siehe g und h]*.

a **Birnenchips:** Die Fruchtscheiben vorsichtig nebeneinander auf ein mit Dauerbackfolie ausgelegtes Blech legen.

b Die Birnenscheiben gleichmäßig und nicht zu dick mit Puderzucker bestauben, mit den Karambolescheiben ebenso verfahren.

c **Ananaskristalle:** Aus den Beuteln nehmen, abtropfen lassen und auf Dauerbackolie oder einer geölten Backfolie auslegen.

d Kristalle zwischen Pergamentpapier schichten. Ein Stoffsäckchen mit 3 EL Silikagel füllen, zubinden. Beides in ein luftdichtes Glas füllen.

e **Zucker-Johannisbeere:** Die Rispen am Stielende festhalten, durch das leicht verquirlte Eiweiß ziehen und abtropfen lassen.

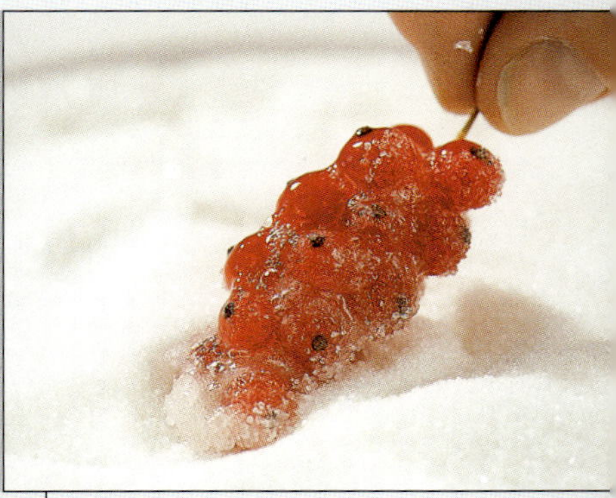

f Die feuchte Rispe vorsichtig im Zucker wälzen. Darauf achten, dass sie nicht zu dick mit Zucker überzogen wird.

g **Kandierte Zitruszesten:** Zesten 6 bis 8 Minuten köcheln, bis die Flüssigkeit vollkommen verdampft ist und die Zesten glasig aussehen.

h Die kandierten Zitrusschalen am besten gleich zum Garnieren von Torten, Kuchen oder Desserts aller Art verwenden.

Pfirsichfächer: Mit einem scharfen Messer am Stein des Pfirsichs entlang die beiden Backen abschneiden.

Fruchtbacken im Abstand von 1 bis 2 mm parallel einschneiden, sie sollen an einer Seite noch zusammenhängen.

Pfirsichbacke 1-mal teilen, fächerförmig aufbiegen, dabei jede zweite Spalte mit Hilfe eines Messers vorsichtig einbiegen.

Apfelknospe: Den Apfel waschen und parallel im Abstand von 1/2 cm Kerben einschneiden. Die Abschnitte entfernen.

Apfel um 90° drehen, erst 1 Kerbe, dann v-förmige, an den Enden zusammenhängende Keile mit 2 mm Rand ausschneiden.

Aufeinander legen, dabei mit dem breitesten Keil beginnen und gegeneinander verschieben. Mit Zitronensaft beträufeln.

Weintraube: Ein Stück von einem Apfel abschneiden und als Blatt zurechtschneiden. Nach Belieben eine Struktur einritzen.

Eine Honigmelone halbieren, die Kerne entfernen und aus dem Fruchtfleisch kleine Kugeln ausstechen.

Die Melonenkugeln in Form einer Traube übereinander schichten und das Blatt aus Apfel dazulegen.

Orangen-Papagei: Eine Orange in gleichmäßige Spalten schneiden, und die weiße Innenhaut nach Möglichkeit entfernen.

Die Schale zu 2/3 abtrennen. Seitlich 2 Schnitte für die Federn anbringen, die Schale muss noch zusammenhängen.

Die Schalenspitze einstecken. Orangenspalte 1 cm tief einschneiden; so lässt sie sich gut auf einem Glas befestigen.

Pflaumen-Blüte: Auf der Seite gegenüber vom Stielansatz mit dem Dekoriermesser einen »Blütenstempel« ausstechen.

Rund um den »Blütenstempel« Zacken einstechen und eine zweite Reihe gleicher Zacken darunter setzen.

Eine dritte Reihe Zacken darunter einstechen und das Fruchtfleisch dazwischen vorsichtig herausheben.

Für Drinks & Desserts

Dekorationen aus Obst

Kugelausstecher
gibt es in verschiedenen Größen. Mit diesem Gerät lassen sich mühelos Obstperlen, Papaya- oder Melonenkugeln ausstechen.

Obstmesser
ein scharfes, leicht gebogenes Messer ist das wichtigste Handwerkszeug beim Herstellen von Obstgarnituren.

Ziseliermesser
Das Spezialgerät hilft beim Schnitzen. Es dient zum Herausarbeiten von Kerben und Mustern, zum Beispiel auf der Außenhaut einer Orange, etwa für die Orangenspirale im ersten Step der letzten Bildfolge unten.

Zestenreißer, Fadenschneider
Durch seine kleine Lochung können sehr feine Schalenstreifen – »Julienne« – von Zitrusfrüchten abgezogen werden.

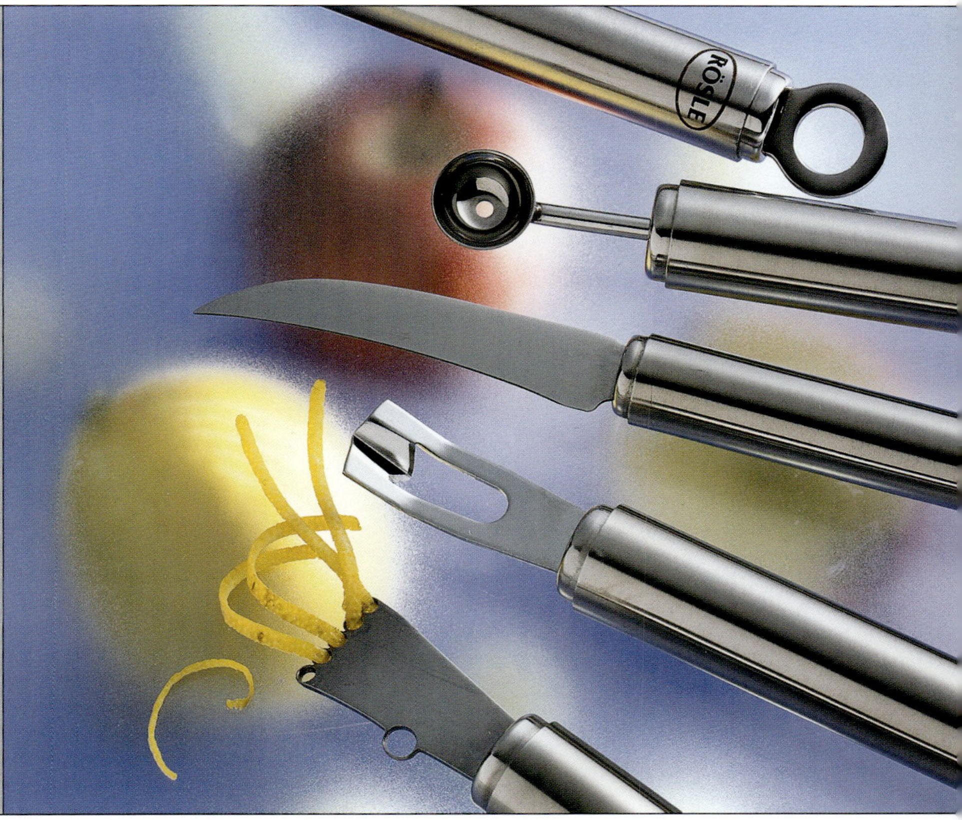

Kiwi-Blüte: Eine Kiwi schälen und rundum zackenförmig bis zur Mitte der Frucht einschneiden, beide Hälften trennen.

Die einzelnen Fruchtfleischzacken mit einem kleinen scharfen Messer vorsichtig mittig einschneiden.

Die äußeren Segmente vorsichtig nach außen biegen und in die Mitte jeder Kiwi-Blüte eine frische Himbeere setzen.

Orangen-Spirale: 1 unbehandelte Orange waschen, Schale in gleichmäßigem Abstand mit dem Ziseliermesser einkerben.

Die so vorbereitete Frucht mit einem scharfen Messer in gleich dünne Scheiben schneiden.

Orangenscheiben bis zur Mitte einschneiden und zu Spiralen drehen. Nach Belieben noch mit Kiwistückchen garnieren.

Nützliche Helfer
Messer, Geräte & Co.

← Schneidewerkzeuge
(Von oben): großes Sägemesser mit Wellenschliff; vielseitg einsetzbares Kochmesser; Fleischmesser; mittelgroßes Universalmesser mit und ohne Wellenschliff; Grapefruit- und Orangenmesser; Obst- und Gemüsemesser; Tournier- und Schälmesser; Allzweckschere für die vielseitige Verwendung in der Küche.

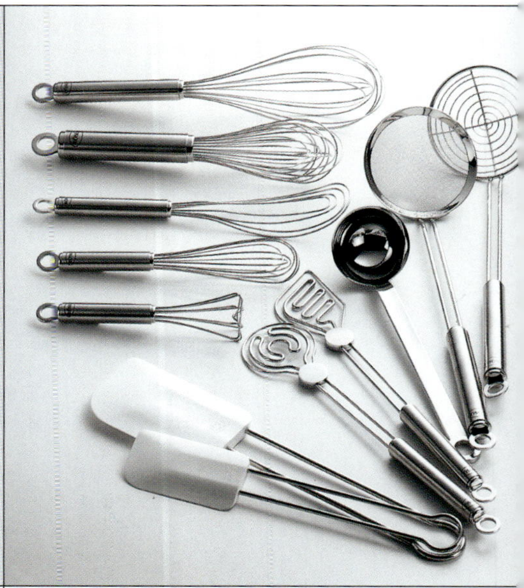

→ Vielseitige Helfer
(Von oben): stabile Feinreibe, Kronenreibe, Fleischklopfer – auch hervorragend für das Zerstoßen von Krokant geeignet; Nussknacker für große und kleine Nüsse; Kerngehäuseentferner für Äpfel und Co.; Pendelschäler mit der längs und quer angeordneter Klinge zum Schälen von Obst und Gemüse; (links davon): Kirschentsteiner für das Entsteinen von Hand.

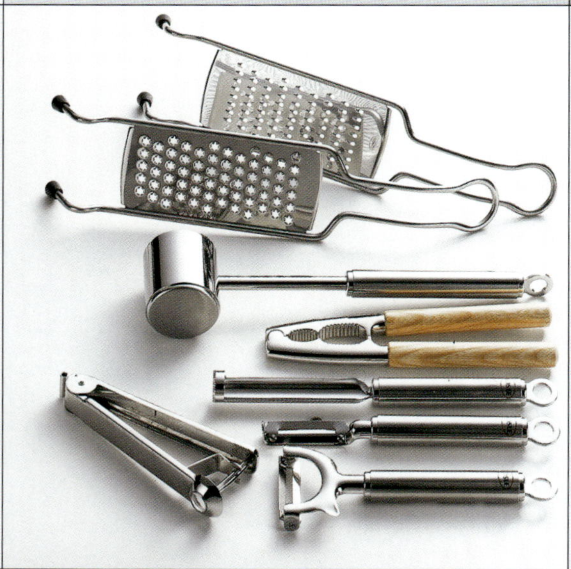

→ Zum Entsaften
(Hinten): elektrische Zitruspresse, die an eine Küchenmaschine montiert werden kann. (Vorne links): elektrischer Entsafter mit Tresterbehälter und Ablauf für den Saft. (Rechts davon): einfache Edelstahlzitruspresse für das Auspressen von Hand. (ganz rechts): elektrische Zitruspresse für das schnelle Auspressen von Zitrusfrüchten aller Art.

← Gefäße & Messbecher
Edelstahlschüsseln in verschiedenen Größen zum Rühren und Aufschlagen. Wasserbadschüssel (Mitte) mit Stellring, der in einen Topf mit Wasser gestellt werden kann, ohne den Boden zu berühren, für Sabayone und andere hitzeempfindliche Cremes; große und kleine Messbecher zum Abmessen von Flüssigkeiten. (Mitte): Tunnelform (Dachrinnenform) für Terrinen.

← Zum Rühren

(Von oben links): großer Schneebesen; Schlagbesen mit dichten Metallschlaufen zum kräftigen Aufschlagen; in der Form angepasster Tellerbesen; Becherbesen; Topfbesen zum Aufschlagen direkt im Topf – durch seine Form erreicht er auch die Ecken. (Von oben rechts): grob- und feinmaschiger Schaumlöffel, Kelle; Metallkochlöffel und Teigschaber.

← Pürieren und Passieren

(Hinten): feinmaschige Siebe in groß und mittelgroß; Standmixer zum Herstellen von Mixgetränken und zum Pürieren. (Vorne): stabiler Pürierstab zum Pürieren von Saucen und weichem Obst – auch zum Aufmixen geeignet; Stößel für das passende Sieb; »Flotte Lotte« zur Herstellung von Pasten und Saucen; Passiertuch aus Baumwolle zum Ablaufen lassen von Saft.

→ Portionieren & Dekorieren

(Von oben): Eisportionierer für das Formen von Eiskugeln, Eisschaber; Kugelaustecher in groß, mittel und klein, beispielsweise zum Austechen von Melonenkugeln; Dekoriermesser; Ziseliermesser für Zitrusfrüchte, für das gleichmäßige Ab- und Einschneiden von Zitrus-Schalenstreifen; Fadenschneider (Zestenreißer, Zesteur), ebenfalls für Zitrusfrüchte.

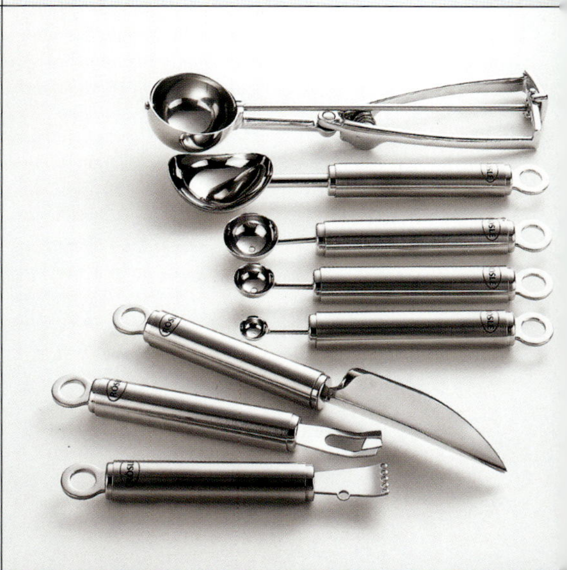

← Zum Backen

(Von oben): stabiles Wellholz aus Edelstahl zum Ausrollen von Teigen; lange und kurze Palette, etwa zum Verstreichen von Cremes; Winkelpalette für das Arbeiten in Formen; breite und schmale Backpinsel zum Einfetten von Formen und Blechen; diverse Ausstecher; Teigrädchen – glatt und gewellt – zum Ausrädeln von rohen und gebackenen Teigen.

← Spritzwerkzeuge

Zum Dekorieren und Verzieren: Spritzbeutel aus beschichteter Baumwolle in 2 Größen; »Einmal-Spritzbeutel« zum Wegwerfen nach Gebrauch. Dazu verschiedene Spritztüllen: Loch- und Sterntülle ebenfalls in groß und klein; Spritzflasche aus Kunststoff, beispielsweise zum Garnieren mit Fruchtsaucen.

Vorspeisen Snacks & Suppen

Ob knackiger Salat mit Kumquats, kühle Birnensuppe oder heiß-scharfes Paprika-Papaya-Süppchen – raffinierte Vorspeisen mit Obst sind immer eine gute Idee. Sehr delikat auch die Entenbrust mit gegrillten Feigen oder Rotbarbe mit Mango.

→ Wenn nicht anders angegeben, sind alle Rezepte für 4 Portionen berechnet.

Heiß & kalt Suppenauftakt

Kalte Birnensuppe

- *1 kg reife Birnen, 1 l Geflügelbrühe*
- *150 g Brunnenkresse*
- *Salz, frisch gemahlener Pfeffer*
- *Saft von 1 Zitrone*

Außerdem:

- *100 ml Sahne, 1 Birne (125 g)*

1. Birnen schälen, vierteln und das Kerngehäuse entfernen; die Schalen beiseite stellen. Birnenviertel mit 1/2 l Geflügelbrühe aufkochen, beiseite stellen. Birnenschalen in der restlichen Brühe 10 Minuten köcheln.

2. Brunnenkresse waschen, bis auf einige Blätter grob hacken. Die Brühe mit den Birnenschalen durch ein Sieb gießen, die Brunnenkresse einrühren und weitere 5 bis 10 Minuten köcheln.

3. Die Brühe mit der Kresse pürieren, durch ein Sieb passieren und in den Topf mit den Birnen gießen. Die Suppe nochmals pürieren, mit Salz, Pfeffer sowie Zitronensaft würzen und bis zur Verwendung kalt stellen.

4. Die Sahne leicht schlagen. Birne waschen, vierteln, vom Kerngehäuse befreien und in Spalten schneiden. Die Suppe in Teller schöpfen, mit Birnenspalten, Sahne und Kresse garnieren.

Möhrensuppe mit Clementinensaft

- *400 g Möhren, geschält*
- *150 g weiße Zwiebeln, geschält*
- *10 g Ingwerwurzel, geschält*
- *30 g Butter*
- *Salz, frisch gemahlener Pfeffer*
- *700 ml Geflügelbrühe*

Außerdem:

- *Zesten von 2 unbehandelten Clementinen*
- *1 EL Zucker*
- *300 ml frischer Clementinensaft*
- *3 EL Sahne*
- *1 Prise Cayennepfeffer*

1. Die Möhren in Scheiben schneiden. Zwiebeln und Ingwer fein würfeln. Die Butter zerlassen und die Zwiebeln darin glasig schwitzen. Möhren und Ingwer zufügen, salzen und pfeffern. Zugedeckt 5 Minuten dünsten, die Brühe zugießen, 10 Minuten köcheln.

2. In der Zwischenzeit die Clementinenzesten mit 1/8 l Wasser und Zucker 2 Minuten kochen. Auf ein Sieb schütten, abbrausen und die Zesten gut abtropfen lassen.

3. Clementinensaft zu der Brühe gießen. Alles pürieren und durch ein Sieb passieren. Erneut erhitzen, eventuell noch etwas Brühe angießen. Die Sahne einrühren, mit Cayennepfeffer würzen, mit den Clementinenzesten bestreuen und heiß servieren.

Clementinen und Möhren sind in dieser Suppe mit Sahne cremig gebunden und mit frischem Ingwer gewürzt.

Für das kalte Melonensüppchen benötigt man drei verschiedene Melonensorten. Vor dem Servieren wird es mit einem Schuss Champagner und Estragonblättchen verfeinert.

Kalte Melonen-Estragon-Suppe

850 g Ananas-Wassermelone (gelb)

350 g Honigmelone

2 EL roter Portwein

4 EL weißer Portwein

Außerdem:

350 g rote Wassermelone

1 EL Estragonblättchen

1/8 l Champagner

1. Aus der Ananas-Wassermelone 12 Kugeln ausstechen, das restliche Fruchtfleisch von der Schale lösen und klein schneiden. Honigmelone halbieren, von den Kernen befreien. 12 Kugeln ausstechen, beiseite stellen und das restliche Fruchtfleisch auslösen. Das Fruchtfleisch beider Sorten mit Portwein pürieren und passieren.

2. Aus der roten Wassermelone Kugeln ausstechen, dabei darauf achten, dass keine Kerne in den Kugeln bleiben. Alle Melonenkugeln in die Suppe einlegen und kühl stellen. Kurz vor dem Servieren Estragonblättchen zufügen, die Suppe in Teller verteilen und jeweils etwas Champagner angießen.

Scharfes Paprika-Papaya-Süppchen

450 g Papaya, nicht zu reif

60 g Möhre, 50 g Stangensellerie

insgesamt 100 g rote und grüne Paprikaschote

1 Chilischote, 80 g weiße Zwiebeln

1 Knoblauchzehe

2 EL Erdnussöl, 100 ml Weißwein

1/2 l Gemüsefond

1 Spritzer Limettensaft

Salz, frisch gemahlener Pfeffer

Außerdem:

1 rote Chilischote, 50 g Möhre

insgesamt 80 g gelbes und grünes Paprikafruchtfleisch, in Rauten

1. Papaya halbieren und die Kerne entfernen. Aus einer Hälfte Kugeln ausstechen, die andere Hälfte schälen und das Fruchtfleisch klein schneiden. Möhre schälen, Stangensellerie putzen und beides klein schneiden.

2. Beide Paprikasorten und die Chilischote von Samen und Scheidewänden befreien, das Fruchtfleisch würfeln. Zwiebeln und Knoblauch schälen, klein würfeln und in heißem Öl anschwitzen. Papaya, Möhre, Stangensellerie, Paprika und Chili kurz mitschwitzen, Wein, Fond und Limettensaft zugießen, salzen und pfeffern. 20 bis 25 Minuten köcheln, pürieren und durch ein Sieb passieren.

3. Chilifruchtfleisch in feine Ringe schneiden. Möhre schälen, mit dem Buntmesser in dünne Scheiben schneiden. Paprikarauten und Möhrenstücke in der Suppe 10 Minuten mitköcheln. Nach 5 Minuten die Papayakugeln sowie die Chiliringe zufügen, abschmecken und die Suppe heiß servieren.

Die heiße Paprika-Papaya-Suppe ist scharf und süß zugleich. Chilischoten sorgen für die feurige Note.

Salate mit Obst

Süßes zu Gebratenem

Ein fruchtig-knackiger Genuss, ob als Vorspeise oder zwischendurch. Süße Mango, aromatischer Fenchel und gebratene Rotbarbe sind eine reizvolle und ungewöhnliche Kombination. Bei diesem Salat ist auch die leichte Schärfe der grob gestoßenen roten Pfefferkörner besonders reizvoll. Ebenso raffiniert ist die zart gebratene Entenbrust mit dreierlei grünen Salaten. Dazu werden gegrillte Feigen und köstlich frittierte Auberginenchips serviert. Die Vinaigrette ist beidesmal fruchtig und süß durch den Saft von Zitrusfrüchten und Honig.

Mango mit Rotbarbe

600 g Fenchel, 1 Mango (etwa 300 g)

12 Rotbarbenfilets mit Haut, je 50 bis 60 g

Salz, frisch gemahlener Pfeffer

Saft von 1 Limette, 30 g Butter

Für die Salatsauce:

2 EL Limettensaft

1/8 l frisch gepresster Orangensaft

1 EL Blütenhonig, 2 EL Champagneressig

1 EL grob gestoßener roter Pfeffer

1 Prise Zucker, Salz

6 EL Traubenkernöl

Außerdem:

Kapuzinerkresse zum Garnieren

1. Die Fenchelknollen waschen, trocknen, den Wurzelansatz und die grünen Stängel abschneiden und, falls nötig, die harten äußeren Rippen entfer-

Köstlich als Salat: Die nur kurz gebratenen Feigen harmonieren bestens mit der würzigen Entenbrust.

nen. Die Knollen längs in 2 mm dünne Scheiben schneiden. Strunk jeweils so entfernen, dass die Scheiben gerade noch zusammenhängen. Die Mango schälen und das Fruchtfleisch vom Stein lösen und der Länge nach in Scheiben schneiden.

2. Für die Salatsauce den Limetten- und Orangensaft mit dem Blütenhonig 3 bis 4 Minuten in einer Kasserolle köcheln lassen. Vom Herd nehmen und die Mischung abkühlen lassen. Champagneressig unterrühren, grob gestoßenen roten Pfeffer, Zucker und Salz zufügen und so lange rühren, bis sich Zucker und Salz aufgelöst haben. Dann erst das Traubenkernöl unterrühren.

3. Die Rotbarbenfilets leicht mit Salz und Pfeffer würzen und mit etwas Limettensaft beträufeln. Die Butter in einer Pfanne zerlassen und die Filets darin beidseitig knusprig braun braten. Den Fisch herausnehmen und auf 4 Tellern verteilen. Die Fenchel- und Mangoscheiben dekorativ daneben anrichten, alles mit der Sauce beträufeln, mit Brunnenkresse garnieren und servieren.

Feigen mit Entenbrust

1 Entenbrust mit Haut (etwa 300 g)

Salz, frisch gemahlener Pfeffer

3 EL Erdnussöl

6 frische Feigen

1 Chicorée, etwa 1/4 Kopf Frisée-Salat

50 g Feldsalat

Für die Vinaigrette:

60 ml frisch gepresster Zitronensaft

20 g Akazienhonig

Salz, frisch gemahlener Pfeffer

4 bis 5 EL Olivenöl

Für die Auberginenchips:

150 g längliche Aubergine, 20 g Mehl

Salz, frisch gemahlener Pfeffer

Erdnussöl zum Frittieren

Außerdem:

1 EL geröstete Pinienkerne

1. Die Haut der Entenbrust mit einem scharfen Messer rautenförmig einschneiden. Die Entenbrust salzen, pfeffern und auf der Hautseite in 2 EL erhitztem Öl anbraten, bis sie leicht Farbe angenommen hat. Die Entenbrust bei 180 bis 200 °C im vorgeheizten Ofen 8 bis 10 Minuten auf der Hautseite braten, wenden und weitere 4 Minuten braten. Herausnehmen, die Entenbrust in Alufolie wickeln und 8 bis 10 Minuten ruhen lassen.

2. Feigen vorsichtig waschen und mit Küchenpapier trockentupfen. Jeweils den Stiel mit dem Messer etwas kürzen und die Früchte halbieren. In einer Grillpfanne 1 EL Öl erhitzen und die Feigen darin von jeder Seite 1 Minute braten oder die halbierten Feigen kurz auf den Grill legen.

3. Aus dem Chicorée den kegelförmigen Strunk herausschneiden. Die Blätter einzeln waschen und gut abtropfen lassen. Den Frisée-Salat in mundgerechte Stücke zupfen. Den Feldsalat verlesen, beide Salatsorten vorsichtig waschen und gut abtropfen lassen. Die Zutaten für die Vinaigrette in einer Schüssel miteinander verrühren.

4. Die Aubergine für die Chips vom Stielansatz befreien, waschen, trockentupfen und in etwa 1 mm dünne Scheiben schneiden. Mehl, Salz und Pfeffer in einem Frischhaltebeutel mischen, die Auberginenscheiben zufügen und in der Tüte mit der Mehl-Mischung schütteln, dadurch bekommen sie einen gleichmäßig dünnen Mehlüberzug. Weiterverfahren, wie in den Steps der Bildfolge rechts beschrieben *[siehe a und b]*. Die Chips auf Küchenpapier entfetten und leicht salzen.

5. Die Entenbrust quer in Scheiben schneiden und mit Feigen, Chicorée, Frisée und Feldsalat auf Tellern anrichten. Salat mit der Vinaigrette beträufeln, mit gerösteten Pinienkernen bestreuen und mit den Auberginenchips garniert servieren.

a **Auberginenchips herstellen:** Auberginenscheiben in ein Sieb geben und überschüssiges Mehl gut abschütteln.

b Das Öl in einem großen Topf erhitzen und die Auberginen darin portionsweise goldgelb frittieren.

Verführerisch Sommersalate

Hähnchensalat exotisch

2 Hähnchenbrustfilets zu je 125 g
Für die Marinade:
50 ml Orangensaft, 20 ml Limettensaft
20 ml helle Sojasauce, 30 ml Reiswein, Salz
1 rote Chilischote, in Ringen, ohne Samen
Für die Sauce:
3 EL Mayonnaise, 1 EL Orangensaft
3 EL scharfe Bananensauce
1 TL Limettensaft, Cayennepfeffer, Salz
1 rote Chilischote, ohne Samen, fein gehackt
Außerdem:
1 kleiner Kopfsalat, 120 g gewaschener Apfel
250 g Aprikosen, 8 Kumquats, 1 Banane
80 g Kokosraspel, Butterschmalz, Minze

1. Die Hähnchenfilets quer in etwa 1/2 cm dicke Scheiben schneiden. Die Zutaten für die Marinade verrühren. Hähnchenfleisch einlegen und 1 Stunde zugedeckt im Kühlschrank darin ziehen lassen.

2. Sämtliche Zutaten für die Sauce verrühren. Salat in Stücke zupfen, Apfel- und Aprikosenfruchtfleisch in Spalten schneiden. Kumquats halbieren, die Banane schälen und in Scheiben schneiden.

3. Das Hähnchenfleisch aus der Marinade nehmen, abtropfen lassen. In den Kokosraspeln wenden und in erhitztem Butterschmalz von jeder Sei-

Ein Genuss sind diese beiden Salate: Vegetarisch-frisch die Melonenkugeln mit Gurken und Tomaten (links) oder die zarte Geflügelleber mit köstlichen Himbeeren und Brunnenkresse (rechts).

te 1 bis 2 Minuten braten. Salat mit etwas Sauce beträufeln, mit den Hähnchenstreifen anrichten und mit Minze garnieren. Restliche Sauce dazureichen.

Melonen-Gurken-Salat

1 rote Chilischote, 1 Galia-Melone (500 g)

Für die Vinaigrette:

3 EL Aceto balsamico bianco, Salz, Pfeffer

1 Prise Zucker, 1 Spritzer Limettensaft

4 bis 5 EL Traubenkernöl

Außerdem:

120 g Cocktailtomaten, 120 g Salatgurke

120 g Chicoréeblätter, Brunnenkresse

1. Chilischote in feine Ringe schneiden, dabei die Samen entfernen. Zutaten für die Vinaigrette verrühren. Melonenkugeln vorbereiten *[siehe a bis c]*.

2. Tomaten vom Stielansatz befreien, quer halbieren. Gurke in feine Streifen schneiden, beides in den letzten 10 Minuten der Marinierzeit unter die Melonenkugeln mischen. Den Salat auf Chicoréeblättern anrichten, mit Brunnenkresse garnieren.

Geflügelleber-Salat

1 Romanaherz (300 g), 150 g Brunnenkresse

80 g Sojasprossen, Salz, 400 ml Geflügelfond

250 g Entenlebern, schwarzer Pfeffer

Mehl zum Bestauben, 20 g Butter

2 Zitronenthymianstängel

1 EL Himbeeressig, 125 g frische Himbeeren

Für die Vinaigrette:

4 EL Himbeeressig, Salz, Pfeffer, etwas Zucker

5 EL Olivenöl, 4 EL Traubenkernöl

1. Romanaherz in Blätter zerteilen. Die Brunnenkresse verlesen, waschen und abtropfen lassen. Die Sprossen verlesen, 1/2 Minute in Salzwasser blanchieren, abgießen, abschrecken und abtropfen lassen. Den Geflügelfond auf 100 ml reduzieren.

2. Lebern waschen, trockentupfen, pfeffern und mit Mehl bestauben. In Butter und Thymian beidseitig kurz anbraten. Mit Essig ablöschen, reduzierten Fond angießen, abschmecken. Alle Zutaten für die Vinaigrette verrühren. Lebern mit etwas Bratfond überziehen, mit dem Salat und den Himbeeren anrichten und mit der Vinaigrette beträufeln.

a **Die Melone** halbieren und mit einem Löffel die Kerne entfernen.

b **Mit dem Kugelausstecher** kleine Kugeln aus dem Fruchtfleisch lösen.

c **Vinaigrette** darüber träufeln und 30 Minuten marinieren.

Zart und frisch
Seafood-Salate

Lachs mit Nektarinen

VORBEREITUNG: Den Lachs über Nacht beizen, mindestens 12 Stunden lang.

500 g Lachsfilet mit Haut

4 gestrichene TL Salz (25 bis 30 g)

1 EL Zucker (15 g)

1 TL gelbe Senfkörner

1 TL weiße Pfefferkörner

Zesten von 2 unbehandelten Zitronen

2 EL fein geschnittene Zitronenmelisse

4 cl Aquavit

Für die Vinaigrette:

3 EL Tomaten- oder Weißweinessig

Salz, Pfeffer, 5 bis 6 EL Traubenkernöl

Außerdem:

2 Nektarinen zu je 150 g

250 g thailändischer grüner Spargel

80 g gelbe und rote Cocktailtomaten

1. Für die Beize Salz, Zucker, Senf- und Pfefferkörner im Mörser fein zerstoßen und mit Zitronenzesten und Zitronenmelisse vermischen. Die Fleischseite des Lachsfilets mit der Mischung bestreuen, mit Aquavit beträufeln. Den Fisch mit der Hautseite nach oben in eine flache Form legen, mit Folie abdecken und 12 Stunden im Kühlschrank durchziehen lassen. Nach 6 Stunden wenden.

2. Alle Zutaten für die Vinaigrette miteinander verrühren. Die Nektarinen waschen, halbieren, entsteinen und das Fruchtfleisch in dünne Spalten schneiden. Spargel etwas kürzen, al dente garen, in Eiswasser abschrecken und gut abtropfen lassen. Von den Stangen die Spitze großzügig abschneiden (etwa 10 cm lang), den Rest in 3 cm lange Stücke schneiden.

3. Cocktailtomaten waschen, von den Stielansätzen befreien und vierteln. Gebeizten Lachs mit dem Lachsmesser in dünne Scheiben schneiden. Nektarinen, Spargel, Tomaten und Lachs auf Tellern anrichten und mit der Vinaigrette beträufeln.

Oktopus mit Datteln

500 g Oktopus, grobes Salz

80 g Lauch, 50 g Stangensellerie

80 g Möhre, 50 g Zwiebel, Salz

Für die Vinaigrette:

4 EL Aceto balsamico bianco, Salz, Pfeffer

1 kleine Knoblauchzehe

1 rote Chilischote, in Ringen und ohne Samen

1 EL fein geschnittene Petersilie

6 EL Olivenöl

Außerdem:

120 g Ananasfruchtfleisch

100 g frische Datteln, 2 Limequats

40 g in Öl eingelegte, getrocknete Tomaten

Für die Parmesanhippen:

50 g frisch geriebener junger Parmesan

1 TL Mehl

1. Zunächst den Oktopus vorbereiten: Dafür die Fangarme des Kraken straff ausstrecken und den Körperbeutel unterhalb der Augen abtrennen. Die Eingeweide mit dem Tintensack aus dem Körperbeutel entfernen und die Augenpartie abtrennen. Körperbeutel und Fangarme gründlich waschen, mit grobem Salz einreiben und die Haut abziehen.

2. Lauch, Sellerie, Möhre und Zwiebel schälen oder putzen, klein schneiden und in 1 1/2 Liter gesalzenem Wasser zum Kochen bringen. Oktopusarme und -körper einlegen und 45 bis 60 Minuten bei reduzierter Hitze garen, eventuell Wasser zugießen, Oktopusstücke sollten immer damit bedeckt sein. Oktopus im Kochsud abkühlen lassen und in 1 1/2 cm große Stücke schneiden.

3. Für die Vinaigrette in einer Schüssel Essig, Salz und Pfeffer verrühren, bis sich das Salz gelöst hat. Den Knoblauch schälen und fein hacken. Knoblauch, Chiliringe und Petersilie in die Schüssel geben, Öl zugießen und alles gut miteinander verrühren. Das Ananasfruchtfleisch in etwa 1 cm große Stücke schneiden. Datteln halbieren, entkernen und längs in Streifen schneiden. Limequats in dünne Scheiben und die getrockneten Tomaten in Streifen schneiden. Alles mit den Oktopusstücken und der Vinaigrette vermischen. Den Salat 1 Stunde zugedeckt im Kühlschrank ziehen lassen und mit Salz und Pfeffer abschmecken.

4. Für die Hippen Parmesan und Mehl vermischen. In kleinen Portionen in eine beschichtete heiße Pfanne einstreuen und weiterverfahren, wie in der Bildfolge rechts beschrieben *[siehe a und b]*.

Erfrischend schmeckt der Oktopus-Salat mit Limequats und Ananas. Die Datteln geben ihm Süße.

a **Parmesanhippen formen:** Sobald der Käse etwas geschmolzen ist, vorsichtig mit einer Palette herausheben.

b Noch warm von Hand zu kleinen Blüten formen und diese nach Belieben zum Oktopussalat reichen.

→ **Einkauf:** Kraken sind in unterschiedlicher Größe erhältlich. Man benötigt hier entweder eine kleine Krake oder Stücke von einem größeren Tier. Oft sind küchenfertig vorbereitete Arme im Angebot; diese eignen sich gut – man spart die Vorbereitung des ganzen Tiers.

→ **Kochen:** Gibt man zwei Weinkorken mit in das Kochwasser des Oktopus, wird dieser deutlich zarter. Kochen sollte man ihn dann aber nur 45 Minuten.

Klein & knusprig

Gefüllt mit Obst

Garnelentäschchen auf Litchisauce

VORBEREITUNG: Die Füllung muss 2 bis 3 Stunden in der Marinade ziehen.
ERGIBT 6 Portionen

300 g rohe, geschälte Garnelen
10 g frische Ingwerwurzel
1 Knoblauchzehe
2 EL helle Sojasauce
Salz, Cayennepfeffer
2 EL Erdnussöl

Für die Sauce:

200 g frische Litchis
1 bis 2 Mandarinen für 100 ml Saft
40 g Zucker
1 Prise Salz
1/2 fein gewürfelte Chilischote
1/4 TL Speisestärke
etwa 3 Filoteigblätter zu je 75 g
40 g zerlassene Butter

Außerdem:

Muffinblech mit 6 Vertiefungen

1. Die Garnelen sehr klein würfeln. Ingwer und Knoblauch schälen, beides fein hacken. Die Garnelen, Knoblauch und Ingwer mit Sojasauce, Salz und Cayennepfeffer vermischen, zugedeckt im Kühlschrank 2 bis 3 Stunden ziehen lassen. Garnelen 2 bis 3 Minuten in Erdnussöl braten, auskühlen lassen.

2. Die Litchis für die Sauce schälen, längs halbieren und die Steine entfernen. Die Mandarinen auspressen und den Saft mit Zucker, Salz und Chiliwürfeln erhitzen. Litchis zufügen und 5 Minuten mitköcheln. 1/4 TL Speisestärke mit etwas Wasser anrühren. Die Sauce damit binden, einmal aufwallen lassen, vom Herd nehmen und lauwarm abkühlen lassen.

3. Aus den Filoteigblättern 12 Quadrate von 15 x 15 cm schneiden und auf der Arbeitsfläche ausbreiten. Je zwei Teigquadrate mit Butter bestreichen und übereinander legen. Jeweils etwas Garnelenfüllung in die Mitte setzen, die Quadrate zu Täschchen formen. Diese in die leicht gefetteten Vertiefungen des Muffinblechs setzen und im vorgeheizten Ofen bei 200 °C etwa 10 Minuten backen. Die Täschchen mit der Sauce auf Tellern anrichten.

Auf einer asiatischen Sauce aus Mandarinensaft und Litchis wird ein Täschchen aus Filoteig gereicht, köstlich gefüllt mit Garnelen.

Apfel-Krabben-Salat mit Rösti

ERGIBT 6 Portionen

150 g Äpfel (Granny Smith)
30 g Frühlingszwiebeln
80 g orange Paprikaschote
200 g ausgelöste Nordseekrabben

Mit knackigen Apfelstückchen sind die leckeren Nordseekrabben vermischt. Der Salat wird zwischen Rösti serviert.

Fruchtröllchen mit Papaya – eine köstliche Variante der bekannten Frühlingsrolle. Dazu passt gut eine süß-scharfe Chilisauce, wie sie es als Fertigprodukt im Asia-Laden zu kaufen gibt.

Für das Dressing:

4 EL Schmand

1 TL Sahnemeerrettich

grob gemahlener Pfeffer

Salz, Saft von 1/2 Limette

Für die Rösti:

300 g fest kochende Kartoffeln

Salz, frisch gemahlener Pfeffer

4 bis 5 EL Pflanzenöl

Außerdem:

6 TL Forellenkaviar

etwas Feldsalat zum Garnieren

1. Äpfel schälen, halbieren, das Kerngehäuse entfernen und das Fruchtfleisch 1/2 cm groß würfeln.

2. Frühlingszwiebeln putzen und in feine Ringe schneiden. Paprikaschote waschen, Samen und Scheidewände entfernen und klein würfeln.

3. Die Apfelwürfel, die Frühlingszwiebelringe und die Paprikawürfel in einer Schüssel mit den Nordseekrabben vermischen.

4. Schmand, Sahnemeerrettich, Pfeffer, Salz und Limettensaft verrühren. 1 EL dieses Dressings beiseite stellen, den Rest unter die Krabben rühren.

5. Kartoffeln für die Rösti schälen, in feine Stifte hobeln und mit Küchenpapier oder einem sauberen Küchentuch sorgfältig trockentupfen. Mit Salz und Pfeffer würzen. Das Öl in einer Pfanne erhitzen und nacheinander 12 kleine Rösti von 6 cm Durchmesser von beiden Seiten goldbraun braten.

6. Je einen Klecks Krabbensalat zwischen zwei Rösti geben. Etwas von dem beiseite gestellten Dressing darüber träufeln und mit 1 TL Forellenkaviar sowie mit Feldsalat garnieren.

Pikante Papaya-Fruchtröllchen

200 g Papayafruchtfleisch

40 g Frühlingszwiebeln

80 g Sojasprossen

2 EL Erdnussöl

1 Knoblauchzehe, fein gehackt

1 fein gewürfelte Chilischote

1/4 TL Speisestärke

3 EL helle Sojasauce

Salz, frisch gemahlener Pfeffer

12 Frühlingsrollenblätter (12,5 x 12,5 cm groß)

Außerdem:

1 Eiweiß, Öl zum Frittieren

süß-scharfe Chilisauce

einige Frühlingszwiebelstreifen

1. Papayafruchtfleisch 1/2 cm groß würfeln. Die Frühlingszwiebeln putzen und in feine Ringe schneiden. Sojasprossen verlesen. Das Öl im Wok erhitzen, Frühlingszwiebeln, Knoblauch und Chiliwürfel darin unter Rühren kurz braten. Die Sojasprossen 1/2 Minute mitbraten, die Papayawürfel 1 weitere Minute mitbraten. Die Speisestärke mit 1 EL heller Sojasauce anrühren, die Füllung damit binden, salzen, pfeffern und abkühlen lassen.

2. Die Frühlingsrollenblätter nebeneinander auslegen und jeweils etwas Papayafüllung in die Mitte setzen. Jeweils ein Teigende über die Füllung schlagen und die Ränder ringsum mit Eiweiß bestreichen und die Seiten links und rechts über die Füllung schlagen; alles zu Röllchen aufrollen und gut andrücken. Das Öl zum Frittieren im Wok auf 180 °C erhitzen. Die Röllchen darin 3 bis 4 Minuten ausbacken. Herausnehmen, auf Küchenpapier gut abtropfen lassen. Die Papapya-Röllchen mit Chilisauce servieren und mit einigen Frühlingszwiebelstreifen garnieren.

Guaven-Wontans mit Früchte-Relish

2 Guaven zu je 150 g, 20 g Zucker
1 Sternanis, 1/4 TL Zimtpulver
1 Limettenscheibe
Für das Früchte-Relish:
100 g Erdbeeren, 100 g Kiwi
100 g Charentais-Melone
120 g Papaya, 90 ml Zuckersirup
1/2 TL gelbe Currypaste
2 Sternanis, Saft von 1 Limette
Außerdem:
18 Wontan-Teigblätter (10 x 10 cm)
1 Eiweiß, Öl, Thai-Basilikum

1. Die Guaven schälen, vierteln, Kerne entfernen. Das Fruchtfleisch 1/2 cm groß würfeln und mit 50 ml Wasser, Zucker, Sternanis, Zimt und Limette zum Kochen bringen. Die Hitze reduzieren, kurz kochen, Guaven aber nicht zu weich garen. Sternanis und Limette entfernen, abkühlen lassen.

2. Die Früchte für das Relish waschen, falls nötig schälen, entkernen und klein würfeln. Zuckersirup, Currypaste, Sternanis und Limettensaft verrühren, Früchte untermischen und alles 20 Minuten ziehen lassen.

3. Ränder jedes Wontanblattes mit Eiweiß bestreichen, etwas Guavenfüllung in die Mitte setzen und zum Dreieck zusammenklappen. Die Enden fest zusammendrücken, die Spitzen auseinander ziehen und die Wontans in 180 °C heißem Öl goldgelb frittieren, abtropfen lassen. Mit Früchte-Relish und Thai-Basilikum anrichten.

Fisch mit Passionsfrucht-Senf-Sauce

200 g Chinakohl, 5 g Ingwerwurzel
3 Purpurgranadillas
1 TL Moutarde de Meaux
Salz, Pfeffer, 1 Prise Zucker
2 EL Olivenöl
200 g Schillerlocken
100 g Stremellachs
Außerdem:
Öl zum Frittieren
80 g Rice vermicelli (Reisnudeln)
etwas gerösteter schwarzer Sesam

1. Chinakohl putzen, waschen und in 1 cm breite Streifen schneiden. Ingwer schälen und fein würfeln. Purpurgranadillas quer halbieren, Fruchtfleisch auslösen und durch ein Sieb passieren.

2. Granadillafruchtfleisch mit Senf, Salz, Pfeffer und Zucker würzen. Öl in einer Pfanne erhitzen, Chinakohl darin unter Rühren 1 bis 2 Minuten braten. Ingwer und Granadillafruchtfleisch einrühren, 1 bis 2 Minuten köcheln lassen und abschmecken.

3. Schillerlocken in 1 cm breite Stücke schneiden, Stremellachs in 2 cm große Stücke zerpflücken. Räucherfisch unter den Chinakohl heben, erwärmen.

4. Das Öl in einem Topf auf 180 °C erhitzen, die Reisnudeln auseinander zupfen und portionsweise darin frittieren, bis sie sich aufblähen. Herausnehmen und gut abtropfen lassen. Chinakohl-Fisch-Salat mit den Reisnudeln auf Tellern anrichten und den Salat mit schwarzem Sesam bestreuen.

Roastbeef mit Senffrüchten

VORBEREITUNG: Den Teig für die Mais-Chips 1 Tag ruhen lassen.

300 g gebratenes Roastbeef
120 g Senffrüchte
Für die Mais-Chips:
70 ml Milch, 1 Ei, 1/4 TL Salz
1 Prise Zucker, 15 g weiche Butter
100 g Maismehl, 20 g Mehl
schwarzer Sesam
Außerdem:
frisch geschabter Meerrettich
Dauerbackfolie, etwas Mehl

1. Für die Mais-Chips die Milch, das Ei, Salz und Zucker mischen und mit der Butter vermengen. Maismehl und Mehl unterkneten und den Teig zugedeckt 1 Tag ruhen lassen.

2. Eine Dauerbackfolie mit Mehl bestauben, den Teig darauf hauchdünn ausrollen und mit der Folie auf ein Backblech schieben. Die Oberfläche des Teigs mit Wasser bepinseln und mit dem schwarzen Sesam bestreuen.

3. Teig nach Belieben in Rauten oder Dreiecke schneiden und im vorgeheizten Ofen bei 180 °C etwa 20 Minuten backen. Lauwarm abkühlen lassen.

4. Das Roastbeef mit einem scharfen Messer in dünne Scheiben schneiden und mit den Senffrüchten und den Mais-Chips dekorativ auf Tellern anrichten und mit Meerrettich bestreuen.

Taubenbrüstchen mit Feigensauce

6 Taubenbrüstchen (je etwa 60 g)

12 kleine Salbeiblätter, Salz

Pfeffer, 1 EL Butterschmalz

Für die Feigensauce:

200 g Feigen, 2 EL Zucker

1/8 l Rotwein, 4 cl roter Portwein

10 g kalte Butterwürfel

Salz, frisch gemahlener Pfeffer

1/4 TL eingelegter grüner Pfeffer

Für die Ingwer-Chips:

50 g Ingwerwurzel, 1 EL Zucker

30 ml Milch, Öl zum Frittieren

1. Unter die Haut jeder Taubenbrust 2 kleine Salbeiblätter schieben; Taubenbrust salzen, pfeffern, kühl stellen.

2. Feigen für die Sauce schälen, klein schneiden. Zucker in einer Kasserolle schmelzen, Rotwein und Portwein zugießen, etwas einkochen lassen. Die Feigen einrühren und dicklich einköcheln. Alles fein pürieren und durch ein Sieb passieren. Butterwürfel unterschlagen, salzen, pfeffern und den grünen Pfeffer unterrühren.

3. Taubenbrüste in Butterschmalz anbraten und im vorgeheizten Ofen 6 Minuten bei 180 °C garen. Den Ingwer schälen und fein hobeln. Mit Zucker, Milch und 30 ml Wasser 2 Minuten köcheln lassen. Herausnehmen, abtropfen lassen, abtupfen und die Ingwerscheiben in 180 °C heißem Öl frittieren. Die Taubenbrüste in Scheiben schneiden, mit den Ingwer-Chips und der Feigensauce servieren.

Leberspieße auf Bananen-Chutney

Für das Chutney:

30 g kandierter Ingwer

1/2 TL Tamarindenpaste

je 100 g rote und grüne Paprikaschote, klein gewürfelt

2 Chilischoten, 75 ml Limettensaft

Limettenzesten, 50 g gelbe Rosinen

150 g brauner Zucker

1 TL gemahlener Koriander

1/2 TL Salz, gemahlener Pfeffer

800 g Bananen (480 g Fruchtfleisch)

Für die Leberspieße:

12 kurze Rosmarinzweige

12 dünne Scheiben Lammleber

etwas Mehl, 2 EL Olivenöl

2 angedrückte Knoblauchzehen

1. Ingwer fein würfeln. Tamarindenpaste mit 150 ml Wasser anrühren. Paprika und Chili mit Limettensaft, Zesten, Rosinen, Zucker, Koriander, Salz und Pfeffer 10 Minuten köcheln. Bananen schälen, in 1 cm dicke Scheiben schneiden, 5 bis 8 Minuten mitköcheln; abschmecken und abkühlen lassen.

2. Nadeln von den Rosmarinzweigen streifen. Je 1 Scheibe Leber gewellt auf einen Zweig stecken, mit Mehl bestauben. Öl erhitzen, Knoblauch und 1 EL Rosmarinnadeln darin anbraten. Spieße von jeder Seite 1 Minute mitbraten, würzen und mit Knoblauch, Rosmarinnadeln und dem Chutney anrichten.

Birnensalat mit Gänsebrust

180 g Zuckerschoten, Salz

150 g Birnen

120 g geräucherte Gänsebrust

200 g fest kochende Kartoffeln

1 EL Erdnussöl, Pfeffer

Für die Sauce:

80 g Crème fraîche, Salz, Pfeffer

1 Spritzer Limettensaft

1 cl Williams-Christ-Schnaps

Außerdem:

Melisse zum Garnieren

1. Die Zuckerschoten putzen und in kochendem Salzwasser bissfest garen, in Eiswasser abschrecken und abtropfen lassen. 150 g Zuckerschoten längs in feine Streifen schneiden, die restlichen in Rauten mit 1 1/2 cm Kantenlänge schneiden.

2. Die Birnen schälen, in Viertel teilen und das Kerngehäuse entfernen. Birnenfruchtfleisch in dünne Streifen schneiden oder hobeln.

3. Für die Sauce die Crème fraîche mit Salz, Pfeffer, Limettensaft und dem Williams glatt rühren.

4. Die Gänsebrust in dünne Scheiben schneiden. Die Kartoffeln schälen und 1/2 cm groß würfeln. Das Öl in einer Pfanne erhitzen und die Kartoffeln darin knusprig braten, salzen und pfeffern. Zuckerschoten- und Birnenstreifen mit der Gänsebrust, den Kartoffeln und Zuckerschotenrauten anrichten. Alles mit der Sauce beträufeln und mit etwas Melisse garnieren.

Appetit anregen mit Obst
Carpaccio, Käse & Chili

Rindercarpaccio lässt sich gut marinieren und auch fantasievoll mit Obst kombinieren.

Carpaccio vom Rind mit fruchtiger Salsa

Für die Salsa:

50 g Erdbeeren, 100 g Birne

100 g Charentais-Melone, 100 g Papaya

1 rote Chilischote

1 TL Blütenhonig, 2 EL Aceto balsamico rosso

1 Spritzer Limettensaft

Salz, Pfeffer, 20 g fein gewürfelte Schalotte

je 50 g fein gewürfelte gelbe und grüne Paprikaschote

Für das Carpaccio:

400 g pariertes Rinderfilet

Olivenöl, Salz, frisch gemahlener Pfeffer

1 Handvoll Brunnenkresse

30 g frisch gehobelter Parmesan

1. Für die Salsa die Früchte putzen oder schälen, das Kerngehäuse oder die Kerne entfernen. Das gesamte Fruchtfleich fein würfeln. Die Chilischote von Stielansatz und Samen befreien und das Fruchtfleisch in feine Ringe schneiden. Den Honig mit dem Essig und dem Limettensaft in einer Schüssel verrühren. Salz, Pfeffer und Schalotte unterrühren. Die Chiliringe, die Fruchtwürfel sowie die Paprikawürfel in die Schüssel mit der Marinade füllen. Alles vorsichtig miteinander vermischen, 30 Minuten ziehen lassen und abschmecken.

2. Das Filet in etwa 1/2 cm dicke Scheiben schneiden. Mit dem Plattiereisen klopfen *[siehe Step links]*. Vier Teller dünn mit Olivenöl bestreichen, mit Salz und Pfeffer bestreuen und das Fleisch darauf anrichten. Nach Belieben würzen. Mit der Salsa, Kresse und gehobeltem Parmesan servieren.

Filettranchen zwischen geölter Folie mit dem Plattiereisen hauchdünn klopfen.

Bunter Exoten-Mix aus der Pfanne

40 g Butter

400 g gemischte Früchte je nach Angebot (etwa Kiwi, Karambole, Mango) in Stücken

30 g Puderzucker

Saft von 2 Limetten

Saft von 1 Orange

1/2 grüne Chilischote

1/2 rote Chilischote

1 EL Honig

1. Die Butter in einer entsprechend großen Pfanne zerlassen und die zerkleinerten Früchte (Stücke oder Scheiben) einlegen. Mit dem Puderzucker besieben und die Früchte kurz garen, dabei die Pfanne leicht rütteln. Den Limetten- und Orangensaft zugießen und alles 2 bis 3 Minuten köcheln lassen.

Köstliche Mischung: Mit Früchten und der Schärfe von Chili lässt sich eine große Geschmacksfülle erzielen.

2. Inzwischen die Chilischoten vom Stielansatz, Scheidewänden und Samen befreien und in feine Streifen schneiden. Den Honig über die Früchte in der Pfanne träufeln, die Chilistreifen darüber streuen und die Früchte vorsichtig wenden. Vom Herd nehmen und sofort servieren. Im Sommer schmeckt der Fruchtmix auch lauwarm sehr gut.

Ziegenkäse auf Rucola und Birnenscheiben

VORBEREITUNG: Ziegenkäse und Frühlingszwiebeln müssen 6 bis 8 Stunden marinieren.

Für die Marinade:
3 EL Weißwein, 2 EL Zitronensaft
Salz, grob zerstoßene bunte Pfefferkörner
1 EL Trüffelöl
2 EL Traubenkernöl
30 g Frühlingszwiebeln
Für den Salat:
2 Birnen, Zitronensaft, 100 g Rucola
4 Ziegenfrischkäse je 40 g (etwa Picandou)

1. Für die Marinade den Weißwein mit dem Zitronensaft, Salz und Pfeffer in einer Schüssel verrühren. Beide Ölsorten einrühren. Die Frühlingszwiebeln putzen und schräg in dünne Ringe schneiden. Die Ziegenkäse und Frühlingszwiebeln in die Marinade einlegen, mit der Marinade beschöpfen und die Ziegenkäse 6 bis 8 Stunden im Kühlschrank durchziehen lassen.

2. Birnen waschen, längs halbieren und das Kerngehäuse mit einem Kugelausstecher ausstechen. Die Birnenhälften der Länge nach in dünne Scheiben schneiden, diese mit Zitronensaft beträufeln und 20 Minuten ziehen lassen. Rucola von den groben Stielen befreien, waschen, gut abtropfen lassen und mit den Birnen auf Tellern anrichten. Den Käse darauf setzen, mit Marinade beträufeln und mit Frühlingzwiebeln und Pfeffer garnieren.

Birnen *mildern durch ihre natürliche Süße den kräftigen Geschmack von Rucola und Ziegenkäse. Trotzdem sollte der Käse für den Salat sehr jung sein.*

Kochen mit Obst

Innovativ kochen – mit Obst als Beigabe zu warmen Gerichten kein Problem. Neben interessanten Reisgerichten wie Erdbeerrisotto oder fruchtiger Paella stehen vegetarische Curries, Perlhuhnragout mit Aprikosen oder Ananaspute zur Auswahl.

→ Wenn nicht anders angegeben, sind alle Rezepte für 4 Portionen berechnet.

Vegetarische Curries mit allerlei Früchten

Fein-würziges Früchtecurry

300 g Pflaumen, 400 g Äpfel, 80 g Kumquats
200 g Kürbisfleisch, 1 1/2 cm groß gewürfelt
Für die Sauce:
2 EL Erdnussöl, 1/4 TL Kreuzkümmelsamen
1/4 TL Koriandersamen
10 schwarze Pfefferkörner, 1/4 TL Chilipulver
1/4 TL edelsüßes Paprikapulver
1 TL gemahlene Kurkuma, Salz
300 ml Kokosmilch, 5 g fein gehackter Ingwer
Saft von 1/2 Kaffir-Limette
2 Kaffir-Limettenblätter, 1 Lorbeerblatt

1. Pflaumen waschen, halbieren, entsteinen und die Hälften in Spalten schneiden. Äpfel schälen, vierteln, Kerngehäuse entfernen und die Viertel in Spalten schneiden. Kumquats quer halbieren.

2. Das Öl im Wok erhitzen und Kreuzkümmel, Koriander sowie Pfeffer darin ganz kurz braten. Chili-, Paprika- und Kurkumapulver sowie Salz einrühren. Kokosmilch angießen. Ingwer, Limettensaft und -blätter sowie das Lorbeerblatt 5 Minuten mitköcheln. Kürbis weitere 8 bis 10 Minuten mitköcheln, die Äpfel und Kumquats 2 Minuten mitgaren. Die Pflaumen noch 1 Minute mitgaren, abschmecken und mit Basmatireis servieren.

Curry – das mehr oder weniger saucenreiche Schmorgericht, dessen Wurzeln in Indien liegen, wird traditionell, je nach Region, mal feurig scharf, mal milder zubereitet – meist mit Seafood, Fleisch, Geflügel oder Gemüse. Aber auch aus Früchten gekocht, schmeckt es ganz wunderbar. Mit Koriander, Chili, Ingwer & Co. entstehen verschiedene, herrlich aromatische Fruchtcurries mit ganz eigenem Charakter.

Mango-Ananas-Curry mit roten Linsen

100 g weiße Zwiebeln, 50 g Stangensellerie
50 g Möhre, 1 grüne Chilischote
500 g feste Mango, 350 g Ananasfruchtfleisch
Saft von 1/2 Limette, 2 EL Erdnussöl

80 g rote Linsen

1 EL mildes Madrascurrypulver

je 1/2 TL gemahlener Ingwer und Piment

etwa 200 ml Gemüsefond, 100 ml Kokosmilch

Salz, 40 g frisch geriebenes Kokosnussfleisch

1. Zwiebeln, Sellerie und Möhre schälen oder putzen. Zwiebeln und Möhre klein würfeln. Sellerie in dünne Scheiben schneiden. Chilischote in feine Ringe schneiden, dabei die Samen entfernen.

2. Mango schälen, vom Stein befreien und etwa 1 1/2 cm groß würfeln. Das Ananasfruchtfleisch gleichfalls würfeln. Die Ananas- und Mangowürfel mit Limettensaft beträufeln, vorsichtig vermischen und 30 Minuten ziehen lassen.

3. Öl im Wok erhitzen, Gemüse und Chili darin 2 bis 3 Minuten braten. Linsen in einem Sieb kalt abbrausen und gut abtropfen lassen. Currypulver, Ingwer und Piment unter das Gemüse rühren, 1 bis 2 Minuten mitbraten. Den Fond zugießen und die Linsen darin 10 Minuten köcheln. Kokosmilch einrühren und salzen. Die Ananas- und Mangowürfel 5 Minuten mitköcheln, eventuell noch etwas Fond angießen, abschmecken. Das Mango-Ananas-Curry mit Kokosraspeln bestreut servieren.

Curry aus zweierlei Melonen

700 g Charentais-Melone

700 g Galiamelone, 1 kleine rote Chilischote

je 1/4 TL gemahlenes Kurkuma und Koriander

1/2 Knoblauchzehe, fein gehackt

5 g fein gehacktes Zitronengras, Salz

2 EL Erdnussöl, 1/4 TL Kreuzkümmelsamen

1 Prise Zucker, 2 bis 3 TL Kaffir-Limettensaft

Saft von 2 Orangen, 1 Granatapfel

1. Melonen halbieren, Kerne sowie Schale entfernen und das Fruchtfleisch in 3 bis 4 cm große Stücke schneiden. 100 g Fruchtfleisch im Mixer sehr fein pürieren. Chilischote halbieren, Samen und Scheidewände entfernen, das Fruchtfleisch fein hacken. Mit Kurkuma, Koriander, Knoblauch, Zitronengras und Salz mischen. 150 g Melonenfleisch zur Saftgewinnung fein pürieren, durch ein Sieb passieren und den Saft dabei auffangen.

2. Öl im Wok erhitzen, den Kreuzkümmel darin anbraten. Das Melonenpüree unterrühren. Zucker, Limetten- und Orangensaft 2 bis 3 Minuten mitköcheln. Aus dem Granatapfel am Kelchansatz ein keilförmiges Stück ausschneiden und die Frucht mit etwas Druck auseinander brechen, dabei die saftigen Fruchtkerne auffangen. Diese mit Melonenstücken- und saft 3 bis 4 Minuten im Wok ziehen lassen. Vorsichtig wenden und servieren.

Indisch | *Zum Melonencurry passen dünne knusprige Papadams sehr gut – egal ob im Fett ausgebacken oder »trocken«.*

Pilaw, Risotto & Co. mit roten Früchten

Kirschpilaw

300 g Langkornreis

30 g weiße Zwiebel, 20 g Butter

600 ml Gemüsefond, Salz

1/2 TL Fenchelsamen

200 g Sauerkirschen

20 g zerlassene Butter

Pfefferminzblättchen zum Garnieren

1. Reis unter fließendem kaltem Wasser gründlich waschen und gut abtropfen lassen. Zwiebel schälen und klein würfeln. Die Butter zerlassen und die Zwiebelwürfel darin glasig schwitzen. Gemüsefond zugießen, aufkochen, den Reis zuschütten und salzen. Fenchelsamen einstreuen und den Reis zugedeckt 20 Minuten köcheln lassen.

2. Die Kirschen waschen, entsteinen und in den letzten 10 Minuten unter den Reis rühren. Topf vom Herd nehmen, 2 Lagen Küchenpapier zwischen Topf und Deckel klemmen und den Reis 10 Minuten ausdampfen lassen.

3. Reis mit einer Gabel auflockern, zerlassene Butter einrühren. Mit Pfefferminzblättchen garniert servieren. Den Pilaw entweder solo oder zu gegrilltem Geflügel oder Fleisch reichen.

Orientalisch *gewürzt wird der Pilaw mit Fenchel und Pfefferminze, was die fruchtige Note noch betont.*

Ziegenkäse mit Cranberrykompott

Für das Kompott:

250 g Cranberries

1/2 unbehandelte Orange

100 g brauner Zucker

1 EL Zitronensaft

40 ml Rotwein

1 Messerspitze gemahlener Zimt

1/4 TL Senfpulver

1 Messerspitze gemahlener Ingwer

Für den Ziegenkäse:

8 Ziegenfrischkäse, etwa Picandou (je etwa 40 g)

Salz, frisch gemahlener Pfeffer

1 bis 2 EL Aceto balsamico bianco

8 Reisblätter (15 cm Ø)

8 kleine Salbeiblätter

Außerdem:

1 verquirltes Eiweiß

Butterschmalz zum Braten

1. Für das Kompott Cranberries verlesen, waschen und gut abtropfen lassen. Schale der Orange abreiben, die Frucht auspressen. Cranberries in einem Topf mit Zucker und Zitronensaft unter Rühren aufkochen und 10 bis 15 Minuten köcheln. Rotwein, Orangensaft- und schale, Zimt, Senf- und Ingwerpulver sorgfältig unterrühren. Nochmals 5 bis 10 Minuten köcheln und lauwarm abkühlen.

2. Ziegenkäse leicht salzen und pfeffern und mit Essig beträufeln. 10 Minuten ziehen lassen. Reisblätter einzeln in kaltem Wasser einweichen und auf einem trockenen Küchentuch auslegen. In die Mitte je 1 Ziegenkäse setzen und je 1 Salbeiblatt darauf legen. Die Ränder des Blattes mit Eiweiß bestreichen und zu einem Päckchen einschlagen. Butterschmalz in einer Pfanne erhitzen, Ziegenkäsepäckchen von jeder Seite darin 1 bis 2 Minuten braten. Je 2 Käse und etwas Kompott auf Tellern anrichten, sofort servieren.

Erdbeer-Risotto

40 g Schalotten, geschält

250 g Erdbeeren, 20 g Butter

250 g Risotto-Reis, etwa Originario

150 ml Weißwein

400 ml erhitzter Gemüsefond

Salz, gemahlener schwarzer Pfeffer

20 g frisch geriebener Parmesan

Außerdem:

20 g Butter, gehobelter Parmesan

einige Erdbeeren zum Garnieren

1. Schalotten klein würfeln. Erdbeeren waschen, putzen und klein würfeln. Butter zerlassen und die Schalotten darin farblos schwitzen. Reis auf einmal zuschütten und unter Rühren glasig schwitzen. Mit Weißwein ablöschen, weiterrühren, bis der Wein weitgehend absorbiert ist. Die Hälfte der Erdbeerwürfel einrühren. Fond nach und nach zugießen, jeweils nur so viel, dass der Reis gerade bedeckt ist. Unter Rühren 15 Minuten garen.

2. In den letzten 2 bis 3 Minuten die restlichen Erdbeerwürfel einrühren, salzen, pfeffern, Parmesan und Butter untermischen. Mit Erdbeeren und gehobeltem Parmesan garniert servieren.

→ **Pilaw**

Das von Osteuropa bis Vorderasien verbreitete Reisgericht lässt sich nach zwei Methoden zubereiten. Das eine Mal brät man den Reis im erhitzten Fett an, gießt Flüssigkeit zu und lässt den Reis bei reduzierter Hitze 20 bis 25 Minuten garen. Bei der anderen Methode wird der gewaschene Reis direkt in die Flüssigkeit geschüttet und ohne Rühren gegart. Doch so oder so, am Ende stellt man den Reis vom Herd, klemmt 2 Lagen Küchenpapier oder ein Tuch zwischen Topf und Deckel und lässt ihn 5 bis 10 Minuten ausdampfen. So gerät der Reis schön locker und körnig.

→ **Risotto**

Das berühmteste Reisgericht Italiens lässt sich nur mit speziellem Rundkornreis herstellen. Beliebte Sorten sind: Arborio, Vialone nano, Originario und Carnaroli. In erster Linie ist der hohe Stärkegehalt wichtig. Durch das Rühren während des Garens wird die Reisstärke nämlich zum Bindemittel und sorgt so für die typische Sämigkeit.

Raffiniert & fruchtig
Quiche, Waffeln, Gnocchi

Artischocken-Eberesche-Quiche

200 g Mehl, 100 g Butter, 1/2 TL Salz, 1 Eigelb
Quicheform (Ø 22 cm), Pergamentpapier und Hülsenfrüchte zum Blindbacken
Für die Füllung:
200 g Artischockenböden (Dose)
Salz, Pfeffer, je 60 ml Milch und Sahne
2 Eigelbe, 200 g Artischockenherzen (Dose)
80 g Ebereschenbeeren, 50 g Gorgonzola

1. Aus den angegebenen Teig-Zutaten und 1 EL kaltem Wasser rasch einen Mürbeteig kneten. In Folie wickeln und 1 Stunde kühl ruhen lassen.

2. Teig auf einer bemehlten Arbeitsfläche etwa 5 mm dick ausrollen, die Form damit auslegen. Die überstehenden Ränder abschneiden, mit einem Stück Teigrest den Rand leicht andrücken und den Boden mit einer Gabel einstechen. Pergamentpapier in der Größe der Form einlegen und die Hülsenfrüchte darauf verteilen. Den Boden bei 200 °C im vorgeheizten Ofen etwa 15 Minuten blindbacken. Herausnehmen, Pergamentpapier samt Hülsenfrüchten entfernen und den Mürbeteigboden leicht auskühlen lassen.

3. Für die Füllung zunächst eine Royale herstellen: Abgetropfte Artischockenböden fein pürieren, durch ein Sieb streichen und in einer Schüssel mit Salz, Pfeffer, Milch, Sahne und Eigelben sorgfältig vermischen. Die Artischockenherzen gut abtropfen lassen und vierteln. Ebereschenbeeren waschen und gut abtropfen lassen. Beeren und Artischockenherzen auf dem Mürbeteigboden verteilen und mit der Royale übergießen. Bei 190 °C im vorgeheizten Ofen etwa 45 Minuten backen. Gorgonzola würfeln. Nach 35 Minuten Backzeit die Käsewürfel auf der Quiche verteilen und diese fertig backen. Lauwarm schmeckt die Quiche am besten. Dazu passt ein kühler Weißwein oder auch Bier.

Gewürzwaffeln

Für die Waffeln:
1/8 l Milch, 3 Eier, 50 g Zucker
20 g Akazienhonig, 185 g Mehl
75 g flüssige Butter, 1/4 TL Salz
je 1 Messerspitze gemahlener Sternanis, Koriander, Piment, Nelken und Cayennepfeffer
je 1/4 TL gemahlener Zimt und schwarzer Pfeffer
1 Prise geriebene Muskatnuss
Öl zum Einfetten, Hörnchenwaffelautomat
Für die Füllung:
400 g Papaya, 1 rote Chilischote, geputzt
5 g Zitronengras, 30 g Frühlingszwiebeln
100 g Shiitake-Pilze, 80 g Sojasprossen
80 g Cocktailtomaten, 2 EL Erdnussöl
30 g Erdnusskerne, 4 EL helle Sojasauce
1 EL vegetarische Austernsauce
100 ml Gemüsefond
Salz, Pfeffer, 1 Spritzer Limettensaft

1. Zutaten für den Teig in der angegebenen Reihenfolge sorgfältig miteinander verrühren. Für die Füllung das Fruchtfleisch der Papaya 1 cm groß würfeln. Chilifruchtfleisch klein schneiden. Zitronengras fein hacken. Frühlingszwiebeln putzen und in feine Ringe schneiden. Shiitake-Pilze putzen, Stiele etwas kürzen und die Pilze halbieren oder vierteln. Sprossen waschen, abtropfen lassen. Tomaten vom Stielansatz befreien und halbieren.

2. Waffelautomat einölen und nacheinander aus je 2 EL Teig in 2 bis 3 Minuten 12 knusprige Waffeln backen, herausnehmen und sofort zu Tüten formen. Das Öl im Wok erhitzen, Chili, Zitronengras und Frühlingszwiebeln darin kurz braten. Shiitake und Papaya 2 bis 3 Minuten mitbraten. Sojasprossen, Tomaten und Erdnüsse 1 weitere Minute mitbraten. Sojasauce, Austernsauce und Gemüsefond angießen und aufkochen lassen. Abschmecken, die Mischung in die Waffeln füllen. Je 3 Tüten auf einem Teller anrichten und servieren.

Gnocchi mit Trauben

Für das Traubenragout:
30 g Schalotten, 20 g Butter
500 g helle und blaue, kernlose Trauben
Zesten von 1/2 unbehandelten Zitrone
150 ml weißer Traubensaft, 100 ml Weißwein
1 Prise Salz, Pfeffer, 1/4 TL Speisestärke
Zitronenmelisseblättchen zum Garnieren

1. Schalotten schälen und fein würfeln. Die Butter zerlassen und Schalotten darin glasig anschwitzen. Trauben putzen, waschen, je nach Größe ganz lassen oder halbieren. Zusammen mit den Zitronenzesten kurz mitschwitzen. Saft und Wein angießen, aufkochen und mit Salz sowie Pfeffer abschmecken. Stärke mit kaltem Wasser anrühren und das Traubenragout damit binden. Zu Gnocchi *[siehe rechts]* und mit Melisse garniert servieren.

→ **Gnocchi:** 600 g mehlig kochende Kartoffeln in Alufolie wickeln und bei 200 °C im vorgeheizten Ofen 1 Stunde backen, dann pellen. 100 g Mehl aufhäufen, eine Mulde eindrücken, 1 Eigelb, 40 g geriebenen Parmesan und Salz hineingeben. Heiße Kartoffeln durch die Kartoffelpresse kranzförmig auf den Mehlrand drücken und alles rasch zu einem glatten Teig verkneten. 10 bis 15 Minuten ruhen lassen. Zu Rollen formen, mit Mehl bestauben und daraus etwa 1 cm lange Gnocchi formen. Nach Belieben über eine Raspel oder Gabel rollen. Portionsweise in kochendes Salzwasser einlegen, Hitze reduzieren und die Gnocchi gar ziehen lassen. Herausnehmen, abtropfen lassen.

Seafood & Südfrüchte mit Reis, Teigmantel, Pasta

Fruchtige Muschelpaella

1,5 kg Miesmuscheln, gewaschen
1 geschälte Knoblauchzehe
80 g Stangensellerie, 3 EL Olivenöl
je 80 g weiße Zwiebeln und Möhren, geschält und gewürfelt
350 g spanischer Rundkornreis
1/8 l trockener Weißwein
Salz, frisch gemahlener Pfeffer
1 Döschen Safranpulver
1/2 l heißer Fischfond
250 g Tomaten, klein gewürfelt
16 Litchis, geschält
Fruchtfleisch von 1 rosa Grapefruit, filetiert
1 TL fein gehackte Petersilie

1. Von den Muscheln mit den Fingern den Bart abziehen und geöffnete, verdorbene Exemplare wegwerfen. Knoblauch in kleine Würfel schneiden. Stangensellerie putzen und in dünne Scheiben schneiden. Muscheln kochen, bis sie sich öffnen und gut abtropfen lassen. Noch geschlossene Exemplare vorsichtshalber wegwerfen. Die Muscheln – bis auf 4 Stück für die Garnitur – aus der Schale lösen.

2. Öl in einer Paellapfanne erhitzen, Zwiebel-, Knoblauch-, Möhrenwürfel und Sellerie darin anschwitzen. Den Reis einige Minuten mitschwitzen. Wein angießen und mit Salz, Pfeffer und Safran würzen. Den erhitzten Fond zugießen und alles 10 Minuten garen. Muschelfleisch und Tomaten 5 Minuten mitgaren, dabei ab und zu an der Pfanne rütteln. Eventuell noch Fond angießen. Die Paella bei 180 °C im Ofen weitere 15 bis 20 Minuten garen, bis die Flüssigkeit aufgesogen ist.

3. Litchis halbieren und den Stein entfernen. Zusammen mit den Grapefruitfilets in den letzten 5 Garminuten zum Reis geben. Paella auf Tellern anrichten, mit Muscheln garnieren und mit Petersilie bestreut servieren.

Die berühmte spanische Reispfanne ist außerordentlich variabel: hier eine fruchtige Abwandlung der beliebten Paella mit Meeresfrüchten.

Garnelen im Safranteig

24 mittelgroße rohe Garnelenschwänze
Zitronensaft, Salz, Pfeffer
Für die Mayonnaise:
330 g Ananasfruchtfleisch
10 g Zucker, 1 Ei, Salz
frisch gemahlener weißer Pfeffer
1 Spritzer Limettensaft
175 ml Maiskeimöl
50 g rote Paprikaschote, geputzt
1/2 roten Chilischote, geputzt
Für den Safranteig:

Appetitlich gelb: Garnelen im knackigen Safranteig eignen sich besonders zum Dippen in fruchtige Mayonnaise.

Für Gourmets: Zarter Orangengeschmack, der direkt in den Nudelteig eingearbeitet wird, harmoniert geschmacklich hervorragend mit edlen Kaisergranaten, besser bekannt als »Scampi«.

150 ml Weißwein

1 EL Maiskeimöl, Salz

1 Prise Zucker

2 bis 3 Messerspitzen Safranpulver

1 Eigelb, 130 g Mehl, 1 Eiweiß

Außerdem:

1 l Öl, 150 g Ananasfruchtfleisch

Ananassalbei zum Garnieren

1. Garnelen bis auf das letzte Segment schälen, den Darm entfernen, die Garnelen mit Zitronensaft beträufeln und salzen sowie pfeffern.

2. Für die Mayonnaise 250 g Ananasfruchtfleisch zerkleinern, sehr fein pürieren, durch ein Sieb passieren. Mit dem Zucker auf etwa 80 ml einkochen, abkühlen lassen.

3. Das Ei im Mixer auf niedrigster Stufe mit 1/2 TL Salz, Pfeffer und Limettensaft verrühren. Bei laufendem Mixer das Öl in dünnem Strahl einrühren. In eine Schüssel umfüllen. 80 g Ananas- und Paprikafruchtfleisch klein würfeln; Chili fein hacken. Ananas-, Paprika- und Chiliwürfel sowie das Ananaspüree in die Mayonaise einrühren, abschmecken und kalt stellen.

4. Für den Teig den Wein mit dem Öl, Salz, Zucker, Safran und Eigelb verrühren. Mehl hineinsieben, zu einem glatten Teig rühren und 30 Minuten kühl ruhen lassen. Eiweiß steif schlagen, unter den Teig heben.

5. Das Öl auf 180 °C erhitzen, Garnelen leicht in Mehl wenden und durch den Teig ziehen. Ananasfleisch 2 cm groß würfeln, ebenfalls durch den Teig ziehen und beides goldbraun ausbacken. Gebackene Garnelen und Ananasstücke mit der Mayonnaise anrichten. Mit Ananassalbei garnieren.

Kaisergranate mit Orangen-Nudeln

Für die Orangen-Nudeln:

abgeriebene Schale und Filets von 1 unbehandelten Orange

Saft von 2 Orangen, 4 Eigelbe

1 Ei, 1 Prise Salz, 2 EL Olivenöl

1 TL fein geschnittener Estragon

100 g Weizenmehl, Type 550

200 g Weizenmehl, Type 405

Für die Sauce:

1 1/2 TL Butter

15 g frischer Ingwer, fein gehackt

je 60 g Schalotten, Möhre, Stangensellerie, geputzt und gewürfelt

Salz, frisch gemahlener Pfeffer

3/8 l frischer Orangensaft

180 ml Fischfond, 3 EL kalte Butter

Für die Kaisergranate:

12 Kaisergranate, Salz, Pfeffer

5 EL Olivenöl, 1 Thymianzweig

1/2 Knoblauchzehe, gehackt

1. Für die Nudeln Orangenschale und -saft auf 3 EL einkochen. Mit den übrigen Zutaten zu einem Nudelteig kneten, zur Kugel formen und in Folie gewickelt etwa 1 Stunde ruhen lassen.

2. Für die Sauce die Butter zerlassen, Ingwer darin anschwitzen. Gemüsewürfel kurz mitschwitzen, salzen und pfeffern. Orangensaft angießen, auf die Hälfte reduzieren. Fischfond zugießen und erneut auf die Hälfte einkochen. Kalte Butter einrühren und die Orangenfilets einlegen.

3. Nudelteig zu Tagliatelle verarbeiten. Kaisergranatschwänze vom Kopfteil abdrehen, mit einem Messer längs halbieren, Darm entfernen, salzen und pfeffern. Die Nudeln al dente kochen, abtropfen lassen. Öl erhitzen, Kaisergranathälften auf der Fleischseite 1 Minute braten, wenden und noch 2 Minuten braten. Thymian und Knoblauch 1 Minute mitbraten. Scampi mit Tagliatelle und der Sauce anrichten.

Delikater Fisch mit Fruchtaroma verfeinert

Knurrhahn mit Aprikosen

8 Knurrhahnfilets mit Haut, je 60 bis 80 g

Salz, Pfeffer, 30 g Butter

Für die Linsenmischung:

250 g gelbe Linsen

50 g weiße Zwiebel

100 g rotes Paprikafruchtfleisch

150 g Tomaten

2 EL Sonnenblumenöl

je 30 g Lauch, Stangensellerie und Möhre, alles klein gewürfelt

etwa 300 ml Fischfond

Salz, frisch gemahlener Pfeffer

120 g getrocknete Aprikosen

1 EL gehackte Petersilie

Außerdem:

Pergamentpapier, zerlassene Butter

24 Scheiben geräucherter Speck

Mit Speck | In der mit Speck ausgelegten Hülle kann sich das Aroma von Knurrhahn, Gemüse und Aprikosen besonders gut entfalten.

1. Die Fischfilets salzen, pfeffern und kühl stellen. Linsen waschen und gut abtropfen lassen. Zwiebel schälen und fein würfeln. Paprikafruchtfleisch in 1/2 cm große Würfel schneiden. Die Tomaten häuten, von Stielansatz und Samen befreien und klein würfeln. Öl erhitzen, Zwiebel, Lauch, Sellerie, Möhre, Paprika und Tomaten darin anschwitzen. Linsen und Fischfond zufügen, aufkochen, salzen, pfeffern. 15 bis 20 Minuten köcheln lassen. Aprikosen in kleine Würfel schneiden, in den letzten 8 Minuten zufügen. Petersilie einstreuen und abschmecken.

2. Butter in einer Pfanne zerlassen und die Filets darin 1 Minute anbraten. 8 Pergamentrechtecke mit zerlassener Butter bestreichen. In die Mitte je 3 Scheiben Speck legen, darauf die Linsenmischung verteilen. Fischfilets auflegen und das Papier zu Päckchen verschließen und auf ein Blech setzen. Bei 180 °C im vorgeheizten Ofen etwa 8 Minuten garen. Auf Tellern anrichten, Päckchen öffnen, sofort servieren.

Rochenflügel mit Papaya gefüllt

4 Rochenflügelfilets, je etwa 120 g

Salz, Zitronenpfeffer

200 g Papayafruchtfleisch

Für den Sud:

300 ml Fischfond

4 Kaffirlimettenblätter

10 cm Zitronengras, längs halbiert

Außerdem:

Thai-Basilikum zum Garnieren

1. Rochenfilets mit Salz und Zitronenpfeffer würzen. Papaya in dünne Scheiben schneiden, auf den Filets verteilen und diese aufrollen.

2. Jede Fisch-Papaya-Rolle in etwa 4 cm lange Stücke schneiden und mit Küchengarn verschnüren.

3. Fischfond, Limettenblätter und Zitronengras im Wok erhitzen. Die Röllchen im Dämpfeinsatz des Woks 4 bis 5 Minuten über dem Fond garen. Mit Thai-Basilikum, Kokos-Papaya-Sauce und frittierten Reisnudeln *[siehe rechts]* auf Tellern anrichten.

Zanderfilet auf Apfel und Zwiebel

4 Zanderfilets mit Haut, je 150 g

Salz, frisch gemahlener Pfeffer

20 g Butter, 1 EL Maiskeimöl

Für das Gemüse:

120 g rote Zwiebeln, 150 g Äpfel

30 g Butter

80 g Cocktailtomaten, halbiert

Salz, frisch gemahlener Pfeffer

1 EL gehackter Kerbel

Außerdem:

Kerbelblättchen zum Garnieren

1. Die Haut des Zanderfilets rautenförmig einschneiden. Filets mit Salz und Pfeffer würzen und kühl stellen.

2. Zwiebeln schälen, in feine Ringe schneiden. Äpfel vierteln, Kerngehäuse entfernen, die Viertel in Spalten schneiden. Butter zerlassen, Zwiebeln darin anschwitzen. Äpfel 1 bis 2, Tomaten 1 weitere Minute mitschwitzen. Mit Salz, Pfeffer und Kerbel würzen.

3. Butter und Öl erhitzen, die Filets leicht mit Mehl bestauben und von jeder Seite 2 bis 3 Minuten braten. Mit Gemüse und Rieslingsauce *[siehe rechts]* auf Tellern anrichten. Mit Kerbelblättchen garnieren und servieren.

→ **Frittierte Reisnudeln:**
Die in Asien gern gegessenen Reisnudeln sind frittiert sehr dekorativ: dafür dünne, Rice vermicelli 3 Minuten in Öl frittieren.

→ **Kokos-Papaya-Sauce:**
100 g Papayafruchtfleisch fein pürieren und passieren. Fruchtfleisch einer roten Chilischote würfeln und mit 30 g Frühlingszwiebelringen in Erdussöl anschwitzen.
1/4 TL Kurkuma, 300 ml Kokosmilch und das Papayapüree zufügen, 10 Minuten köcheln lassen und salzen. 50 g Papayafruchtfleisch würfeln und unterrühren.

→ **Rieslingsauce:**
20 g Schalottenwürfel mit 50 ml Riesling und 1 cl Noilly Prat aufkochen. 200 ml Fischfond angießen und die Flüssigkeit auf 1/3 reduzieren. 1/8 l Sahne einrühren und bei niedriger Hitze cremig einkochen. Mit Salz, Cayennepfeffer und etwas Zitronensaft würzen.
1 Eigelb mit etwas heißer Sauce verrühren und mit 10 g Butterstückchen in die Sauce rühren. Kurz vor dem Servieren aufmixen.

Saftiges Geflügel von süß bis fruchtig-scharf

Zitronenhuhn

1 küchenfertige Poularde, 1,5 kg
Salz, frisch gemahlener Pfeffer
600 g fest kochende, kleine Kartoffeln
100 g Schalotten
3 Knoblauchzehen
3 EL Olivenöl
je 1/8 l Weißwein und Geflügelfond
2 Thymian- und 1 Rosmarinzweig
Zesten von 1 unbehandelten Zitrone
1 unbehandelte Zitrone
1 EL Thymianhonig
50 g schwarze Oliven

1. Poularde innen und außen gut waschen, abtropfen lassen und trockentupfen. In 8 Stücke teilen, salzen sowie pfeffern. Kartoffeln schälen und längs vierteln. Schalotten und Knoblauchzehen schälen, Schalotten halbieren oder vierteln, Knoblauchzehen halbieren.

2. Öl in einer Pfanne erhitzen, Poulardenteile darin bei mittlerer Hitze erst auf der Hautseite, dann von allen Seiten goldbraun anbraten. In eine feuerfeste Form legen. Kartoffeln im Bratfett rundum anbraten. In die Form einlegen. Bratfond mit Wein und Geflügelfond ablöschen, aufkochen lassen und in die Form gießen. Thymian, Rosmarin und Zitronenzesten darauf verteilen. Die Hälfte der Zitrone in Scheiben schneiden, ebenfalls auf die Poularde legen. Die andere Zitronenhälfte auspressen, Saft mit Honig verrühren und beiseite stellen.

3. Poularde bei 180 °C im vorgeheizten Ofen etwa 25 Minuten garen. In den letzten 10 Minuten mit Zitronen-Honig bepinseln, 5 Minuten vor Ende die Oliven zufügen. Mit etwas Bratfond anrichten und servieren.

Ananaspute

600 g mild gepökelte Putenoberkeule ohne Haut und Knochen
Räuchermehl, Pfeffer
Für die Ananas:
1 frische Ananas, etwa 1,2 kg
50 g brauner Zucker
1 gestrichener TL Kurkumapulver
1 Knoblauchzehe, geschält
80 g Frühlingszwiebeln, geputzt
2 rote Chilischoten, geputzt
40 g frischer Ingwer, geschält
3 EL Erdnussöl, 2 Sternanis
5 cm Cassia, 6 Gewürznelken, Salz

1. Wok mit Alufolie auskleiden und 2 cm hoch mit Räuchermehl füllen. Ein Gitter einlegen, dieses mit zurecht geschnittener Alufolie bedecken; Folie mit der Gabel mehrmals einstechen. Keule pfeffern, auf das Gitter legen und im zugedeckten Wok 35 bis 40 Minuten räuchern. Herausnehmen, in Alufolie gewickelt kurz ruhen lassen.

2. Ananas schälen, vierteln und den Strunk entfernen. Das Fruchtfleisch in 1 1/2 cm große Stücke schneiden. Diese in einem Topf mit 30 g Zucker und Kurkuma bestreuen. Wasser angießen, bis die Stücke gerade bedeckt sind. Ananas 5 Minuten köcheln, abgießen, dabei den Sud auffangen. Den Knoblauch fein hacken. Frühlingszwiebeln und Chilifruchtfleisch in dünne Ringe, Ingwer in feine Scheiben schneiden.

3. Öl im Wok erhitzen und Knoblauch, Zwiebeln, Anis, Cassia, Nelken 2 Minuten braten. Den Ingwer, 100 ml Ananassud, übrigen Zucker und Salz zufügen, alles 3 bis 4 Minuten köcheln. Chili und Ananas weitere 3 Minuten darin ziehen lassen. Mit Putenkeule-Scheiben auf Tellern anrichten.

Entenbrust mit Mandarine

4 Entenbrüste mit Haut, je 200 g
Salz, Pfeffer, 3 EL Erdnussöl
1 bis 2 EL Orangenmarmelade
Für die Sauce:
1 EL Orangenblütenhonig
1 TL Ingwersirup
200 ml frischer Mandarinensaft
1/4 l Entenfond, 80 ml Weißwein
1/4 TL zerstoßene Koriandersamen
Zesten von 2 Mandarinen
Salz, Pfeffer, 1/2 TL Speisestärke
Filets von 3 Mandarinen
Mandarinensalbei zum Garnieren

1. Die Haut der Entenbrüste rautenförmig einschneiden. Das Fleisch salzen und pfeffern. In einer feuerfesten Pfanne das Öl erhitzen und die Entenbrüste darin auf der Hautseite leicht bräunen. Wenden und im vorgeheizten Ofen bei 180 °C in 12 bis 14 Minuten fertig garen. 5 Minuten vor Ende der Garzeit mit Orangenmarmelade bestreichen. Entenbrüste kurz ruhen lassen, dann in Scheiben schneiden.

2. Bratfett abgießen, Honig und Ingwersirup für die Sauce in der Pfanne erhitzen. Mit Mandarinensaft ablöschen, alles auf etwa 100 ml reduzieren. Fond, Wein und Koriander zufügen, nochmals auf die Hälfte einkochen. Zesten einstreuen, salzen und pfeffern und die Sauce mit etwas in kaltem Wasser angerührter Stärke binden.

3. Die Mandarinenfilets in den letzten 2 bis 3 Minuten der Garzeit in der Sauce erwärmen, abschmecken. Entenscheiben mit der Sauce auf Tellern anrichten, mit Salbei garnieren. Dazu passen gut frittierte Kartoffelscheiben.

Zartes Huhn in fruchtigen Saucen

Zart und saftig sind sie beide: Perlhuhn und Stubenküken. Damit sie auch so auf den Tisch kommen, sollte man sie schonend garen.

Perlhuhnragout mit Aprikosen und Datteln

Für das Ragout:

1 küchenfertiges Perlhuhn von etwa 1,2 kg

Salz, frisch gemahlener Pfeffer

700 g Tomaten, 80 g weiße Zwiebeln

3 EL Olivenöl, 1 geschälte Knoblauchzehe

1 kleiner Rosmarinzweig, 3 Salbeiblätter

300 g Aprikosen, 80 g frische Datteln

Für die gratinierten Makkaroni:

300 g Makkaroni, Salz, 60 g Butter

60 g frisch geriebener Parmesan

2 EL gehackte Kräuter (Petersilie, Thymian)

1. Perlhuhnfleisch von den Knochen lösen und mit Haut in etwa 2 cm große Stücke schneiden. Mit Salz und Pfeffer würzen.

2. Tomaten blanchieren, kalt abschrecken, häuten, halbieren. Die Samen in ein Sieb füllen, passieren und den entstandenen Tomatensaft auffangen. Tomatenfruchtfleisch in kleine Würfel schneiden. Zwiebeln schälen und sehr fein würfeln. 2 EL Oli-

venöl erhitzen, Knoblauchzehe andrücken, 1 bis 2 Minuten braten und wieder entfernen. Zwiebeln und 2/3 der Tomatenwürfel kurz mitschwitzen. Tomatensaft angießen, salzen, pfeffern, die Kräuter einlegen und alles 10 Minuten köcheln. Aprikosen blanchieren, kalt abschrecken, häuten, halbieren und den Stein entfernen. 100 g Fruchtfleisch pürieren, durch ein Sieb passieren und unter die Sauce rühren. Restliche Aprikosen vierteln. Datteln halbieren und den Stein entfernen. Das Fruchtfleisch nochmals längs halbieren.

3. Das restliche Olivenöl in einer Pfanne erhitzen, die Perlhuhnstücke darin rundum anbraten. In die Sauce legen und darin in 8 bis 10 Minuten fertig garen. In den letzten 4 bis 5 Minuten der Garzeit die Aprikosen sowie die Datteln zufügen. Abschmecken und die Kräuter wieder entfernen.

4. Für die gratinierten Makkaroni die Nudeln in sprudelndem Salzwasser al dente garen. Abgießen und gut abtropfen lassen. Butter zerlassen und damit 4 feuerfeste Teller auspinseln. Makkaroni jeweils spiralförmig einlegen und mit der restlichen Butter beträufeln. Parmesan und Kräuter mischen und darüber streuen. Die Teller zum Gratinieren unter den vorgeheizten Grill stellen. Das Ragout mittig darauf anrichten und sofort servieren.

Stubenküken mit Traubensauce

4 küchenfertige Stubenküken von je etwa 300 g

Salz, Pfeffer, 80 g Butter, 1/4 l Roséwein

1/4 l Geflügelfond, 1 EL Crème fraîche

200 g kernlose blaue Trauben

abgeriebene Schale 1/2 unbehandelten Zitrone

1 EL fein gehackte Petersilie

1. Stubenküken unter fließendem kaltem Wasser außen und innen gründlich waschen, sorgfältig trockentupfen und die Bauchhöhlen salzen und pfeffern. Die Stubenküken mit Küchengarn in Form binden: Dafür die Flügel einschlagen, den Faden von unten um die Unterschenkel führen und an den Gelenken überkreuzen lassen. Den Faden weiter seitlich entlang der Unterschenkel zu den Flügeln führen, straff ziehen und seitlich verknoten, so werden Flügel und Unterschenkel am Körper fixiert. Küken außen salzen und pfeffern.

2. Die Butter aufschäumen lassen und die Stubenküken darin rundum anbraten. Auf den Rücken drehen, den Rosé angießen und auf die Hälfte reduzieren. Geflügelfond zugießen und die Küken in 20 bis 25 Minuten fertig garen, dabei zwischendurch regelmäßig mit Bratsaft begießen.

3. Die Stubenküken herausheben und warm halten. Crème fraîche in den Bratfond einrühren und die Sauce mit Salz und Pfeffer abschmecken.

4. Die Trauben waschen und mit der Zitronenschale in der Sauce erhitzen. Die Stubenküken vom Garn befreien und auf vorgewärmten Tellern anrichten. Mit Petersilie bestreuen und mit der Traubensauce umgießen. Sofort servieren.

Süßscharfes zu krossem Lamm

Geschmorte Lammhaxe in Cranberrysauce

4 Lammhaxen von je 300 bis 350 g

150 g Zwiebeln, 2 Knoblauchzehen

100 g Möhren, 40 ml Olivenöl

1 EL Tomatenmark, 1 Lorbeerblatt

4 kleine Rosmarinzweige

8 Pfefferkörner, 4 Pimentkörner und 2 Gewürznelken, im Mörser zerstoßen

400 ml Rotwein, 200 g Cranberries, gewaschen

300 ml Lammfond, Salz, gemahlener Pfeffer

1. Zwiebeln, Knoblauch sowie Möhren schälen, in Scheiben schneiden und in einem feuerfesten Topf in 20 ml Öl anschwitzen. Tomatenmark kurz mitschwitzen, Kräuter und zerstoßene Gewürze zufügen. Mit Rotwein ablöschen und die Flüssigkeit auf die Hälfte reduzieren. 150 g gut abgetropfte Cranberries einrühren und den Fond zugießen.

2. Haxen salzen, pfeffern, separat im übrigen Öl kräftig anbraten. Zum Gemüse in den Topf legen, zugedeckt bei 200 °C im vorgeheizten Ofen etwa 1 Stunde schmoren, dabei öfter mit Fond begießen.

3. Die Sauce durch ein Sieb passieren, dabei auch Gemüse und Cranberries mit durchdrücken. Eventuell noch etwas Lammfond zugießen. Die Sauce erhitzen, abschmecken und die restlichen Cranberries 5 bis 8 Minuten mitköcheln. Haxen in der Sauce erhitzen, anrichten und heiß servieren.

Lammkoteletts mit Senfbananen

VORBEREITUNG: Lammkoteletts 3 bis 4 Stunden im Kühlschrank marinieren.

8 doppelte Lammkoteletts von je etwa 80 g

Für die Marinade:

6 EL Olivenöl, 3 EL Zitronensaft

Zesten von 1/2 unbehandelten Zitrone

1 EL gehackte Kräuter (Petersilie, Minze)

Salz, grob gemahlener schwarzer Pfeffer

Für das Pepper Jelly:

500 g säuerliche Äpfel, gewaschen/geviertelt

Schale von 1/4 unbehandelten Zitrone

900 g Zucker, je 75 g rote und grüne Chilis

50 g fein geschnittene Zwiebel, 1/8 l Apfelessig

Für die Senfbananen:

4 Bananen, scharfer Senf, 30 g Mehl, 1 Ei

etwa 100 g Semmelbrösel, Öl zum Ausbacken

1. Zutaten für die Marinade verrühren, Koteletts darin wenden. 3 bis 4 Stunden kühl ziehen lassen.

2. Für das Pepper Jelly die Äpfel mit 1/4 l Wasser, Zitronenschale und 500 g Zucker bei geringer Hitze 40 Minuten köcheln. Chilifruchtfleisch fein würfeln. Ein Sieb mit einem Tuch auslegen, auf einen Topf setzen, Äpfel hineinschütten und ablaufen lassen. Weiterarbeiten, wie gezeigt *[siehe a bis d]*.

3. Bananen schälen, längs halbieren und quer in Stücke schneiden. Schnittflächen mit Senf bestreichen, in Mehl wenden, durch verquirltes Ei ziehen und in Semmelbröseln wenden.

4. Koteletts von jeder Seite 2 bis 3 Minuten grillen. Salzen, pfeffern und mit Marinade bepinseln. Bananen im erhitzen Öl 2 bis 3 Minuten knusprig braten. Mit Lammkoteletts und Jelly servieren.

a **Pepper Jelly kochen:** Chiliwürfel und Zwiebel mit Essig aufkochen. Die restlichen 600 g Zucker dazuschütten.

b Hat sich der Zucker gelöst, den Apfelsaft zugießen. Aufkochen, die Temperatur reduzieren und bei offenem Topf köcheln lassen.

c Die Gelierprobe machen: Mit einem Löffel etwas Gelee auf einen Teller gießen. Wenn die Flüssigkeit geliert, Topf vom Herd nehmen.

d Das Pepper Jelly in Gläser füllen. Während des Abkühlens öfter drehen, damit sich die Chilistücke nicht absetzen.

Würziges Fleisch mit Früchten und Kräutern

Zickleinragout mit Äpfeln

2 Zickleinschultern mit Knochen, je etwa 600 g
Salz, frisch gemahlener Pfeffer
5 EL Olivenöl, 2 Knoblauchzehen
80 g Perlzwiebeln
400 ml Kalbsfond
1 Rosmarinzweig
2 Thymianzweige
300 g Tomaten
400 g säuerliche Äpfel
100 ml frisch gepresster Orangensaft
Zesten von 1/2 unbehandelten Orange
80 g schwarze Oliven

1. Das Fleisch mit den Knochen in etwa 5 cm große Stücke teilen. Salzen und pfeffern. Öl im Bräter erhitzen und die Fleischstücke darin unter häufigem Wenden kräftig anbraten. Knoblauchzehen und Zwiebeln schälen, den Knoblauch vierteln und die Zwiebeln halbieren. Beides kurz mitbraten, nach und nach den Fond angießen. Die Kräuterzweige einlegen. Die Hitze reduzieren und das Fleisch zugedeckt 35 bis 40 Minuten schmoren.

2. Tomaten blanchieren, kalt abschrecken, häuten, vierteln und die Samen entfernen. Die Viertel quer halbieren. Äpfel schälen, vierteln, das Kerngehäuse entfernen und die Viertel ebenfalls quer halbieren. In den letzten 10 Minuten der Garzeit die Tomaten- und Apfelstücke zufügen. Orangensaft zugießen und Orangenzesten einstreuen. 5 Minuten vor Ende der Garzeit die schwarzen Oliven zufügen. Das Ragout abschmecken und die Sauce nach Belieben leicht binden.

Kaninchenkeulen mit Speckdatteln

4 Kaninchenkeulen, je etwa 200 g
Salz, frisch gemahlener Pfeffer
150 g kleine Zwiebeln
80 g Stangensellerie
60 g Möhre, 16 frische Datteln
8 Scheiben roh geräucherter Speck
250 g Tomaten, 4 EL Maiskeimöl
150 ml Roséwein
400 ml Geflügelfond
2 Thymianzweige
80 g Kapstachelbeeren

1. Kaninchenkeulen mit Salz und Pfeffer würzen. Zwiebeln schälen und je nach Größe ganz lassen oder halbieren. Den Stangensellerie putzen und quer in Scheiben schneiden. Die Möhre schälen und in etwa 1/2 cm große Würfel schneiden. Die Datteln entsteinen und die Speckscheiben quer halbieren. Jede Dattel in eine halbe Speckscheibe wickeln. Tomaten blanchieren, kalt abschrecken, häuten, vierteln und die Samen entfernen. Das Fruchtfleisch in kleine Würfel schneiden.

2. In einem Bräter 3 EL Öl erhitzen, die Keulen darin hellbraun anbraten. Zwiebeln, Sellerie und Möhre kurz mitschwitzen. Den Roséwein angießen, aufkochen lassen, und sobald er etwas verdampft ist, den Fond zugießen. Thymian und Tomatenwürfel einlegen und die Kaninchenkeulen zugedeckt 35 bis 40 Minuten schmoren.

3. In einer Pfanne 1 EL Öl erhitzen und die eingewickelten Datteln darin rundum anbraten. Die Kapstachelbeeren von den Hüllen befreien und mit den Datteln in den letzten 3 bis 4 Minuten zufügen. Herausnehmen und abschmecken und sofort servieren.

Filetspitzen in scharfer Sauce

400 g Rinderfiletspitzen
60 g Schalotten
60 g gekochter Schinken
60 g Cornichons
100 g Ananasfruchtfleisch
1/4 l Rinderfond
20 g Butter
1/2 TL scharfes Paprikapulver
1/2 TL Dijonsenf
50 ml Sahne
Salz, frisch gemahlener Pfeffer
1 EL gehackte Petersilie

1. Die Filetspitzen in dünne Scheiben schneiden. Die Schalotten schälen. Den Schinken, die Cornichons sowie die Schalotten in feine Streifen schneiden. Das Ananasfruchtfleisch etwa 1 cm groß würfeln. Den Rinderfond auf die Hälfte reduzieren.

2. Die Butter in einer Pfanne zerlassen und das Fleisch darin portionsweise von beiden Seiten anbraten. Beiseite stellen. Schalotten im Bratfett glasig schwitzen, Schinken, Cornichons und Ananasstücke kurz mitschwitzen.

3. Alles mit dem reduzierten Fond ablöschen und den Bratsatz damit lösen. Mit Paprikapulver und Senf würzen. Die Sahne zugießen und leicht einkochen lassen. Das Fleisch in der Mischung erwärmen, aber nicht mehr kochen, mit Salz und Pfeffer abschmecken. Die Filetspitzen mit gehackter Petersilie bestreuen, auf vorgewärmten Tellern anrichten und nach Belieben mit Kartoffelpüree servieren.

RÖSLE
geschmiedet

In bester Harmonie
Wild & aromatisches Obst

Wildschweinfilet mit Holunder-Quitten-Sauce

Für die Medaillons:

500 g pariertes Wildschweinfilet

12 Scheiben roh geräucherter, durchwachsener Speck

Salz, frisch gemahlener Pfeffer

2 EL Maiskeimöl, 200 ml Wildfond

Für die Holunder-Quitten-Sauce:

250 g Holunderbeeren am Stiel

120 g Quitten, 60 g Zucker

1 Stück Schale einer unbehandelten Zitrone

2 cm Zimtstange, 1 Gewürznelke

100 ml Rotwein, 1/4 TL Speisestärke

Für den kandierten Meerrettich:

60 g frischer Meerrettich, Salz

Sirup, aus 70 g Zucker und 50 ml Wasser

2 EL Apfelessig

Außerdem:

Küchengarn

400 g Schupfnudeln, 40 g Butter

30 g gehackte Haselnüsse, 20 g Semmelbrösel

1. Das Filet in 12 Medaillons von je etwa 40 g schneiden. Die Speckscheiben auf der Arbeitsfläche auslegen, je 1 Medaillon darin einwickeln und die Päckchen mit Küchengarn fixieren.

2. Holunder waschen, gut abtropfen lassen und kurz anfrieren. Die Beeren vorsichtig von den Stielen zupfen. Quitten schälen, das Fruchtfleisch am Kerngehäuse entlang abschneiden und in etwa 1/2 cm große Würfel schneiden. Zucker, Zitronenschale, Zimtstange und Nelke mit dem Rotwein zum Kochen bringen. Die Beeren einlegen, unter Rühren aufkochen lassen, Quitten zufügen und alles 15 Minuten köcheln lassen. Den Schaum abschöpfen, Speisestärke mit wenig kaltem Wasser anrühren und die Sauce damit binden.

3. Meerrettich schälen und längs in feine Scheiben, diese in etwa 1 cm breite Streifen schneiden. In Salzwasser blanchieren und auf einem Sieb sehr gut abtropfen lassen. Meerrettichstreifen im Sirup glasig kochen, dann mit dem Apfelessig ablöschen.

4. Die Speck-Medaillons salzen und pfeffern. Öl erhitzen und das Fleisch darin 4 bis 5 Minuten braten, dabei mehrmals wenden. Herausnehmen und warm halten. Mit Fond den Bratsatz lösen, die Sauce leicht reduzieren und durch ein Sieb passieren. Nach Belieben etwas binden, abschmecken.

5. Schupfnudeln in Butter anbraten, Nüsse und Semmelbrösel darüber streuen. Medaillons vom Garn befreien, mit der Brat- und Fruchtsauce, den Schupfnudeln und dem Meerrettich anrichten.

Wildente mit Birnen

2 küchenfertige Wildenten, je etwa 800 g

160 g weiße Zwiebeln, 1 Knoblauchzehe

3 EL Maiskeimöl, Salz, 400 g Tomatenwürfel

2 Rosmarinzweige, 10 Basilikumblätter

3 Lorbeerblätter

Für die Marinade:

4 EL Maiskeimöl, 60 g Orangenblütenhonig

4 EL Himbeeressig, frisch gemahlener Pfeffer

Für die Basilikum-Birnen:

8 Birnenhälften, geschält, entkernt, mit Stiel

Saft von 1/2 unbehandelten Zitrone

1/4 l Rotwein, 2 EL Crème de Cassis

40 g Zucker, 5 Basilikumblätter

1. Beide Wildenten waschen, trockentupfen und in je 4 Stücke teilen. Zwiebeln schälen und achteln. Knoblauch schälen und halbieren. Öl in einer feuerfesten Form erhitzen, Ententeile salzen und im Öl von allen Seiten anbraten. Herausnehmen. Zwiebeln und Knoblauch in dem Öl anschwitzen, Tomatenwürfel zufügen. Ententeile wieder einlegen.

2. Für die Marinade Öl, Honig und Himbeeressig verrühren, pfeffern und die Ententeile damit bepinseln. Kräuter auflegen. Ententeile bei 190 °C im vorgeheizten Ofen 50 bis 60 Minuten braten, dabei das Fleisch öfter mit der Marinade bepinseln.

3. In der Zwischenzeit die Birnenhälften mit Zitronensaft einreiben. Rotwein, Cassis und Zucker in einem Topf zum Kochen bringen, Birnen einlegen, mit 100 ml Wasser auffüllen und 4 bis 5 Minuten köcheln. Vom Herd nehmen und die Basilikumblätter zufügen. Birnen in der Flüssigkeit leicht abkühlen lassen, aus dem Sud heben und diesen auf die Hälfte reduzieren.

4. Ententeile mit Gemüse sowie die mit dem Sud beträufelten Birnen auf vorgewärmten Tellern anrichten. Als Beilage schmeckt frisches Weißbrot.

Johannisbeer-Hase

VORBEREITUNG: Fleischstücke über Nacht in der Marinade ziehen lassen.

800 g Wildhasenfleisch ohne Knochen

250 g Wurzelgemüse (Zwiebel, Lauch, Knollensellerie und Stangensellerie), geputzt

2 Lorbeer- u. 5 Salbeiblätter, 600 ml Rotwein

Salz, Pfeffer, 3 EL Maiskeimöl

50 g roh geräucherte Speckwürfel

200 g rote Johannisbeeren, 200 ml Wildfond

1. Fleisch in 4 cm große Stücke schneiden und in eine flache Schüssel legen. Zwiebeln in Ringe, das restliche Gemüse in Würfel schneiden und über dem Fleisch verteilen. Kräuter zufügen, alles mit Rotwein begießen. Zugedeckt und kühl über Nacht marinieren. Das Fleisch ausstechen, abtropfen lassen, salzen und pfeffern. Marinade beiseite stellen.

2. Das Öl in einem Topf erhitzen und die Speckwürfel darin hell anbraten. Fleisch zufügen und von allen Seiten anbraten. Die Marinade zugießen.

3. Die Beeren waschen, von den Rispen streifen und 150 g 35 bis 40 Minuten mitschmoren, dabei nach und nach den Wildfond angießen. Abschmecken und nach Belieben leicht binden. Restliche Beeren untermischen und heiß servieren.

Hase | *Erst in kräftiger Marinade eingelegt, dann geschmort – das bringt seinen Wildgeschmack gut zur Geltung.*

Desserts
Fantasievoll & fruchtig

Vielseitig sind die Möglichkeiten, köstliche Desserts mit Obst zuzubereiten: Ob erfrischende Fruchtsalate, süße Ravioli, gefüllte Pfirsiche, kunstvolles Erdbeer-Millefeuille oder in Teig gebackene Früchte – der Fantasie sind keine Grenzen gesetzt.

→ Wenn nicht anders angegeben, sind alle Rezepte für 4 Portionen berechnet.

Fruchtsalate
Der leichte Genuss

Erdbeer-Kiwi-Salat

500 g Erdbeeren, 2 Kiwi von je etwa 140 g

Für die Sauce:

1/4 l frischer Orangensaft, 50 g Zucker

fein gehackte Zesten von 1 Orange

60 g Crème fraîche

Außerdem:

Puderzucker, kandierte Orangenzesten

1. Den Orangensaft für die Sauce durch ein feines Sieb in eine Kasserolle gießen. Den Saft mit dem Zucker und der fein gehackten Orangenschale auf etwa 3 EL sirupartig einköcheln. Abkühlen lassen und danach mit der Crème fraîche verrühren.

2. Erdbeeren vorsichtig waschen, putzen, gut abtropfen lassen und längs in Scheiben schneiden. Die Kiwis schälen, quer in dünne Scheiben schneiden. Erdbeeren und Kiwis dekorativ anrichten, mit Puderzucker besieben, mit der Sauce beträufeln und mit den kandierten Orangenzesten garnieren.

Trauben-Birnen-Salat

Für die Sauce:

3 EL Traubensirup, 1 EL Zitronensaft

100 ml roter Traubensaft, 1 1/2 EL Grappa

Für den Salat:

1 Granatapfel, 200 g blaue Trauben

200 g weiße Trauben

2 kleine Birnen (etwa Santa Maria)

Außerdem:

20 g Schokoröllchen aus Zartbitterschokolade

einige Melissenblättchen zum Garnieren

1. Zutaten für die Sauce miteinander verrühren. Aus dem Granatapfel mit einem Sägemesser am Kelchansatz ein keilförmiges Stück herausschneiden. Die Frucht mit etwas Druck auseinander brechen, die Kerne auslösen.

2. Die Trauben waschen, halbieren und entkernen. Die Birnen schälen, vierteln, das Kerngehäuse entfernen und die Viertel in Spalten schneiden. Birnen, Trauben und Granatapfelkerne dekorativ anrichten, mit der Sauce beträufeln und mit Schokoröllchen und Melisseblättchen garnieren.

Bananen-Mandarinen-Salat mit Passionsfrucht

8 Mandarinen (etwa 480 g), 4 Bananen (600 g)

4 Himbeeren, Zesten von 1 Limette

Zesten von 1 unbehandelten Mandarine

Für die Sauce:

6 Purpurgranadillas, 10 g Ingwerwurzel

120 g Zucker, 100 ml frischer Mandarinensaft

Saft von 1 Limette, 50 ml Weißwein

2 cl Kokoslikör (etwa Malibu)

Außerdem:

50 g frisches Kokosnussfleisch

einige Fruchtsalbeiblättchen

1. Granadillas für die Sauce halbieren und mit einem Löffel das Fruchtfleisch und die schwarzen Samenkerne auslösen. Den Ingwer schälen und in Scheiben schneiden.

2. Den Zucker mit dem Mandarinen- und Limettensaft, dem Ingwer sowie dem ausgelösten Granadillafruchtfleisch mitsamt den Kernen zum Kochen bringen. Etwa 10 Minuten köcheln, vom Herd nehmen und die Sauce durch ein Sieb passieren. Nochmals aufkochen lassen und, falls nötig, abschäumen. Sauce erkalten lassen, den Weißwein und den Likör unterrühren.

3. Die Mandarinen schälen, dabei möglichst sorgfältig die weiße Innenhaut entfernen. In 1/2 cm dicke Scheiben schneiden. Die Bananen schälen und im Ganzen längs halbieren. Mandarinen, Bananen und Himbeeren mit Limetten- und Mandarinenzesten dekorativ auf 4 Tellern anrichten. Alles mit der Sauce beträufeln und mit dem in feine Streifen geschnittenem und geröstetem Kokosnussfleisch sowie dem Fruchtsalbei garnieren.

Erfrischend kühl
Grütze & Kaltschale

In den warmen Sommermonaten haben die erfrischenden leichten Beerensuppen Saison: Grütze und Kaltschale. Aus dem einstigen Arme-Leute-Essen in Dänemark und Norddeutschland sind heute köstliche Desserts geworden, die mit leckeren Vanillebuchteln oder zierlichen Baiser-Tropfen gereicht werden.

Rote Grütze mit Vanillebuchteln

Für die Grütze:

500 g rote Johannisbeeren, 100 g Zucker

10 g frische Ingwerwurzel, in feinen Streifen

abgeriebene Schale 1/2 unbehandelten Zitrone

1/4 l lieblicher Weißwein, 1 TL Speisestärke

300 g Nektarinen

Für die Buchteln:

250 g Mehl, 100 ml lauwarme Milch

12 g frische Hefe, 35 g Butter, 35 g Zucker

1 Messerspitze Salz

Mark von 1/2 Vanilleschote

etwas abgeriebene Zitronenschale, 1 Ei

Außerdem:

60 g Butter, Puderzucker

Fruchtsalbei zum Garnieren

1. Johannisbeeren von den Rispen streifen, waschen und gut abtropfen lassen. Die Hälfte der Johannisbeeren pürieren und durch ein feines Sieb in eine Kasserolle passieren. Mit Zucker, Ingwer, Zitronenschale und Weißwein aufkochen. Die Speisestärke mit etwas kaltem Wasser anrühren und das Johannisbeerpüree damit binden. Die Nektarinen waschen, halbieren und die Steine entfernen. Das Nektarinenfruchtfleisch in Spalten schneiden und mit den restlichen Johannisbeeren in die Kasserolle zum Püree geben, weitere 5 Minuten köcheln und auskühlen lassen.

2. Das Mehl für die Buchteln in eine Schüssel sieben, in die Mitte eine Vertiefung drücken, Milch hineingießen und Hefe darin auflösen. Den Ansatz mit Mehl bestauben, mit einem Tuch abdecken und etwa 15 Minuten gehen lassen, bis die Oberfläche Risse zeigt. Butter zerlassen und darin Zucker, Salz, Vanillemark, Zitronenschale und das Ei cremig rühren. Die Mischung zum Vorteig geben und alles zu einem glatten Teig schlagen; abdecken und nochmals 15 Minuten gehen lassen.

3. Den Teig zu Strängen von etwa 2 cm Durchmesser rollen und weiterverfahren, wie in der Bildfolge rechts gezeigt *[siehe a bis c]*. Die Buchteln in der Form erneut gehen lassen, bis sie das Doppelte an Volumen erreicht haben. Die Butter zerlassen und die Buchteln mit der Hälfte der zerlassenen Butter beträufeln.

4. Die Buchteln im vorgeheizten Ofen 15 Minuten bei 200 °C backen und mit der restlichen Butter beträufeln. Noch etwa 20 Minuten backen, bis die Buchteln schön goldbraun sind. Mit Puderzucker besieben. Die Grütze mit den Buchteln anrichten, mit Salbei garnieren und servieren.

Himbeerkaltschale

VORBEREITUNG: Baiser am Vortag herstellen und über Nacht trocknen lassen.

Für die Baisertropfen:

2 Eiweiße, 50 g Zucker, 1 TL Speisestärke

60 g gesiebter Puderzucker

Für die Kaltschale:

3/4 l Apfelsaft, 150 g Zucker

2 gestrichene TL Speisestärke, 500 g Himbeeren

1. Eiweiße steif schlagen, dabei den Zucker einrieseln lassen. Die Speisestärke mit dem Puderzucker vermischen, unter den Eischnee heben und in einen Spritzbeutel mit Lochtülle Nr. 10 füllen. Auf ein mit Backpapier ausgelegtes Backblech Baisertropfen spritzen. Diese bei 50 °C und leicht geöffneter Ofentür über Nacht mehr trocknen als backen. Vorsichtig vom Papier lösen.

2. Den Apfelsaft – bis auf 2 bis 3 EL – mit 100 g Zucker in einer Kasserolle zum Kochen bringen. Speisestärke mit 2 bis 3 EL Apfelsaft glatt rühren und die kochende Flüssigkeit damit binden. Einige Male aufwallen lassen und vom Herd nehmen.

3. Himbeeren verlesen, 350 g fein pürieren und durch ein Sieb passieren. Himbeermark mit dem Apfelsaft verrühren, kalt stellen. Vor dem Servieren die restlichen Himbeeren zuckern, unter die Kaltschale mischen. Mit Baisertropfen garnieren.

In die aromatische Himbeerkaltschale werden zum Schluss ganze Himbeeren gerührt. Die Garnitur aus luftigen Eischnee-Tropfen ist lecker und dekorativ.

a **Buchteln formen:** Die Teigstränge mit dem Messer in 3 cm lange, etwa 20 g schwere, Stücke schneiden.

b Die Teigstücke in den Handflächen zu Kugeln »schleifen«, dabei den Teig unter leichtem Druck rollen.

c Die Kugeln nicht zu eng nebeneinander in eine feuerfeste, großzügig gebutterte Form setzen.

Heiß & duftend

Obst-Aufläufe

Ofenschlupfer

250 g Hefegebäck vom Vortag

250 g Zwetschen, 40 g Rosinen

60 g geröstete Mandelblättchen

7 Eier

1/4 l Milch, 200 ml Sahne

125 g Zucker

Mark von 1/2 Vanilleschote

Außerdem:

Butter, Puderzucker, Vanillesauce

1. Das Hefegebäck 2 cm groß würfeln und in eine Schüssel geben. Den Ofen auf 200 °C vorheizen, Zwetschen waschen, abtrocknen, entsteinen und vierteln. Die Zwetschen, Rosinen und Mandeln unter das Hefegebäck mischen.

2. Eier mit Milch und Sahne verrühren, Zucker und Vanillemark zugeben. Eine ofenfeste Form mit Butter einfetten und die Hefegebäck-Zwetschen-Masse hineinfüllen. Die Eiermilch darüber gießen und kurz einziehen lassen.

3. Die Form in den Ofen stellen und etwa 45 Minuten backen, bis die Eimasse gestockt und die Oberfläche goldbraun ist. Mit Puderzucker besieben, zum Servieren kleine Portionen mit dem Löffel abstechen und mit Vanillesauce servieren.

Der Ofenschlupfer mit frischen Zwetschen, Rosinen und Mandeln ist ein köstlicher Herbstauflauf. Dazu kann man Vanillesauce servieren.

Clafoutis

3 bis 4 Orangen von je etwa 200 g

3 Eigelbe, 1 Ei, 190 g Zucker, etwas Salz

Mark von 1 Vanilleschote, 100 g Mehl

40 g geschälte geriebene Mandeln

300 ml Milch, 2 cl Himbeergeist

3 Eiweiße, 200 g Himbeeren

Außerdem:

Butter, Puderzucker zum Besieben

Auflaufform von 32 cm Länge und 5 cm Höhe

1. Die Orangen mit einem scharfen Messer am Fruchtfleisch entlang schälen und dabei auch die weiße Haut entfernen. Die Orangenfilets beidseitig an den Häuten einschneiden und herausheben.

2. Die Eigelbe und 1 Ei mit 1/3 des Zuckers, Salz und Vanillemark schaumig rühren. In einer anderen Schüssel Mehl mit Mandeln vermengen und unter die Eigelbmasse rühren. Nach und nach die Milch und den Himbeergeist unterrühren. Die

Orangenfilets und Himbeeren werden für das Clafoutis geschichtet und mit einer Teigmasse übergossen.

Das fertige Clafoutis kommt heiß und duftend aus dem Ofen. In die klassische Variante gehören statt Orangen und Himbeeren frische Sauerkirschen.

Eiweiße zu halbsteifem Schnee schlagen, dabei den restlichen Zucker einrieseln lassen. Eischnee vorsichtig unter die Teigmischung heben.

3. Auflaufform mit Butter ausfetten. Orangenfilets und Himbeeren einschichten und die Clafoutis-Masse einfüllen. Den Auflauf bei 180 °C im vorgeheizten Ofen 40 bis 45 Minuten backen. Mit Puderzucker besiebt servieren.

Scheiterhaufen

8 Briochescheiben zu je 25 g

70 g Butter

500 g Mirabellen, 160 g Zucker

2 cl Mirabellenschnaps

1/8 l Sahne

1/8 l Milch, 3 Eier

Schale von 1/2 unbehandelten Zitrone

Mark von 1/2 Vanilleschote

1 Messerspitze gemahlener Ingwer

Außerdem:

Butter, Puderzucker, Alufolie

1. Die Briochescheiben in Dreiecke schneiden. Etwa 40 g der Butter zerlassen und die Brioche-Stücke von beiden Seiten kurz darin anbraten. Mirabellen waschen, halbieren und entsteinen. Die restliche Butter in einer Kasserolle zerlassen, 80 g Zucker dazuschütten und leicht karamellisieren. Mirabellen darin durchschwenken, mit Mirabellenschnaps ablöschen und vom Herd nehmen.

2. Sahne mit Milch und Eiern in einer Schüssel verquirlen. Den restlichen Zucker, Zitronenschale, Vanillemark und Ingwer darunter mischen. Kleine Förmchen mit Butter ausstreichen.

3. Die Brioche-Dreiecke kurz in die Eiermilch tauchen und mit den Mirabellen pyramidenartig in die Förmchen schichten. Mit der restlichen Eiermilch übergießen und die Form locker mit gebutterter Alufolie abdecken. Im vorgeheizten Ofen bei 200 °C auf der mittleren Einschubleiste 20 bis 25 Minuten backen. Herausnehmen, mit Puderzucker besieben und servieren.

Scheiterhaufen *heißt diese süddeutsche Spezialität. Dazu passt Mirabellensorbet oder Vanilleeis.*

Knusprig umhüllt

Gebackene Früchte

Raffiniert sind sie alle: Süße Feigen auf Orangen-Eischaum-Sauce, Krapfen in Beerensuppe und frittierte Kirschen. Die pure Frucht kommt in einem hauchdünnen Mantel aus Teig wundervoll zur Geltung. Zum Ausbacken eignen sich auch Bananen, Aprikosen oder Äpfel.

Knusprige Hülle und fruchtiges Innenleben: Kühler Kirschsaft zergeht im Mund, ein angenehmer Kontrast zu dem heißen Teig.

Gebackene Feigen auf Orangen-Sabayon

Für den Teig:

150 g Mehl, 2 Eigelbe, 1/8 l Weißwein

1 EL Öl, 1 Prise Salz, 2 Eiweiße, 30 g Zucker

Für das Orangen-Nelken-Sabayon:

1/8 l frisch gepresster Orangensaft

80 g Zucker, 4 Gewürznelken, 2 Eigelbe

Für die Feigensauce:

1 Feige, 20 g Puderzucker

Außerdem:

8 reife, frische Feigen (je 60 g), Pflanzenöl

1. Mehl, Eigelbe, Wein, Öl und Salz zu einem glatten Teig verrühren, 20 Minuten quellen lassen. Inzwischen den Orangensaft mit 40 g Zucker und Nelken aufkochen, auf 100 ml reduzieren; abkühlen lassen und passieren. Eigelbe mit dem restlichen Zucker cremig rühren. Orangensaft einrühren und die Masse auf einem heißen Wasserbad schaumig schlagen, bis sie das Doppelte an Volumen erreicht hat. Auf Eiswasser kaltschlagen.

2. Die Feige schälen und das Fruchtfleisch mit Puderzucker fein pürieren. Die Sauce durch ein Sieb streichen und in eine Papierspritztüte füllen.

3. Vor dem Ausbacken der Feigen Eiweiße und Zucker zu Schnee schlagen und unter den Teig heben. Die Feigen mit Mehl bestauben und auf einen Holzspieß stecken. Durch den Teig ziehen, über-

schüssigen Teig abtropfen lassen und die Feigen bei 180 °C im heißen Öl 3 Minuten hellbraun ausbacken, gut abtropfen lassen.

4. Sabayon neben den Feigen anrichten, in die Mitte eine Linie aus Feigensauce spritzen und diese mit einem Hölzchen kreisförmig verziehen.

Kirschen im Teigmantel

750 g Sauerkirschen mit Stiel, gewaschen
Für den Teig:
150 g Mehl, 75 g Zucker
1 gestrichener TL Zimt, 1 Prise Salz
3 EL Milch, 3 EL Weißwein, 3 Eier
Für das Sabayon:
3 Eigelbe, 80 g Zucker, 1/8 l Kirschwein
Außerdem:
Pflanzenfett, Puderzucker

1. Für den Teig Mehl, Zucker, Zimt und Salz vermischen. Nacheinander die Milch und den Wein einrühren. Eier verquirlen, unterrühren und den Teig zugedeckt 30 Minuten quellen lassen.

2. Für das Sabayon Eigelbe und Zucker cremig rühren. Auf ein Wasserbad setzen, Kirschwein zugießen und die Creme schlagen, bis sie das doppelte Volumen hat. Auf Eiswasser kaltschlagen.

3. Die abgetropften Sauerkirschen am Stiel halten, durch den Teig ziehen und in dem auf 180 °C erhitzten Pfanzenfett 2 Minuten frittieren. Auf ein Gitter legen und mit Puderzucker bestauben und mit dem Sabayon anrichten.

Die Erdbeeren für die ausgebackenen Erdbeerkrapfen und das Himbeer-Erdbeer-Süppchen sollten besonders aromatisch sein.

Erdbeerkrapfen

Für die Krapfen:
65 g Mehl, 1 Prise Salz, 65 ml Bier, 1 Eigelb
1 Eiweiß, 12 Erdbeeren
Für das Himbeer-Erdbeer-Süppchen:
400 g Erdbeeren, 100 g Himbeeren
50 g Puderzucker, Saft von 1/2 Limette (20 ml)
1/2 l Prosecco, gut gekühlt
Außerdem:
3 EL Mehl, Pflanzenöl zum Ausbacken
3 EL Puderzucker, 1/4 TL Zimt, Minze

1. Für den Teig das gesiebte Mehl mit Salz, dem Bier sowie dem Eigelb glatt rühren und 20 bis 30 Minuten quellen lassen.

2. Erdbeeren und Himbeeren waschen und putzen. Himbeeren und 300 g klein geschnittene Erdbeeren mit Puderzucker besieben, pürieren. Limettensaft zugießen und das Mus durch ein feines Sieb streichen. Die restlichen Erdbeeren in dünne Scheiben schneiden, unter die Suppe mischen und diese bis zur weiteren Verwendung kühl stellen.

3. Das Eiweiß zu Schnee schlagen und unter den Bierteig heben. Die gewaschenen, geputzten und abgetropften ganzen Erdbeeren in Mehl wenden, auf einen Holzspieß stecken. Durch den Teig ziehen und die Erdbeerkrapfen in 180 °C heißem Öl goldbraun ausbacken, dabei öfter wenden. Herausheben und auf Küchenpapier abtropfen lassen.

4. Die Krapfen mit einer Puderzucker-Zimt-Mischung bestauben. Erdbeersuppe mit Prosecco aufgießen, in tiefe Teller schöpfen, je 3 heiße Krapfen einlegen, mit Minze garnieren und sofort servieren.

→ Ein heißes Wasserbad ist für die Herstellung von Sabayons unentbehrlich, weil das Eigelb bei zu großer Hitze stocken würde. Zum Aufschlagen verwendet man idealerweise einen Schneekessel oder eine Schüssel aus Metall und setzt das Gefäß dann auf einen zu 2/3 mit Wasser gefüllten Topf. Das Wasser sollte eine Temperatur von 80 °C haben. Eine exakte Messung ist jedoch nicht nötig; die Temperatur ist dann richtig, wenn das Wasser knapp unter dem Siedepunkt gehalten wird.

→ Vorbereitungszeit: Zwar geht das Ausbacken der Früchte an sich ganz schnell, trotzdem sollte man für Desserts dieser Art etwas Zeit einkalkulieren, da der Teig 20 bis 30 Minuten quellen muss. Man benötigt für die Rezepte dieser Seite zwischen 45 und 60 Minuten.

Die Pfirsiche bekommen durch das Einlegen in Weißwein und Likör besonders viel Aroma. Verlockend dazu das luftige Sabayon mit Champagner und Vanille.

Unter der luftig-fruchtigen Haube aus Baiser und Johannisbeeren versteckt sich in den Pfirsichhälften eine aromatische Füllung aus Amarettibröseln und Kakaocreme.

Pochiert oder gefüllt
Pfirsiche & Nektarinen

Pochierte Pfirsiche mit Champagnersabayon

VORBEREITUNG: Die Pfirsiche im Sud mindestens 2 Stunden ziehen lassen – am besten aber über Nacht.

Für die Pfirsiche:

1/2 l halbtrockener Weißwein, 50 g Zucker

1 unbehandelte Zitrone, 50 ml Pfirsichlikör

4 reife Pfirsiche, je etwa 150 g

Für den Pistazienkrokant:

60 g Puderzucker, 60 g gehackte Pistazien

Für das Champagnersabayon:

4 Eigelbe, 150 g Zucker, 1 Prise Salz

Mark von 1/2 Vanilleschote, 1/4 l Champagner

Außerdem:

100 g Himbeeren, Puderzucker nach Belieben

1. Für die Pfirsiche den Wein und den Zucker in einen Topf schütten. Die Schale der gewaschenen Zitrone mit einem Messer spiralförmig abschälen und zufügen. Die Zitrone auspressen, den Saft und den Likör zugießen und zum Kochen bringen. Die Pfirsiche blanchieren, kalt abschrecken und häuten. In ein entsprechend großes Glas füllen und den kochenden Sud darüber gießen, bis die Pfirsiche ganz davon bedeckt sind. Die Früchte mindestens 2 bis 3 Stunden ziehen lassen.

2. Für den Krokant den Puderzucker zu hellem Karamell schmelzen, die Pistazien untermischen. Die Mischung auf eine geölte Arbeitsfläche schütten und ausrollen. Damit die Körnung nicht zu fein wird, den erkalteten Krokant vorsichtig klopfen.

3. Für das Sabayon die Eigelbe mit dem Zucker, dem Salz und dem Vanillemark in einer Schüssel cremig rühren und auf ein heißes – knapp unter dem Siedepunkt gehaltenes – Wasserbad setzen, dabei darf der Boden der Schüssel den Topfboden nicht berühren. Champagner unter Rühren zugießen und die Creme mit dem Schneebesen kräftig schlagen, bis sie schaumig ist und das Doppelte an Volumen erreicht hat. Auf Eiswasser kalt rühren. Inzwischen die Pfirsiche aus dem Sud heben und abtropfen lassen. Je 1 Pfirsich auf einen Teller setzen, mit dem Sabayon begießen und mit Pistazienkrokant bestreuen. Mit frischen Himbeeren garnieren und mit Puderzucker bestauben.

Gefüllte Nektarinen »Piemont«

2 reife Nektarinen, je etwa 120 g

etwas Puderzucker

Für die Füllung:

25 g Amarettomakronen (Amaretti)

8 g Kakao, 1 Eigelb, 15 g Zucker

Für die Baiserhaube:

2 Eiweiße, 60 g Zucker

60 g gewaschene Johannisbeeren

Außerdem:

Puderzucker zum Glasieren und Bestauben

1. Nektarinen waschen, halbieren, nach Belieben häuten und entsteinen. Eine Pfanne ohne Fett erhitzen und leicht mit Puderzucker ausstauben. Sobald der Zucker zu schmelzen beginnt, die Nektarinenhälften mit der Schnittfläche nach unten einlegen und in 1 bis 2 Minuten leicht karamellisieren lassen, dabei die Pfanne leicht bewegen. Herausnehmen und die Nektarinenhälften mit der Schnittfläche nach oben auf ein Blech setzen.

2. Für die Füllung Amaretti mit den Händen in eine Schüssel bröseln. Kakao, Eigelb und Zucker unterrühren. Die Masse in die Fruchthälften füllen. Eiweiße steif schlagen, dabei den Zucker einrieseln lassen. Johannisbeeren trockentupfen, von den Rispen zupfen und unter den Eischnee heben.

3. Johannisbeer-Baisermasse auf den Nektarinenhälften verteilen und diese bei 190 °C im vorgeheizten Ofen 8 bis 10 Minuten backen. Mit Puderzucker bestaubt warm oder kalt servieren.

Amaretti und Amarettini: Die luftig-leichten Mandelplätzchen aus Italien werden aus Makronenteig hergestellt. Sie werden für die Füllung der Nektarinen benötigt, schmecken aber auch solo zum Kaffee oder Cappuccino.

Eine runde Sache
Knödel mit Fruchtigem

Ob gefüllt, ungefüllt, in Semmelbröseln gewälzt, oder in Begleitung eines fruchtigen Kompotts – in Österreich gehören süße Knödel regelmäßig auf den Tisch. Wichtig für die Konsistenz ist vor allem der richtige Teig – er sollte von einer gewissen Festigkeit, aber auch nicht zu kompakt sein. Aus Kartoffelteig hergestellte Knödel schmecken schön kräftig. Topfen – wie Quark in Österreich genannt wird – eignet sich wegen seiner trockenen, festen Struktur ebenfalls gut. Ist er nicht erhältlich, kann man auch auf Schichtkäse zurückgreifen.

Zwetschenknödel

FÜR 4 PORTIONEN ALS HAUPTGERICHT ODER FÜR 8 ALS DESSERT

Für die Knödel:

600 g mehlig kochende Kartoffeln

60 g weiche Butter, 60 g Weizengrieß

1 Messerspitze Salz, Mark von 1/2 Vanilleschote

abgeriebene Schale 1/2 unbehandelten Zitrone

1 Ei, 120 g Mehl, 12 entsteinte Zwetschen

12 Stück Würfelzucker

80 g Butter, 120 g Semmelbrösel, Puderzucker

Für die Pfirsichsauce:

400 g gelbfleischige Pfirsiche

150 ml Muskateller, 50 g Zucker,

1/4 TL Ingwerpulver, 2 cl Pfirsichlikör

1. Kartoffeln in Alufolie wickeln, im Ofen bei 200 °C etwa 1 Stunde backen, schälen und durch die Kartoffelpresse drücken. Butter, Grieß, Salz, Vanillemark, Zitrone sowie das Ei mit den Händen einarbeiten. Das Mehl darüber sieben, zu einem glatten Teig kneten und 1/4 Stunde ruhen lassen. Zwetschen mit je einem Würfelzucker füllen.

2. Pfirsiche blanchieren, abschrecken, häuten, halbieren und den Stein entfernen. 100 g Fruchtfleisch klein würfeln, den Rest grob zerkleinern. Wein erhitzen, Zucker darin auflösen, Ingwerpulver und die grob zerkleinerten Pfirsiche zufügen, 10 Minuten köcheln, pürieren und die Masse durch ein Sieb streichen. Eventuell etwas Wein zugießen, Likör einrühren und die Pfirsichwürfel untermischen.

3. Den Teig in 12 Portionen teilen, jeweils zwischen bemehlten Händen flach drücken. Je 1 gefüllte Zwetsche in ein Stück Teig rollen. Die Knödel in leicht gesalzenem, kochendem Wasser bei reduzierter Hitze in 10 bis 12 Minuten gar ziehen lassen, herausheben. Butter zerlassen, Brösel darin rösten und die Knödel darin wenden. Knödel in die Sauce einlegen und mit Puderzucker bestauben.

Grün und rot: Für das Kompott nimmt man zweierlei Stachelbeeren.

Quarkknödel mit Stachelbeeren

Für die Knödel:

- *3 Brötchen vom Vortag, ohne Rinde*
- *150 g Schichtkäse, 20 g Zucker, 1/2 TL Salz*
- *abgeriebene Schale 1/2 unbehandelten Zitrone*
- *60 g zerlassene Butter, 60 ml saure Sahne*
- *2 Eier, 50 g Mehl, 1 bis 2 EL Semmelbrösel*

Für das Stachelbeerkompott:

- *je 150 g grüne und rote Stachelbeeren*
- *Mark von 1/2 Vanilleschote, 120 g Zucker*
- *abgeriebene Schale 1/2 unbehandelten Zitrone*
- *2 cl Limoncello (Zitronenlikör)*
- *1/4 l Weißwein, 1 gestrichener TL Speisestärke*

Außerdem:

- *100 g Butter, 80 g Briochebrösel, Puderzucker*

1. Die Brötchen klein würfeln und mit den anderen Knödelzutaten zu einem glatten, weichen Teig verarbeiten. Etwa 1 Stunde kühl ruhen lassen.

2. Stachelbeeren putzen, waschen und abtropfen lassen. Vanillemark mit Zucker, Zitronenschale, Likör und Wein aufkochen und mit in etwas kaltem Wasser angerührter Speisestärke binden. Die Beeren 1 bis 2 Minuten mitköcheln, auskühlen lassen.

3. Aus dem Teig 8 Knödel von je 60 g formen, diese in kochendes, leicht gesalzenes Wasser einlegen, die Hitze reduzieren und die Knödel in etwa 15 Minuten gar ziehen lassen. Die Butter zerlassen und die Briochebrösel darin bräunen. Die abgetropften Knödel mit dem Kompott anrichten, mit Bröseln und Puderzucker bestreut servieren.

Goldgelb *und süß sind die Marillenknödel. Wer vollreife Früchte verwendet, kann auf Würfelzucker verzichten.*

Marillenknödel

FÜR 4 PORTIONEN ALS HAUPGERICHT ODER FÜR 8 ALS DESSERT

- *500 g Topfen, 40 g weiche Butter*
- *30 g Zucker, 1/4 TL Salz*
- *abgeriebene Schale 1/2 unbehandelten Zitrone*
- *2 Eier, 120 g Weizengrieß, 80 g Semmelbrösel*
- *16 entsteinte Aprikosen, jeweils mit 1 Stück Würfelzucker gefüllt*
- *100 g Semmelbrösel, 40 g Butter*
- *80 g gebräunte Butter, Puderzucker*

1. Topfen durch ein Sieb passieren, mit Butter, Zucker, Salz und Zitronenschale verrühren. Eier zufügen, Grieß und Brösel einarbeiten. 30 Minuten quellen lassen, dann formen *[siehe a bis c]*.

2. Die Knödel in leicht gesalzenes, kochendes Wasser einlegen und bei reduzierter Hitze 12 bis 15 Minuten köcheln lassen. Herausheben und gut abtropfen lassen. Butter zerlassen, die Brösel darin goldbraun rösten und die Knödel darin wälzen. Die Marillenknödel mit gebräunter Butter umgießen und mit Puderzucker bestaubt servieren.

a **Marillenknödel formen:** Teig zur Rolle formen; in 16 Portionen teilen.

b Teigstücke zu kleinen Fladen formen; je 1 Aprikose darauf setzen.

c Die Aprikose jeweils mit Teig umhüllen; zu einem Knödel formen.

In fruchtiger Begleitung

Süße Ravioli & Co.

Etwas aufwändiger in der Zubereitung sind diese beiden Desserts. Für sie sollte man jeweils etwa 2 Stunden einplanen.

Sauerkirschen sind hier ein Muss, nur sie bringen den gewünschten Kontrast zu den mit Marzipan gefüllten Ingwer-Ravioli.

Ingwer-Ravioli mit Sauerkirschkompott

Für den Ingwernudelteig:

100 g Weizenmehl Type 405

50 g Hartweizengrieß, 1 Ei, 2 Eigelbe, Salz

2 EL frisch gepresster Ingwersaft

Für die Füllung:

150 g Marzipanrohmasse

20 g gehackte Pistazien

30 g Zucker, 2 TL Amaretto

20 entsteinte Sauerkirschen

Für das Kirschragout:

300 g Sauerkirschen, 80 g Zucker

je 1 Stück Zimtstange und unbehandelte Orangenschale

80 ml Kirschwein, 50 ml Orangensaft

20 ml Limettensaft, etwas Speisestärke

Für die Bröselmischung:

100 g Butter, 100 g Amarettibrösel, 1 Prise Zimt

Außerdem:

Eiweiß zum Bestreichen, Blumenausstecher

1. Das gesiebte Mehl mit dem Grieß mischen und mit den restlichen Zutaten zu einem glatten Teig verkneten. Falls nötig, noch etwas Wasser einarbeiten. Zur Kugel formen, in Folie wickeln und den Teig 1 Stunde kühl ruhen lassen.

2. Die Marzipanrohmasse in Stücke schneiden, die Pistazien, den Zucker sowie den Amaretto untermischen, alles rasch glatt kneten. Das angewirk-

te Marzipan in 8 Stücke teilen, die Kirschen damit umschließen, zur Kugel formen und die umhüllten Kirschen beiseitestellen.

3. Die Kirschen für das Ragout waschen und abtropfen lassen. Die Früchte vom Stiel befreien und entsteinen. In einer Kasserolle Zucker, Zimtstange, Orangenschale mit Kirschwein, Orangen- und Limettensaft aufkochen und auf die Hälfte reduzieren. Die Kirschen noch 1 bis 2 Minuten mitköcheln lassen. Speisestärke mit etwas Wasser anrühren und die Kirschen damit binden. 1- bis 2-mal aufköcheln lassen, vom Herd nehmen und die Kirschen abkühlen lassen.

4. Die Butter für die Brösel in einer Pfanne zerlassen, die Amarettibrösel darin hell anrösten und mit Zimt bestreuen.

5. Den Teig auf einer bemehlten Arbeitsfläche dünn ausrollen und in 2 gleich große Platten teilen. Auf einer Teigplatte die Marzipan-Kirsch-Kugeln, versetzt im Abstand von 4 bis 5 cm, verteilen. Zwischenräume mit Eiweiß bestreichen.

6. Die zweite Teigplatte auflegen und rings um die Füllung sorgfältig festdrücken; eventuell entstandene Luftblasen mit einer Nadel aufstechen. Mit dem Blumenausstecher Ravioli ausstechen und diese kurz antrocknen lassen.

7. Ravioli in sprudelnd kochendem Salzwasser 5 bis 6 Minuten garen. Herausheben, gut abtropfen lassen. Ravioli mit dem Kirschragout sowie den Amarettibröseln anrichten und servieren.

Mohn und zerlassene Butter *verfeinern die Schupfnudeln. Gut dazu – wie zu süßer Pasta generell – ist ein erfrischend-säuerliches Kompott, hier aus Physalis.*

Mohnschupfnudeln

600 g mehlig kochende Kartoffeln

150 g Mehl, 1 Ei, 1 Eigelb, Salz

1 EL frisch gemahlener Mohn

Für das Physaliskompott:

300 g Physalis, 1/2 Vanilleschote, 120 g Zucker

abgeriebene Schale und Saft von 1 unbehandelten Zitrone

4 cl Orangenlikör, 300 ml Orangensaft

1 TL Speisestärke, etwas Zitronenbasilikum

Außerdem:

40 g Butter, 2 EL Kastanienhonig, 1 TL Mohn

1. Die gewaschenen Kartoffeln in Alufolie wickeln und die Kartoffeln bei 200 °C im vorgeheizten Ofen 1 Stunde backen.

2. Inzwischen die Physalis von ihrer Hülle befreien. Abbrausen, abtropfen lassen. In einem Topf mit ausgeschabtem Vanillemark, Zucker, Zitronenschale und -saft sowie Likör 1/2 Stunde ziehen lassen. Die Früchte mit dem frisch gepressten, passierten Orangensaft übergießen und bei mäßiger Hitze langsam zum Kochen bringen. 5 Minuten köcheln lassen und das Kompott mit der in wenig Wasser angerührten Speisestärke leicht binden. Das in feine Streifen geschnittene Zitronenbasilikum einrühren, abkühlen lassen.

3. Die Kartoffeln pellen und noch heiß durch die Presse drücken. In einer Schüssel mit dem gesiebten Mehl, Ei, Eigelb, 1 Prise Salz und dem Mohn vermengen. Aus dem Kartoffelteig mit bemehlten Händen 2 Stränge rollen, davon Scheiben abschneiden und diese jeweils zu Schupfnudeln formen *[siehe a bis c]*. Die Schupfnudeln in reichlich kochendem Salzwasser garen, bis sie an die Oberfläche steigen. Die Hitze reduzieren – das Wasser soll nicht mehr kochen – und die Schupfnudeln noch 5 bis 6 Minuten ziehen lassen.

4. Die Butter zerlassen und den Honig darin auflösen. Die gut abgetropften Schupfnudeln in der zerlassenen Butter schwenken. Den Mohn einstreuen und die glasierten Schupfnudeln mit dem Physaliskompott anrichten.

a **Schupfnudeln formen:** Den Teig zu zwei Strängen von je 3 bis 4 cm Ø rollen.

b Jeden der Stränge mit dem Messer in etwa 1 cm breite Streifen schneiden.

c Die einzelnen Teigstreifen von Hand zu spitz zulaufenden Nudeln rollen.

→ **Mohn** immer frisch mahlen, da er schnell austrocknet. Wer keine spezielle Mohnmühle hat, kann stattdessen einen handelsüblichen Mixer verwenden.

In sonnengelber Hülle

Himbeer-Mango-Terrine

Zart schmelzende Himbeerfarce im Mangomantel – dieses köstliche Dessert beweist einmal mehr, dass nicht nur Terrinen aus Gemüse, Fisch und Co. zu den kulinarischen Highlights gehören. Ganz traditionell bereitet man diese Fruchtterrine dann auch zu: Eine Dachrinnenform wird mit Fruchtscheiben ausgelegt und gefüllt. Fest verschlossen lässt man die Terrine im Kühlschrank gelieren.

Himbeer-Mango-Terrine mit Proseccogelee

ERGIBT 6 bis 8 Portionen

Für die Terrine:

2 reife Mangos von je etwa 300 g

450 g frische Himbeeren, 30 g Zucker

4 Blatt weiße Gelatine

75 ml Sahne

100 g Naturjoghurt (3,5 % Fett)

Für das Prosecco-Gelee:

3 Blatt weiße Gelatine

1 TL Himbeermark, 1/2 EL Zucker

200 ml Prosecco

Außerdem:

1 Dachrinnenform von 35 x 4 cm (650 ml)

Frischhaltefolie zum Auskleiden der Form

frische Himbeeren zum Garnieren

etwas Himbeersauce

1. Mangos schälen und längs in 3 Teile schneiden. Die beiden »Backen« ohne Stein mit der Aufschnittmaschine oder einem scharfen Messer in dünne Scheiben schneiden. Die Terrinenform mit Folie auskleiden und mit den Mangoscheiben auslegen, wie gezeigt *[siehe a]*.

2. 200 g Himbeeren mit dem Zucker pürieren, die übrigen Beeren beiseite stellen. Das Püree durch ein feinmaschiges Sieb streichen. Die Gelatine in kaltem Wasser einweichen und in einem Topf bei mäßiger Hitze auflösen. Die Sahne steif schlagen. Weiterverfahren, wie unten gezeigt *[siehe b bis d]*. Das zweite Drittel der Creme auf den Himbeeren verteilen und mit den restlichen ganzen Himbeeren belegen. Das letzte Drittel Himbeercreme einfüllen und die Mangoscheiben darüber schlagen, so dass die Füllung bedeckt ist. Die Terrine mit der Folie fest verschließen und 1 bis 2 Stunden kühl stellen, bis sie fest ist.

3. Inzwischen die Gelatine für das Proseccogelee in kaltem Wasser einweichen und weiter vorgehen wie unten links beschrieben.

4. Terrine stürzen und mit einem heiß abgespülten Messer in Scheiben schneiden. Die Himbeer-Mango-Terrine mit Proseccogelee, frischen Himbeeren und Himbeersauce servieren.

Proseccogelee

Himbeermark mit Zucker erwärmen, Gelatine darin auflösen, etwas Prosecco zugießen, glatt rühren und in eine Schüssel umfüllen. Übrigen Prosecco vorsichtig am Rand entlang zugießen, langsam einrühren und 1 bis 2 Stunden kühlen. Vor dem Servieren auf Pergament hacken.

a **Die Terrine füllen:** Form überlappend mit Mangoscheiben auslegen.

b Die aufgelöste Gelatine mit dem Schneebesen in das Himbeerpüree einrühren.

c Sobald das Püree zu gelieren beginnt, die geschlagene Sahne und den Joghurt unterziehen.

d Ein Drittel der Himbeercreme einfüllen, die Hälfte der Himbeeren darauf setzen.

Ob Böhmische Dalken mit Vanillecreme und frischen Brombeeren (oben) oder Millefeuille mit aromatischen Walderdbeeren (rechts) – Beeren und Creme in Kombination mit knusprigem Teig sprechen Dessertliebhaber an.

Türme voller Genuss

Süße Beeren-Träume

Erdbeer-Millefeuille

450 g Tiefkühl-Blätterteig (6 Scheiben)

Mehl, 3 EL Puderzucker

Für die Creme:

je 250 g Magerquark und Mascarpone

100 g Puderzucker

abgeriebene Schale und Saft von 1 Limette

200 g Walderdbeeren

Für den Zitrusfruchtsalat:

4 Limequats (insgesamt 60 g)

10 Kumquats (insgesamt 100 g)

3 TL Puderzucker

2 bis 3 EL Limoncino (Zitronenlikör)

1 TL gehackte Pistazien

1. Blätterteigscheiben auf einer bemehlten Arbeitsfläche auslegen, auftauen lassen und 12 Kreise von 10 bis 12 cm Durchmesser ausstechen *[siehe a]*. Die Teigkreise auf ein mit Backpapier ausgelegtes Blech legen, mit Backpapier bedecken und mit einem zweiten Blech beschweren, damit der Blätterteig nicht aufgehen kann. Die Kreise bei 220 °C 10 Minuten im vorgeheizten Ofen backen. Herausnehmen, Blech und Papier entfernen. Die Teigkreise mit etwas Puderzucker besieben *[siehe b]* und unter dem vorgeheizten Grill karamellisieren. Wenden, auf der Rückseite mit Puderzucker besieben, karamellisieren und auskühlen lassen.

2. Quark, Mascarpone, Puderzucker, Limettenschale und -saft für die Creme miteinander verrühren. Die Walderdbeeren waschen, putzen, gut abtropfen lassen und die Beeren vorsichtig unter die Mascarpone-Quark-Creme heben.

3. Die Limquats und die Kumquats für den Salat waschen, in hauchdünne Scheiben schneiden, mit Puderzucker besieben. Mit dem Likör beträufeln, Pistazien unterrühren, 15 Minuten ziehen lassen.

4. Auf dem ersten Teigboden etwas Creme verteilen, zweiten Boden auflegen, Creme darauf geben. Dritten Boden auflegen und mit Puderzucker besieben. Restliche Millefeuille ebenso schichten, mit dem Zitrussalat anrichten und servieren.

Brombeer-Dalken

Für den Teig:

125 g Sauerrahm, 3 Eigelbe, 1 Prise Salz

Mark von 1/4 Vanilleschote

abgeriebene Schale 1/2 unbehandelten Zitrone

100 g Mehl, 3 Eiweiße, 50 g Zucker

Für die Vanillecreme:

60 g Zucker, 20 g Speisestärke, 2 Eigelbe

1/4 l Milch, Mark von 1/4 Vanilleschote

1 TL Puderzucker

80 ml halb steif geschlagene Sahne

Außerdem:

330 g Brombeeren, 1 EL Puderzucker

Butterschmalz, 4 EL Ahornsirup

1. Für den Teig den Sauerrahm, die Eigelbe, das Salz, das Vanillemark und die Zitronenschale gut verrühren. Das Mehl darüber sieben, unterrühren und den Teig 20 Minuten quellen lassen.

2. Für die Creme 30 g Zucker mit Stärke, Eigelben und 1/4 der Milch verrühren. Restliche Milch mit dem übrigen Zucker und Vanillemark zum Kochen bringen. Stärkemischung erneut durchrühren, langsam unter die Vanillemilch rühren. Unter ständigem Rühren mehrmals aufwallen lassen, in eine Schüssel füllen, Oberfläche mit Puderzucker besieben und erkalten lassen. Die Creme durch ein feines Sieb streichen, mit dem Schneebesen gut durchrühren und die Sahne unterheben.

3. Zum Fertigstellen der Dalken die Eiweiße mit dem Zucker steif schlagen und unter den Teig heben. In einer kleinen Pfanne (12 cm Ø) etwas Butterschmalz erhitzen und darin nacheinander bei mittlerer Hitze – von jeder Seite 2 Minuten – Dalken ausbacken. Etwas abkühlen lassen.

4. Die Brombeeren waschen und gut abtropfen lassen. Für die Sauce 80 g Beeren abwiegen, mit dem Puderzucker pürieren und durch ein Sieb passieren. Etwas Vanillecreme, mit einigen ganzen Brombeeren vermischt, zwischen je 2 Dalken anrichten, etwas Ahornsirup darüber träufeln, die Teller mit Brombeersauce verzieren und servieren.

a **Mit einer runden Form** Kreise aus den aufgetauten Blätterteigscheiben stechen.

b **Gebackene Blätterteigkreise** mit Puderzucker bestauben und kurz karamellisieren.

Mariniert, pochiert & stilvoll angerichtet

Erdbeeren an Balsamico

Für die Hippenmasse:
90 g Zucker, 25 g Marzipanrohmasse
1 Prise Zimt, 1 Prise Salz, 1 Ei
1 Eigelb, 75 g Mehl, 25 ml Sahne
Für die marinierten Erdbeeren:
600 g Erdbeeren, 150 g Zucker
2 bis 3 EL Aceto Balsamico Tradizionale di Modena

Außerdem:
1 Ahornblatt-Schablone von 20 x 17 cm
kandierte Orangenzesten, 200 g Mascarpone
etwas Rosmarinhonig, einige Rosmarinnadeln

1. Für die Hippenmasse Zucker, Marzipanrohmasse, Zimt, Salz und Ei verrühren, bis die Masse keine Klümpchen mehr hat. Das Eigelb einarbeiten und das gesiebte Mehl unterrühren. Die Masse durch ein feines Sieb streichen und zugedeckt 1 Stunde kühl ruhen lassen. Herausnehmen und die Sahne unter die Masse rühren.

2. Schablone auflegen und die Masse aufstreichen *[siehe a]*. Überschüssigen Teig mit der Palette – hochkant halten – wieder abstreifen. Die Schablone entfernen und das Hippenblatt bei 190 °C im vorgeheizten Ofen 3 bis 5 Minuten backen. Noch warm zu einem Körbchen formen *[siehe b]*. Weitere 3 Hippenblätter backen. Erkalten lassen.

3. Erdbeeren waschen, putzen und halbieren oder vierteln. Mit Zucker bestreuen, mit Essig beträufeln und alles vorsichtig vermengen. 15 Minuten ziehen lassen.

4. Je 1 Hippenkörbchen auf 1 Dessertteller setzen, mit den Erdbeeren füllen, mit Orangenzesten bestreuen und mit etwas Marinade beträufeln. Vom Mascarpone 4 Nocken abstechen, je 1 neben dem Erdbeerkörbchen anrichten, mit etwas Rosmarinhonig beträufeln und mit Rosmarin garnieren.

Rotweinbirnen

Für die pochierten Birnen:

10 g frische Ingwerwurzel

600 ml kräftiger Rotwein, Saft von 1/2 Zitrone

Saft von 1 Orange, 3 Gewürznelken

1 Stück Zimtstange (2 cm), 2 Pimentkörner

1 kleiner Zweig Rosmarin, 100 g Zucker

4 Birnen, je 120 bis 150 g, etwa Santa Maria

Für die Brandteigkrapfen:

1/8 l Wasser, 25 g Butter

20 g Zucker, 1 Messerspitze Salz

abgeriebene Schale 1/2 unbehandelten Zitrone

25 g Speisestärke, 90 g Mehl, 2 Eier, 1 Birne

Außerdem:

Pflanzenöl zum Ausbacken, Puderzucker

1 EL Crème fraîche, 1 TL Joghurt

1 Prise Zucker, einige Pfefferminzblättchen

1. Ingwer schälen, in Scheiben schneiden. Rotwein mit Zitronen- und Orangensaft, Nelken, Zimt, Piment, Rosmarin und Zucker aufkochen. Birnen schälen, längs mitsamt dem Stiel halbieren. Kerngehäuse entfernen und die Birnenhälften in den kochenden Sud einlegen. Die Hitze reduzieren und die Birnen 10 Minuten köcheln lassen, sie sollten nicht zu weich werden. Vom Herd nehmen und die Birnen 1 Tag durchziehen lassen. Dann 300 ml Sud abnehmen, auf 150 ml reduzieren, durch ein Sieb passieren und abkühlen lassen.

2. Aus den angegebenen Zutaten einen Brandteig herstellen. Die Birne (120 g) schälen, halbieren und das Kerngehäuse entfernen. Das Fruchtfleisch würfeln und unter den Teig rühren.

3. Öl auf 180 °C erhitzen. Den Teig teelöffelweise abstechen, zu Krapfen formen und goldbraun ausbacken. Mit dem Schaumlöffel herausheben. Die Krapfen auf Küchenpapier gut abtropfen lassen.

4. Birnenhälften aus dem Sud heben, gut abtropfen lassen und auf Tellern mit den Brandteigkrapfen anrichten, mit Minze garnieren und mit Puderzucker besieben. Crème fraîche, Joghurt und Zucker verrühren, in eine Papierspritztüte füllen. Die Birnen mit etwas Rotweinsauce umgießen. Darauf mit der Crème-fraîche-Joghurt-Sauce helle Linien aufspritzen und diese mit einem Zahnstocher verziehen.

Birnen | *in Rotweinsud gegart, harmonieren sehr gut mit den knusprig ausgebackenen Krapfen mit Birnenstückchen.*

a | **Die Blattschablone** auf die Dauerbackfolie legen und die Masse mit einer Palette darauf verstreichen.

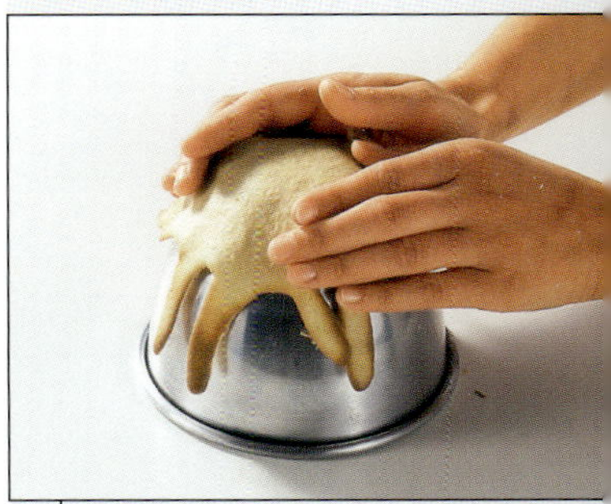

b | **Das Hippenblatt** noch heiß vom Blech lösen und sofort über eine kleine runde Schüssel stülpen.

→ **Die Schablone** für das Hippenblatt lässt sich in der gewünschten Größe leicht selbst herstellen. Dafür den ungefähren Umriss eines Ahornblattes (etwa 20 x 17 cm groß) auf eine stabile Folie aufzeichnen, ausschneiden – und fertig. Verstreichen lässt sich die Hippenmasse dann am besten mit einer Winkelpalette.

Fruchtsüppchen
Raffiniert & farbenfroh

Die Kokos-Nocken in leicht gesalzenes kochendes Wasser einlegen, ziehen lassen, vorsichtig wenden.

Nicht alltäglich sind diese, schon optisch sehr ansprechenden Fruchtsuppen – ob zweifarbig mit Kokosnocken oder als Orangensuppe mit Schokoladenpudding. Die beiden Suppen im ersten Rezept sind in Form eines »Jing-Jang-Zeichens« angerichtet: Dafür schöpft man zuerst die Heidelbeersuppe auf den Teller, so dass eine Wellenform entsteht, und gießt dann die Pflaumensuppe an. Beide Suppen können nicht ineinander laufen, weil sie zuvor mit Speisestärke gebunden wurden.

Kokosschnee-Eier in zweierlei Fruchtsuppen

Für die Pflaumensuppe:

500 g gelbe Pflaumen, 100 g Zucker

50 ml Orangensaft, 20 ml Zitronensaft

1/8 l Pflaumenwein, 10 g Speisestärke

Für die Heidelbeersuppe:

400 g Heidelbeeren, 80 g Zucker

80 ml Orangensaft

100 ml Heidelbeerwein, 8 g Speisestärke

Für die Kokos-Nocken:

80 g frisch geriebenes Kokosnussfleisch

20 g Puderzucker, 2 Eiweiße, 1 Prise Salz

1 Spritzer Zitronensaft, 70 g Zucker

1. Pflaumenfruchtfleisch klein schneiden und mit Zucker, Orangen- und Zitronensaft, Pflaumenwein und 1/8 l Wasser aufkochen. Bei schwacher Hitze 15 Minuten köcheln, pürieren und durch ein Sieb passieren. Die Speisestärke mit kaltem Wasser anrühren, in die Suppe gießen, aufkochen und abkühlen lassen.

2. Die Heidelbeeren waschen, gut abtropfen lassen und mit Zucker, Orangensaft, Heidelbeerwein und 100 ml Wasser kurz aufkochen. 10 Minuten köcheln lassen, durch ein Sieb passieren. Die Speisestärke mit etwas kaltem Wasser anrühren und in die Suppe gießen, aufkochen und abkühlen lassen.

3. Den Ofen auf 220 °C vorheizen. Die Kokosraspel mit dem gesiebten Puderzucker vermischen und auf einem Blech verteilen. In den Ofen schieben und nach Sicht goldgelb rösten, dabei hin und wieder umrühren. Darauf achten, dass die Raspel nicht zu dunkel werden. Herausnehmen und abkühlen lassen.

4. Für die Kokos-Nocken Eiweiße mit Salz und Zitronensaft zu Schnee schlagen, dabei den Zucker einrieseln lassen. Ausreichend Wasser aufkochen, die Hitze reduzieren. Eischnee-Nocken abstechen, im Wasser 2 bis 3 Minuten gar ziehen lassen, vorsichtig wenden und nochmals 2 bis 3 Minuten ziehen lassen. Mit dem Schaumlöffel herausheben, abtropfen lassen und die Nocken in den Kokosraspeln wenden. Die beiden Fruchtsuppen mit den Kokos-Nocken anrichten.

Blutorangen *sind die Grundlage dieser köstlichen Suppe, die mit Schokoladenpudding gereicht wird.*

Blutorangensuppe mit Schokoladenpudding

3/4 l Blutorangensaft (aus etwa 15 Orangen)

150 ml Limettensaft (aus etwa 5 Limetten)

120 g Zucker, 30 bis 35 g Speisestärke

Für den Schokoladenpudding:

3 Eigelbe, 50 g Zucker, 1/2 Vanilleschote

50 g flüssige Zartbitterkuvertüre

50 g geröstete Mandelblättchen

25 g geriebene Löffelbisquits, 3 Eiweiße

Außerdem:

Butter, Zucker, einige Blätter Zitronenmelisse

1/8 l Champagner, Puderzucker

6 Förmchen von 100 ml Inhalt und 6,5 cm Ø

1. Orangen- und Limettensaft sowie Zucker für die Blutorangensuppe zum Kochen bringen. Die Hitze reduzieren und 10 Minuten köcheln lassen. Die mit wenig Wasser angerührte Speisestärke zugießen und die Suppe damit sämig binden. Durch ein Sieb passieren und kalt stellen.

2. Inzwischen den Ofen auf 180 °C vorheizen und die Masse für den Schokoladenpudding vorbereiten, wie in den Steps der Bildfolge rechts beschrieben *[siehe a bis c]*.

3. Die Förmchen mit Butter ausstreichen, mit Zucker ausstreuen und mit der Schokoladenmasse füllen. In ein Wasserbad stellen und den Schokoladenpudding in den Förmchen im vorgeheizten Ofen 25 bis 30 Minuten backen.

4. Inzwischen die Zitronenmelisse in Streifen schneiden und in die kalte Fruchtsuppe streuen. Kurz bevor der Pudding fertig gegart ist – Stäbchenprobe machen – die Suppe mit Champagner verfeinern und in Suppenteller schöpfen.

5. Die Förmchen aus dem Ofen nehmen, stürzen und die Oberfläche jedes Puddings mit Puderzucker besieben. Schokoladenpudding in der kalten Fruchtsuppe anrichten und servieren.

a **Schokoladenmasse herstellen:** Eigelbe mit Zucker und Vanillemark auf einem Wasserbad schaumig rühren.

b Die flüssige Kuvertüre unterrühren. Die Mandeln und die Biskuitbrösel nach und nach unterziehen.

c Die Eiweiße zu steifem Schnee schlagen und den Eischnee vorsichtig unter die Schokomasse heben.

Köstlich kalt

Eis und Getränke

Verführerisch und erfrischend sind die Rezepte dieses Kapitels. Gefrorenes mit Frucht in vielen Variationen: Eiscreme, Pfirsich-Parfait, Himbeer-Sorbet und Erdbeer-Granité sowie fruchtige Drinks mit pürierten Erdbeeren oder Ananasfruchtfleisch.

→ Wenn nicht anders angegeben, sind alle Rezepte für 4 Portionen berechnet.

Schmelzende Genüsse

Eiscreme, Parfait & Granité

Auf der Basis einer einzigen Creme können viele Eissorten hergestellt werden. Mit Vanille aromatisiert – wie unten – ergibt sie ein köstliches Vanilleeis. Für Eissorten mit Früchten reduziert man den Vanilleanteil der Basiscreme auf 1/2 Schote.

Grundrezept für Vanille-Eiscreme

je 1/2 l Milch und Sahne

200 g Zucker

4 Vanilleschoten

1 Prise Salz, 8 Eigelbe, 4 Eier

40 g Glukosesirup

1. Die Basiscreme herstellen, wie unten gezeigt *[siehe a bis e]*. Die Creme durch ein Sieb streichen, dabei eventuell geronnenes Eiweiß entfernen.

2. Die Basiscreme – hier für Vanilleeis – in der Eismaschine frieren lassen *[siehe f]*. Den Spatel herausnehmen und das Eis portionieren.

Zart schmelzendes Pfirsichparfait

200 g Pfirsiche, 20 ml Zitronensaft

4 Eigelbe, 120 g Zucker

1/2 Vanilleschote, 150 ml Milch

3 cl Pfirsichlikör, 150 ml Sahne

Außerdem:

6 kleine Kastenformen

1. Pfirsiche blanchieren, abschrecken, häuten und entsteinen. Fruchtfleisch fein pürieren, Zitronensaft einrühren und alles durch ein Sieb passieren.

2. Eigelbe mit Zucker cremig rühren. Vanilleschote aufschlitzen und in der Milch aufkochen. Herausnehmen und das Mark in die Milch zurückstreifen. Die Vanillemilch langsam zu der Eigelbmasse gießen, dabei ständig rühren. Die Creme in einem Topf unter ständigem Rühren erhitzen, aber nicht kochen, bis sie leicht angedickt ist. Weiterverfahren, wie gezeigt *[siehe a, rechts]* und kaltrühren.

3. Sahne steif schlagen. Weiterverfahren, wie rechts gezeigt *[siehe b bis c]*. Das Gefrieren dauert einige Stunden. Herausnehmen, die Formen kurz in heißes Wasser tauchen und die Parfaits auf Teller stürzen. Nach Belieben mit Fruchtsauce oder -kompott servieren.

a **Basiscreme herstellen:** Milch, Sahne, 100 g Zucker, Vanilleschoten und Salz unter Rühren aufkochen.

b Eigelbe und Eier auf dem heißen Wasserbad mit restlichem Zucker aufschlagen, vom Wasserbad nehmen.

c Vanilleschoten entfernen, das Mark in die heiße Milch zurückstreifen, diese unter die Eigelbmasse rühren.

d Die Creme auf dem heißen Wasserbad »zur Rose abziehen«, das heißt, unter Rühren andicken.

e Den Glukosesirup einrühren und die Creme vom Wasserbad nehmen. Auf Eiswasser kaltrühren.

f Die abgekühlte Creme nach Anweisung in die Eismaschine einfüllen und cremig frieren.

Himbeersorbet

160 g Zucker

1 Stück unbehandelte Orangenschale

500 g frische Himbeeren

100 ml frisch gepresster Orangensaft

1. Zucker mit 300 ml Wasser und der Orangenschale aufkochen, bis der Zucker sich vollständig aufgelöst hat. Abkühlen lassen.

2. Himbeeren pürieren, Orangensaft einrühren und durch ein Sieb streichen *[siehe d, rechts]*. Abgekühlten Sirup von der Orangenschale befreien, zum Himbeerpüree gießen und die Masse in der Sorbetière (Eismaschine) gefrieren *[siehe e bis f]*.

Erdbeer-Prosecco-Granité

300 g Erdbeeren, gewaschen und geputzt

70 g Puderzucker, Saft von 1 Limette

0,6 l Prosecco

1. Erdbeeren pürieren, durch ein feinmaschiges Sieb passieren. Puderzucker mit Limettensaft und Erdbeerpüree sorgfältig verrühren.

2. Die Mischung in ein flaches Gefäß gießen, den Prosecco unterrühren. Granité ins Tiefkühlfach stellen. Sobald das Granité am Rand gefriert, Eisschicht mit dem Löffel abkratzen und unter den flüssigen Mittelteil rühren. Mehrmaliges Durchmischen macht die Körnung feiner *[siehe g bis i]*.

a **Für das Pfirsichparfait** die Creme durch ein feines Sieb gießen.

b Pfirsichmark und Likör unterrühren. Die Sahne unterheben.

c Masse in gekühlte Formen einfüllen und gefrieren.

d **Für das Himbeersorbet** Himbeerpüree mit Orangensaft passieren.

e Erkalteten Zuckersirup zugießen und sorgfältig unterrühren.

f In der Eismaschine zu cremigem Sorbet frieren.

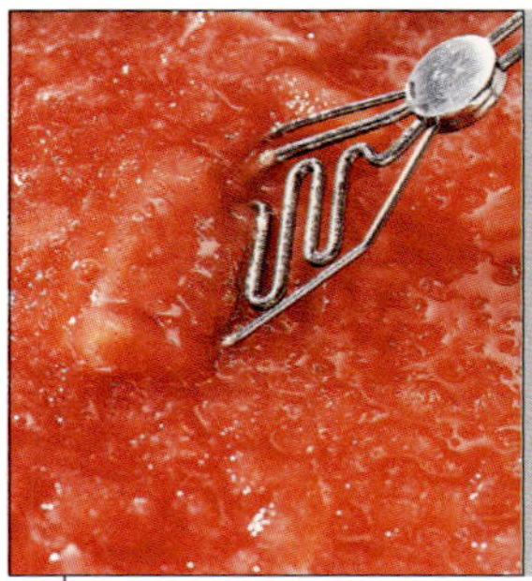

g **Granité herstellen:** Den Eisrand unter die noch flüssige Mitte rühren.

h Das Granité während des Gefrierens immer wieder durchrühren,

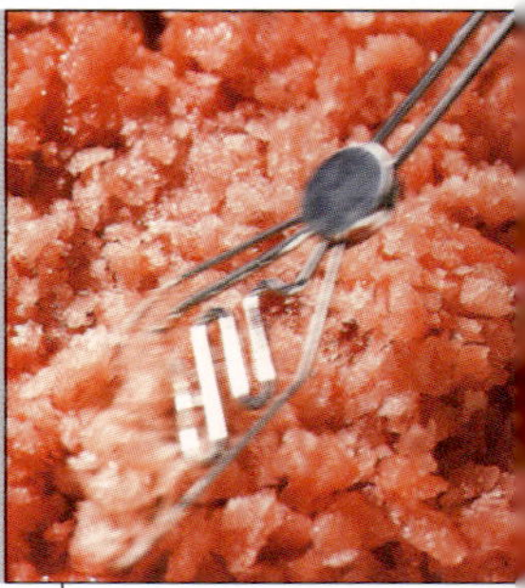

i Fertig ist es, wenn es gleichmäßig durchgefroren ist.

a **Orangenscheiben kandieren:** Aus 300 ml Wasser und 175 g Zucker einen Sirup kochen.

100 Wasser
135 g

b 3 bis 4 unbehandelte Orangen, in dünnen Scheiben, in den Topf einschichten.

c Zugeschnittenes Pergamentpapier andrücken. 24 Stunden stehen lassen.

d Orangen aus dem Sirup heben, auf einem Gitter trocknen. Passt gut zu Eis und Desserts.

Bunte Eisvielfalt
Eiscremes & Parfaits

Selbst gemachte Parfaits und sahnige Eiscremes sind als Dessert sehr beliebt. Für einige der rechts aufgeführten Eiscremes werden einfach weitere Zutaten unter die Basiscreme gerührt, bevor sie dann – wie die anderen bunten Eiscremes auch – in der Eismaschine cremig gefroren werden. Das Eis nach Belieben mit Fruchtsauce oder -kompott servieren.

Lebkuchenparfait mit kandierten Früchten

VORBEREITUNG: Das Parfait über Nacht im Tiefkühlfach gefrieren lassen.

Für das Parfait:

40 g rote, geviertelte kandierte Kirschen

je 40 g fein gehacktes Orangeat und Zitronat

40 g Rosinen, 4 cl Kirschwasser

1/8 l Milch

1 bis 1 1/2 TL Lebkuchengewürz

3 Eier, 3 Eigelbe

150 g Zucker, 2 Blatt weiße Gelatine

1/2 l Sahne, steif geschlagen

Für das Glühweinsabayon:

3 Eigelbe, 100 g Zucker

1/8 l Glühwein

Außerdem:

2 Tunnelformer, 35 cm Länge (etwa 600 ml)

Schokoladenspäne und Puderzucker

1. Kirschen, Orangeat, Zitronat und Rosinen in Kirschwasser einweichen. Die Milch mit dem Lebkuchengewürz aufkochen. Eier, Eigelbe und Zucker cremig rühren. Die noch heiße Milch langsam nach und nach zugießen, dabei ständig umrühren. Die Creme auf einem heißen Wasserbad unter Rühren andicken, also »zur Rose abziehen«. Die in kaltem Wasser eingeweichte Gelatine ausdrücken und in der warmen Creme auflösen. Diese auf Eiswasser kaltrühren und durch ein feines Sieb passieren. Die eingelegten Früchte untermischen. Die Sahne unterheben. Parfait-Masse in die Formen füllen und über Nacht gefrieren lassen.

2. Für das Sabayon Eigelbe mit Zucker cremig rühren, auf einem heißen Wasserbad mit dem Glühwein schaumig schlagen, bis die Creme das doppelte Volumen erreicht hat. Auf Eiswasser kaltschlagen. Parfait in der Form kurz unter heißes Wasser halten und auf eine Platte stürzen. Mit Schokolade bestreuen, mit Puderzucker besieben und in Scheiben mit dem Sabayon servieren.

Winterlich aromatisiert mit Lebkuchengewürz und garniert mit eingelegten, kandierten Früchten ist dieses Parfait krönender Abschluss eines Menüs.

Aparte Optik: Das Himbeer-Aprikosen-Parfait sieht durch seine dreieckige Form recht interessant aus. Dazu passt bestens frisch geraspelte Kokosnuss.

Aprikosen-Himbeer-Parfait

VORBEREITUNG: Das Parfait einige Stunden – am besten über Nacht – tiefkühlen.

Für das Aprikosenparfait:

Saft von 1/2 Zitrone

150 g pürierte und passierte Aprikosen

100 g Zucker, 25 g Glukosesirup

1 Eiweiß, 80 ml Sahne, steif geschlagen

Für das Himbeerparfait:

Saft von 1/2 Zitrone

150 g pürierte und passierte Himbeeren

100 g Zucker, 25 g Glukosesirup

1 Eiweiß, 80 ml Sahne, steif geschlagen

Außerdem:

1 Dreiecksform von 30 cm Länge und 1,2 l Inhalt, Frischhaltefolie

etwa 100 g frisch geraspeltes Kokosnussfleisch

1. Den Zitronensaft unter das Aprikosenpüree rühren. Die Hälfte des Zuckers, Glukosesirup und 25 ml Wasser in einem Topf aufkochen und mit Hilfe eines Thermometers auf 112 °C erhitzen.

2. Das Eiweiß mit dem übrigen Zucker halbsteif schlagen und nach und nach in die Zuckerlösung einrühren. Die Eischneemasse kaltschlagen. Erst das Aprikosenpüree dann die Sahne unter die Eischneemasse heben.

3. Für das Himbeerparfait den Zitronensaft unter das Himbeerpüree rühren und weiterverfahren, wie beim Aprikosenparfait beschrieben.

4. Die Dreiecksform mit Folie auskleiden. Erst die Aprikosenmasse einfüllen und glatt streichen. 5 bis 7 Minuten im Tiefkühlfach anfrieren lassen. Darauf die Himbeermasse einfüllen, glatt streichen und alles einige Stunden tiefkühlen. Herausnehmen, die Form kurz unter heißes Wasser halten und das Parfait auf eine Platte stürzen. Die Folie abziehen, das Parfait mit Kokosraspeln bestreuen, in Scheiben schneiden und sofort servieren. Nach Belieben Himbeersauce dazu reichen.

← **Ananaseis:** 200 g Ananasfruchtfleisch pürieren, mit 100 g Zucker 1 bis 2 Minuten einkochen. 150 g Ananasfleisch klein würfeln und 6 bis 8 Minuten im Sirup mitkócheln. Erkaltet mit 600 ml Basiseiscreme mischen und cremig gefrieren.

Erdbeer-Joghurt-Eis: → 350 g Joghurt mit 100 g Puderzucker verrühren. 6 cl Zitronensaft, 300 g frisches Erdbeerpüree und 2 cl Erdbeerlikör unterrühren. 1/8 l steif geschlagene Sahne und 80 g Erdbeerwürfel unterheben und gefrieren.

← **Bananen-Schoko-Eis:** 150 g Joghurt, 200 g Quark, 2 cl Bananenlikör, 300 g Bananenpüree, 6 cl Limettensaft und 100 g Puderzucker verrühren. 20 g Zartbitterschokoraspel und 1/8 l steif geschlagene Sahne unterziehen, cremig gefrieren.

Pfirsicheis: Fruchtfleisch → von 250 g reifen Pfirsichen (ohne Haut) pürieren und passieren. Mit 50 g Zucker 2 bis 3 Minuten köcheln. Abkühlen lassen. Mit 4 cl Pfirsichlikör und 1 TL gehackter Melisse in 600 ml Basiscreme einrühren und gefrieren.

← **Holunder-Quark-Eis:** Sirup aus 200 ml Holundersaft und 200 g Zucker mit 350 g Quark, 2 cl Holunderlikör, 2 cl Zitronensaft und der Schale 1 unbehandelten Zitrone glatt rühren. 1/8 l geschlagene Sahne unterheben und in der Eismaschine cremig gefrieren.

Apfelrahmeis: 300 g Apfel- → raspel mit 50 g Zucker und 4 cl Zitronensaft 2 bis 3 Minuten köcheln. Abkühlen lassen. Mit 2 cl Calvados unter 600 ml Basiscreme rühren und gefrieren.

Die pure Erfrischung Sorbets & Granités

Eiskalt sind sie beide: Granité und Sorbet. Granité – das körnige, nur leicht gesüßte Eis auf der Basis von säuerlichem Fruchtsaft, Wein oder Champagner – wird von Hand gerührt. Sorbets sind in den Zutaten variabler, sie lassen sich auch in Eismaschinen cremig frieren.

Orangen-Campari-Granité

1/4 l frisch gepresster Orangensaft

100 g Puderzucker

550 ml Weißwein, 6 cl Campari

1. Orangensaft durch ein feinmaschiges Sieb gießen und mit Puderzucker verrühren. Weißwein und Campari unterrühren und die Mischung in ein flaches Gefäß gießen. Dieses in das Tiefkühlfach stellen.

2. Sobald die Flüssigkeit am Rand zu gefrieren beginnt, die Eisschicht mit einem Löffel abkratzen und unter den flüssigen Mittelteil mischen. Durch den niedrigen Zuckergehalt bilden sich beim Gefrieren Kristalle, deshalb sollte das Durchrühren vom Rand in die Mitte bis zu etwa 10-mal – je nachdem wie fein die Körnung ausfallen soll – wiederholt werden.

3. Das Granité in kühle Glasschalen füllen und nach Belieben mit Kumquats und Mandarinensalbei garnieren und sofort servieren.

Granité: Je mehr Zucker man verwendet, desto feiner werden die Kristalle – fleißiges Rühren führt aber auch zu einer feinen Körnung.

Birnen-Minze-Sorbet

300 g Birnen, 30 ml Zitronensaft

400 ml Weißwein, 180 g Zucker

4 cl Birnengeist

1 TL geschnittene Pfefferminze

1. Birnen schälen, vierteln, das Kerngehäuse entfernen und das Fruchtfleisch in Stücke schneiden. Den Zitronensaft, Weißwein und Zucker in einem Topf unter Rühren aufkochen lassen, bis sich der Zucker vollständig aufgelöst hat. Die Birnenstücke einlegen und 5 Minuten mitköcheln. Die Mischung im Mixer pürieren und erkalten lassen. Birnengeist und Pfefferminze unterrühren.

2. Die Masse in der Eismaschine cremig frieren. Vom fertigen Sorbet Kugeln abstechen und nach Belieben Mandarinenkompott dazureichen. Als Garnitur sehen hauchdünne Birnenchips sehr hübsch aus.

Traubensorbet

150 g Zucker

1/4 l frischer roter Traubensaft

1/4 l Rotwein

1. 150 ml Wasser mit Zucker aufkochen und abkühlen lassen. Traubensaft und Rotwein zugießen und verrühren. In der Eismaschine cremig frieren.

Zweierlei Sorbets

Für das Johannisbeersorbet:

500 g rote Johannisbeeren

1/8 l Sauternes, 2 Eiweiße

110 g Zucker

Für das Mirabellensorbet:

300 g Mirabellen, 5 cm Zimtstange

Saft von 1/2 Limette, 80 g Zucker

1/4 l Prosecco, 2 cl Mirabellengeist

1. Für das Johannisbeersorbet die Beeren von den Rispen streifen, im Mixer pürieren, Wein zugießen und durch ein Sieb passieren. Eiweiße zu Schnee schlagen, dabei den Zucker einrieseln lassen. Eischnee unter die Beeren heben und die Masse in der Eismaschine cremig frieren.

2. Für das Mirabellensorbet die Früchte waschen, halbieren und entsteinen. 150 ml Wasser mit Zimt, Limettensaft und Zucker unter Rühren aufkochen, bis sich der Zucker aufgelöst hat. Die Mirabellen 4 bis 5 Minuten mitköcheln. Die Mischung pürieren, passieren und abkühlen lassen. Prosecco und Mirabellengeist unterrühren und die Masse in der Eismaschine cremig frieren. Sorbets separat in Spritzbeutel mit Lochtülle Nr. 10 füllen und spiralförmig auf gekühlte Teller spritzen. Dazu passt ein Aprikosenkompott.

Mit und ohne Alkohol
Getränke mit Obst

Die Zutaten für die Drinks rechts sind mit Ausnahme des Erdbeershakes hinten (für 4) alle für 1 Glas berechnet. Im Uhrzeigersinn: Sex on the beach, Golden Sunset, Batida de Abacaxi, Adam´s Delight.

Melonenbowle

1 kg Melonenkugeln (etwa Galia- oder Honigmelone)
Zesten 1 unbehandelten Orange
6 cl Cointreau, 100 ml Zuckersirup
1 1/2 l Weißwein
5 Blätter Fruchtsalbei, 3/4 l Sekt

1. Die Melonenkugeln, Orangenzesten, Cointreau, Sirup und Weißwein in ein Bowlengefäß füllen.

2. Den Fruchtsalbei einlegen, zugedeckt eine Stunde ziehen lassen, den Sekt angießen und servieren.

Melonenbowle mit Orangenzesten – ein frischer Genuss. Auf einer Sommerparty wird die prickelnde Mischung mit Sicherheit großen Anklang finden.

Sex on the beach

Crushed ice, 3 cl Wodka
1 cl Pfirsichsirup
3 cl frischer Orangensaft
3 cl Preiselbeersaft, Grenadinesirup
Kristallzucker, Zitronenmelisse

1. Etwas Crushed ice mit dem Wodka, Pfirsichsirup, Orangen- und Preiselbeersaft im Shaker gut schütteln.

2. Glasrand erst in den Grenadinesirup, dann in Kristallzucker tauchen. Glas mit dem restlichen Crushed ice füllen und den Drink durch ein Barsieb eingießen. Mit Melisse garnieren.

Golden Sunset

12 cl frischer rosa Grapefruitsaft
2 cl Limettensaft
je 2 cl Zucker- und Grenadinesirup
8 Eiswürfel, 1 Limettenscheibe

1. Den Grapefruit- und Limettensaft, Zucker- und Grenadinesirup mit vier Eiswürfeln in den Shaker füllen, fest verschließen, 1 Minute stark schütteln.

2. Restliche Eiswürfel und die Limettenscheibe in ein Glas füllen. Drink durch das Barsieb über das Eis gießen.

Batida de Abacaxi

120 g frische geschälte Ananas
Crushed ice, 5 cl Cachaça
2 cl Zuckersirup, 1 cl Sahne
Curaçao-blue-Sirup, Kristallzucker
1 Ananasstück zum Garnieren
Cocktailkirsche

1. Ananas pürieren und passieren. Etwas Crushed ice mit Püree, Cachaça, Sirup und Sahne im Shaker schütteln.

2. Den Glasrand in Curaçao-blue-Sirup und dann in Kristallzucker tauchen. Glas mit restlichem Crushed ice füllen und den Drink durch ein Barsieb darüber gießen. Mit Ananasstück und Cocktailkirsche garnieren.

Adam´s Delight

100 g Mangofruchtfleisch
4 cl Mangosirup, 2 cl Zuckersirup
4 cl Limettensaft
1 Messerspitze Vanillemark
Crushed ice, Limettenspirale

1. Mangofleisch pürieren, fein passieren. Mit den Sirupsorten, Saft und Vanillemark in einem Shaker schütteln.

2. Das Crushed ice in ein Glas füllen, den Drink darüber gießen und mit der Limettenspirale garnieren.

Erdbeershake

400 g frische Erdbeeren
1/2 l eisgekühlte Milch
6 cl Zuckersirup
1 Messerspitze Vanillemark
3 Kugeln Erdbeer-Eis
4 Erdbeeren mit Stiel

1. Die Erdbeeren waschen, trockentupfen und entstielen. Mit Milch, Sirup, Vanille und Erdbeereis pürieren.

2. Erdbeershake in längliche Gläser füllen; mit je einer Erdbeere mit Stiel garnieren und sofort servieren.

Fruchtig-süß Backen

Knuspriger Teig und saftiges Obst: Was kann verlockender sein als ein duftender Apfelstrudel, frisch aus dem Ofen? Oder Erdbeerkuchen mit Vanillecreme als erster Frühlingsbote? Das Orangen-Haselnussgebäck schmeckt dagegen auch im Winter. Und dünne Tartes – mit saftigem Obst köstlich belegt – haben immer Saison.

Obstkuchen

Saftig & erfrischend

Aprikosenfladen

Für den Hefeteig:
400 g Mehl, 30 g frische Hefe
1/4 l lauwarmes Wasser
40 ml Sonnenblumenöl, 1 Prise Salz
Außerdem:
1 kg Aprikosen, 140 g Zucker
40 g zerlassene Butter

1. Mehl in eine Schüssel sieben, in die Mitte eine Mulde drücken, Hefe hineinbröckeln und mit der Hälfte des Wassers auflösen. Ansatz mit Mehl bestauben und zugedeckt an einem warmen Ort gehen lassen, bis die Oberfläche Risse zeigt.

2. Öl, Salz und restliches Wasser mit dem Mehl einarbeiten. So lange schlagen, bis der Teig Blasen wirft und sich gut von der Schüsselwand löst.

3. Aprikosen blanchieren, kalt abschrecken, häuten und entsteinen. Das Fruchtfleisch 1,5 cm groß würfeln.

4. Teig halbieren und zu zwei ovalen Platten ausrollen. Eine auf ein gefettetes Blech legen und die Hälfte der Aprikosen gleichmäßig darauf verteilen. Mit der Hälfte des Zuckers bestreuen. Zweite Teigplatte so auflegen, dass die Aprikosen bedeckt sind. Die Teigränder zusammendrücken. Restliche Aprikosen auf der Oberfläche verteilen. Mit einem Holzstäbchen mehrmals einstechen. Kuchen mit Folie bedecken, 1 Stunde ruhen lassen.

5. Die Oberfläche mit flüssiger Butter bestreichen, mit dem restlichen Zucker bestreuen und den Aprikosenkuchen bei 200 °C im vorgeheizten Ofen in 35 bis 40 Minuten goldbraun backen.

Mit Zwetschen und Mandelstiften

Für den Hefeteig:
250 g Mehl, 15 g Hefe
1/8 l lauwarme Milch, 20 g Butter
1 Eigelb, 25 g Zucker, 1 Prise Salz
Für den Belag:
1 kg Zwetschen, 60 g Amarettini
80 g Mandelstifte, 30 g Zucker
Außerdem:
Konische Backform von 28 cm Ø
Butter für die Form, Puderzucker

1. Das Mehl in eine Schüssel sieben, in die Mitte eine Mulde drücken und die Hefe hineinbröckeln. Mit der lauwarmen Milch auflösen. Den Ansatz mit etwas Mehl bestauben und zugedeckt an einem warmen Ort gehen lassen, bis die Oberfläche Risse zeigt.

2. Die Butter zerlassen, zum Vorteig gießen. Eigelb, Zucker und Salz zufügen und mit dem Mehl zu einem glatten Teig verarbeiten, bis er sich gut von der Schüsselwand löst. Erneut zudecken und den Teig gehen lassen, bis er das Doppelte an Volumen erreicht hat.

Leicht überzuckert wird der Zwetschenkuchen erst kurz vor dem Servieren. Wer will, reicht dazu frisch geschlagene Sahne.

Apfelkuchen einmal anders: In Ringe geschnitten kommen die Äpfel auf eine saftige Kokos-Quark-Unterlage.

3. Zwetschen waschen, gut abtropfen lassen oder trockentupfen. Die Früchte entsteinen, dabei aber nicht durchtrennen. Beide Hälften mittig der Länge nach etwa bis zur Hälfte einschneiden.

4. Die Form mit Butter ausstreichen. Teig ausrollen, einlegen und mehrmals mit der Gabel einstechen. Amarettini mit den Händen zu feinen Bröseln zerreiben, auf dem Teig verteilen. Den Boden dicht mit Zwetschen belegen.

5. Mandelstifte mit Zucker vermischen und 1 bis 2 EL Wasser zufügen, so dass der Zucker an den Mandeln kleben bleibt. Die Mandeln gleichmäßig auf den Zwetschen verteilen und den Kuchen bei 200 °C im vorgeheizten Ofen 20 bis 30 Minuten nach Sicht backen. Mit Puderzucker besieben.

Apfel-Kokos-Kuchen

150 g Quark oder Schichtkäse, 6 EL Milch

6 EL Sonnenblumenöl, 75 g Puderzucker

Mark von 1/2 Vanilleschote, 1 Prise Salz

300 g Mehl, 3 TL Backpulver

Für den Belag:

4 Eigelbe, 250 g Quark

100 g Puderzucker, 120 g Kokosraspel

abgeriebene Schale 1/2 unbehandelten Zitrone

20 g Speisestärke

850 g Äpfel (Golden Delicious, Glockenapfel)

Außerdem:

2 Eiweiße, 75 g Zucker, 30 g Kokosraspel

100 g Johannisbeerkonfitüre

1. Für den Teig den Quark durch ein feines Sieb in eine Schüssel streichen. Mit Milch, Öl, Puderzucker, Vanillemark und Salz verrühren. Die Hälfte des Mehls unterrühren, das restliche Mehl mit dem Backpulver mischen, sieben und unterkneten. Den Teig auf einer bemehlten Arbeitsfläche ausrollen, auf ein leicht gefettetes Backblech legen und an den Rändern etwas hochdrücken.

2. Für den Belag Eigelbe mit Quark, Puderzucker, Kokosraspeln, Zitronenschale und der Speisestärke verrühren. Die Äpfel schälen, das Kerngehäuse mit einem Apfelausstecher entfernen und die Äpfel in 8 mm dicke Ringe schneiden.

3. Die Kokos-Ei-Masse gleichmäßig auf dem Teigboden verteilen, die Apfelscheiben auflegen und den Kuchen im vorgeheizten Ofen bei 190 °C 25 bis 30 Minuten backen. Leicht abkühlen lassen.

4. Eiweiße zu Schnee schlagen, dabei den Zucker einrieseln lassen. In einen Spritzbeutel (Sterntülle Nr. 8) füllen und Rosetten auf die Apfelringe spritzen. Erneut 10 Minuten backen. Abkühlen lassen. Den Kuchen mit Kokosflocken bestreuen. Je 1 TL Johannisbeerkonfitüre in die Baiserrosetten füllen.

Verlockung pur
Kiwi in feinen Schichten

Kiwi-Quarktorte

Für den Mürbeteig:
400 g Mehl, 200 g Butter, 100 g Puderzucker
1 Ei, 1/4 TL Salz, Tortenring u. -folie (Ø 26 cm)
100 g Stachelbeerkonfitüre
Für das Agar-Agar-Gelee (ergibt 320 g):
6 g Agar-Agar-Pulver
200 ml lieblicher Weißwein
1/8 l heller Traubensaft, 30 g Zucker
Für den Belag:
3 grüne Kiwis, 5 gelbe Kiwis
Für den grünen Kiwi-Jus:
85 g Zucker, 30 g Speisestärke
100 g Kiwipüree (aus 2 grünen Kiwis)
50 ml Zitronensaft, 20 ml Reislikör
Für die Quark-Sahne-Creme:
5 Blatt weiße Gelatine, 200 g Schichtkäse
4 Eigelbe, 80 g Puderzucker
5 g Vanillezucker, 20 ml Zitronensaft
abgeriebene Schale 1/2 unbehandelten Zitrone
40 ml Reislikör, 300 ml Sahne, steif geschlagen
Für den gelben Kiwispiegel:
300 g Kiwipüree aus 5 gelben Kiwis
50 g Zucker

1. Aus den links angegebenen Zutaten rasch einen Mürbeteig kneten, in Folie wickeln und 1 Stunde kühl ruhen lassen. Weiterverfahren, wie im 1. Step unten beschrieben *[siehe a]*. Mürbeteigböden auf ein Blech legen, mit einer Gabel mehrmals einstechen und bei 180 °C in 8 bis 10 Minuten hellbraun backen. Auskühlen lassen.

2. Weiterarbeiten, wie im 2. und 3. Step unten gezeigt *[siehe b und c]*. Den Tortenring mit der stabilen Tortenringfolie auskleiden und beides um die Böden legen, wie gezeigt *[siehe d]*. Den 2. Boden ebenfalls mit Stachelbeerkonfitüre bestreichen.

3. Für das Gelee das Agar-Agar-Pulver in 3 bis 4 EL Wein anrühren. Restlichen Wein mit Traubensaft und Zucker aufkochen, Agar-Agar einrühren und erneut aufkochen. Kiwis vorbereiten, wie unten *[siehe e]* beschrieben. Für die grüne Schicht Zucker, Stärke, Kiwipüree und Zitronensaft mit 100 ml Wasser verrühren, aufkochen, vom Herd nehmen. Die Hälfte des Agar-Agar-Gelees sowie den Likör einrühren, aufkochen und auskühlen lassen. Grünen Jus über die Kiwischeiben gießen *[siehe f]*, 1 bis 2 Stunden auskühlen lassen.

4. Für die Quark-Sahne-Creme die Gelatine in kaltem Wasser einweichen. Alle anderen Zutaten – bis auf die Sahne – verrühren. Die Gelatine ausdrücken, auf einem heißen Wasserbad auflösen und unter die Quarkmasse rühren. Kurz vor dem Gelieren die geschlagene Sahne unterziehen und die Masse auf der grünen Schicht verteilen *[siehe g]*.

5. Für die gelbe Schicht das gelbe Kiwipüree mit Zucker aufkochen, das restliche Agar-Agar-Gelee zufügen, nochmals aufkochen. Bis zum Gelierpunkt auskühlen lassen, einen gelben Spiegel auf die Torte gießen *[siehe h]*. Tortenring entfernen.

a **Den Mürbeteig** ausrollen, mit dem Tortenring 2 runde Böden (Ø 26 cm) ausschneiden.

b **Den ersten Tortenboden** gleichmäßig mit Stachelbeerkonfitüre bestreichen.

c **Den zweiten Tortenboden** passgenau darauf setzen und leicht andrücken.

d **Tortenring mitsamt der Folie** um die zusammengesetzten Mürbeteigböden legen.

Die Kiwis schälen, in 1 cm dicke Scheiben schneiden und den Boden damit auslegen.

f **Den grünen Kiwi-Jus** kurz vor dem Gelierpunkt über die Kiwischeiben gießen, glätten.

g **Quarkmasse** auf der erstarrten Oberfläche verteilen, glatt streichen und kühlen.

h **Den gelben Kiwispiegel** zügig auf die Quarkcreme gießen, glatt streichen und kalt stellen.

Sommerlich erfrischend

Bunte Beerenkuchen

Im Juni, wenn die Beerensaison beginnt und der Sommer Einzug hält, sind fruchtige Kuchen genau das Richtige. Die erfrischend-säuerlichen Beeren werden in diesen Rezepten mit einer Schicht süßer Creme kombiniert. Der Klassiker: Vanillecreme mit Erdbeeren auf zweierlei Böden, mal knusprig, mal luftig. Der Elegante: Aprikosen und Beerenvielfalt auf einer gebackenen Royale. Besonders gut kommen auf dieser auch frische Brombeeren zur Geltung. Der Erdbeerkuchen mit Vanillecreme lässt sich zudem mit Himbeeren, Heidelbeeren oder Brombeeren variieren.

Erdbeerkuchen mit Vanillecreme

Für den Mandelmürbeteig:

90 g Mehl, 60 g geschälte, gemahlene Mandeln
40 g Zucker, 2 bis 3 EL Milch
abgeriebene, unbehandelte Zitronenschale
65 g Butter (Raumtemperatur), in Stücken

Für die Vanillecreme:

1/4 l Milch, 1/4 Vanilleschote, 60 g Zucker
2 Eigelbe, 20 g Speisestärke
Puderzucker zum Besieben

Für den Guss:

1/2 TL Agar-Agar, 1/8 l Weißwein
1/8 l Apfelsaft, 25 g Zucker

Außerdem:

1 Tortenring von 24 cm Durchmesser
50 g Erdbeerkonfitüre zum Bestreichen
1 heller Biskuitboden 24 cm Ø, 1,5 cm hoch
500 g Erdbeeren, gewaschen und geputzt
40 g geröstete Mandelblättchen

1. Für den Teig Mehl und Mandeln auf eine Arbeitsfläche schütten. In die Mitte eine Mulde drücken, Zucker, Milch, etwas Zitronenschale und Butterstücke zufügen und alles mit einer Palette

Herrlich saftig, der Beerenkuchen mit Aprikosen. Damit jedoch der Boden nicht durchweicht, sollte man ihn kurz vorbacken.

oder einem großen Messer zu feinen Krümeln hacken. Mit den Händen rasch zu einem glatten Teig verkneten, in Folie wickeln und 1 Stunde kühl ruhen lassen. Teig etwas größer als 24 cm Ø ausrollen, Tortenring aufdrücken, überschüssigen Teig entfernen und die Platte auf ein Blech legen. Mit einer Gabel einstechen und bei 200 °C im vorgeheizten Ofen 10 bis 15 Minuten backen.

2. Für die Creme 3/4 der Milch mit der Vanilleschote und 30 g Zucker aufkochen. Vanillemark in die Milch streifen. Eigelbe mit Stärke, dem restlichen Zucker und der restlichen Milch glatt rühren und langsam unter Rühren in die Milch gießen. Mehrmals aufkochen lassen, gut durchrühren. Die Creme noch warm mit Puderzucker besieben, damit sich keine Haut bildet. Etwas abkühlen lassen und die Creme durch ein Sieb streichen.

3. Mürbeteigboden auf eine Tortenplatte legen, mit Konfitüre bestreichen. Den Tortenring umlegen, Biskuitboden auflegen und leicht andrücken. Die Vanillecreme bis auf 2 EL darauf verstreichen. Abgetropfte Erdbeeren, je nach Größe halbiert oder geviertelt, auf der Creme verteilen.

4. Für den Guss Agar-Agar mit 2 bis 3 EL Wein verrühren. Restlichen Wein mit Apfelsaft und Zucker aufkochen. Die Agar-Agar-Mischung einrühren, alles 2 Minuten köcheln, etwas abkühlen lassen und den Guss lauwarm über die Erdbeeren gießen. Tortenring entfernen. Den Rand des Kuchens mit der restlichen Vanillecreme bestreichen und mit Mandelblättchen verzieren.

Beerenkuchen mit Aprikosen und Royale

Für den Mürbeteig:

400 g Mehl, 200 g Butter

100 g Puderzucker, 1 Ei, 1/4 TL Salz

Für die Royale:

9 Eigelbe, 60 g Zucker, 1 Prise Salz

15 g Vanillepuddingpulver, 300 ml Sahne

200 ml Milch, Mark von 1/2 Vanilleschote

Für den Belag:

250 g Aprikosen

300 g rote und schwarze Johannisbeeren

je 100 g Brombeeren, Heidelbeeren, Erdbeeren

150 g Himbeeren

Außerdem:

1/2 l Weißwein, 2 Päckchen Tortenguss (weiß)

4 EL Zucker, Zitronemelisse zum Garnieren

Blech von 30 x 40 cm Größe, mit einem etwa 2 cm hohen Rand, Backpapier

Linsen zum Blindbacken

1. Aus den Zutaten einen Mürbeteig kneten, in Folie einschlagen und 30 Minuten kühl ruhen lassen. Den Teig auf einer bemehlten Arbeitsfläche in Blechgröße ausrollen, das Blech damit auslegen und einen Rand formen. Blindbacken wie rechts *[siehe a und b]* gezeigt. Mürbeteig bei 190 °C im vorgeheizten Ofen 20 Minuten backen. Herausnehmen, Linsen und Backpapier entfernen.

2. Die Eigelbe mit Zucker, Salz und Puddingpulver verrühren, Sahne, Milch und Vanillemark unterrühren. Die Royale auf den vorgebackenen Teigboden gießen, bei 190 °C weitere 20 Minuten backen. Herausnehmen und auskühlen lassen.

3. Die Aprikosen mit kochendem Wasser überbrühen, häuten, halbieren und entsteinen. Die Johannisbeeren vorsichtig von den Rispen streifen. Alle Beeren verlesen, in einem Sieb unter fließendem kaltem Wasser waschen, gut abtropfen lassen. Beeren und Aprikosen auf der Royale verteilen.

4. Für den Guss den Wein aufkochen. Tortengusspulver mit Zucker vermischen, in den Wein einrühren. Einige Male unter Rühren aufkochen. Etwas abkühlen lassen, Guss noch lauwarm auf den Früchten verteilen und mit Melisse garnieren.

a **Den Teig** mehrmals mit der Gabel einstechen. Backpapier auflegen.

b **Linsen** gleichmäßig auf dem Papier verteilen und den Boden blindbacken.

Johannisbeeren & Kirschen

Johannisbeeren vorsichtig unterheben, damit der schnittfeste Eischnee seine Struktur nicht verliert.

Schnell gemacht und raffiniert – zwischen herb-fruchtigem Baiser und Mürbeteig verbirgt sich eine zimtwürzige Mandelfüllung. Etwas Besonderes ist auch der Vollkornkuchen wegen seines Krümelteiges. Durch die Butter, die beim Backen schmilzt und die krümeligen Streusel miteinander verbindet, schmeckt der Kuchen kein bisschen trocken. Statt der Kirschen passen auch andere Obstarten wie Zwetschen, Pflaumen, Aprikosen, saftige Äpfel oder Birnen zu diesem Teig.

Johannisbeerbaiser

Für den Mürbeteig:

375 g Mehl, 130 g Puderzucker

1 Eigelb, 1 EL Milch, 190 g kalte Butter

Für den Belag:

300 g gemahlene ungeschälte Mandeln

150 g Zucker, 2 cl Rum

1/4 TL gemahlener Zimt

3 bis 4 Eiweiße

Für die Baisermasse:

4 Eiweiße, 200 g Zucker

Außerdem:

400 g rote Johannisbeeren

400 g schwarze Johannisbeeren

1 Blech von 30 x 40 cm Größe

1. Die roten und schwarzen Johannisbeeren in ein Sieb schütten und unter fließendem Wasser kurz abbrausen. Die Beeren etwas abtropfen lassen und von den Rispen streifen.

2. Das Mehl für den Teig auf eine Arbeitsfläche sieben, in die Mitte eine Mulde drücken. Puderzucker, Eigelb und Milch hineingeben, die kalte Butter in Stücken zufügen und alles rasch zu einem glatten Teig verkneten. In Folie wickeln und 2 Stunden kühl stellen.

3. Den Mürbeteig gleichmäßig stark in Blechgröße ausrollen, auf das Blech legen und mehrmals mit einer Gabel einstechen.

4. Die Mandeln mit dem Zucker, dem Rum, dem Zimt sowie 3 Eiweißen zu einer streichfähigen Masse verrühren; sollte die Masse zu trocken sein, nach Bedarf noch ein viertes Eiweiß zufügen. Die Masse auf dem Mürbeteig verstreichen und den Kuchen bei 220 °C im vorgeheizten Ofen etwa 20 Minuten backen. Herausnehmen und bis zur Weiterverarbeitung vollständig auskühlen lassen.

5. Für die Baisermasse die Eiweiße in einer absolut fettfreien Schüssel steif schlagen, dabei nach und nach den Zucker einrieseln lassen. Die abgezupften Johannisbeeren vorsichtig unterheben und die Eischnee-Beeren-Masse auf dem vorgebackenen, ausgekühlten Boden verstreichen.

6. Den Kuchen bei 190 °C im vorgeheizten Ofen nach Sicht in etwa 20 Minuten fertig backen.

Frisch aus dem Ofen, noch lauwarm serviert, schmeckt dieser saftige Vollkornstreuselkuchen mit Süßkirschen einfach am allerbesten.

Kirschstreusel

1 kg Süßkirschen

Für den Teig:

300 g weiche Butter, 200 g brauner Zucker

2 Eier, 100 g geschälte, gemahlene Mandeln

4 bis 5 EL Sahne, 1 Prise Salz

1/4 TL gemahlener Zimt

abgeriebene Schale von 1/2 unbehandelten Zitrone

600 g Dinkelmehl Type 1050

1 TL Backpulver

60 g Sonnenblumenkerne

50 g kernige Haferflocken

Außerdem:

1 Blech in der Größe 40 x 25 cm

Butter für das Blech, Puderzucker

1. Die Süßkirschen sorgfältig waschen und von den Stielen befreien. Die Kirschen entsteinen und in einem Sieb gut abtropfen lassen.

2. Für den Teig die weiche Butter in einer Schüssel mit dem Zucker cremig rühren. Eier einarbeiten, gemahlene Mandeln einrühren. Sahne, Salz, Zimt und Zitronenschale zufügen und alles gut vermengen. Das Dinkelmehl mit dem Backpulver vermischen, auf die Masse schütten und alles mit den Fingern zu einem krümeligen Teig verreiben. Mit Folie bedecken und den Krümelteig 30 Minuten in den Kühlschrank stellen.

3. Das Blech mit Butter ausstreichen und mit der Hälfte der Sonnenblumenkerne ausstreuen. 2/3 der Krümelteigmasse darauf verteilen und mit den Fingern zu einem Boden zusammendrücken *[siehe a]*, dabei einen 1 cm hohen Rand formen.

4. Die Haferflocken auf den Teigboden streuen. Die entsteinten Kirschen darauf verteilen *[siehe b]* und den restlichen Krümelteig darüber bröseln *[siehe c]*. Die Streusel mit Sonnenblumenkernen bestreuen und den Kuchen bei 190 °C im vorgeheizten Ofen 40 bis 45 Minuten backen. Herausnehmen und mit Puderzucker besieben.

a **Zwei Drittel des Teiges** zunächst lose einfüllen, dann festdrücken.

b **Einen Rand formen,** Boden mit Haferflocken bestreuen. Kirschen darauf verteilen.

c **Das restliche Drittel** des Teiges gleichmäßig über den Kirschen zerbröseln.

Belegt mit Früchten
Tartes & Torteletts

Beim Belegen der saftigen Tartes und Torteletts kann man der Fantasie freien Lauf lassen und die Obstsorten verwenden, die die Saison zu bieten hat: Erdbeeren im Frühsommer; Kirschen oder Pfirsiche im Sommer. Im Herbst lassen sich mit Pflaumen, Birnen, Äpfeln und Quitten köstliche Tartes backen, im Winter schmecken Mandarinen auf Torteletts. Wenn keine regionalen Obstsorten am Markt sind, machen sich auch exotische Früchte gut. Raffinierte Ergebnisse erzielt man etwa mit Kumquats, Feigen oder Mangos. Reif und saftig sollte das Obst aber auf jeden Fall sein. Tiefkühlfrüchte eignen sich hier weniger.

Traubentarte

Für den Mürbeteig:

110 g Mehl, 75 g Butter, in Stücken
20 g Puderzucker
1 Eigelb, 1 Prise Salz
Mark von 1/4 Vanilleschote

Für die Creme:

45 g Butter
45 g geschälte gemahlene Mandeln
45 g Zucker, 15 g Speisestärke
1 Eigelb, 1 EL Rum
je 50 ml Sahne und Milch
40 g Zucker, Mark von 1/2 Vanilleschote
8 g Speisestärke, 1 Eigelb

Kleine Fruchttorteletts sind besonders erfrischend. Die Zitronencreme ist mit rohen Früchten belegt, nur der Teig wird hier gebacken.

Für den Belag:

200 bis 250 g blaue Trauben

2 bis 3 EL passierte Aprikosenkonfitüre

Außerdem:

Backpapier, Hülsenfrüchte zum Blindbacken

1 Obstkuchenform von 18 bis 20 cm Ø

1. Für den Mürbeteig das Mehl auf eine Arbeitsfläche sieben. In die Mitte des Mehls eine Mulde drücken, restliche Teigzutaten hineinfüllen und diese mit einer Gabel vermengen; dabei etwas Mehl einarbeiten.

2. Mit einem breiten Messer oder einer Palette den Teig zu feinen Krümeln hacken. Rasch zu einem glatten Teig verkneten und in Folie gewickelt 1 Stunde kühl ruhen lassen.

3. Den Teig auf einer bemehlten Arbeitsfläche ausrollen und die Obstkuchenform damit auslegen. Mit der Gabel den Boden mehrmals einstechen, mit Backpapier auslegen und die Hülsenfrüchte darauf verteilen. Den Boden bei 220 °C im vorgeheizten Ofen 10 Minuten blindbacken. Danach Backpapier und Hülsenfrüchte entfernen.

4. Für die Creme die Butter mit den Mandeln und dem Zucker schaumig rühren. Die Stärke mit dem Eigelb und dem Rum glatt rühren und unter die Creme mischen.

5. Die Sahne – bis auf 1 Teelöffel – mit Milch, Zucker und Vanillemark aufkochen. In der Zwischenzeit die Speisestärke mit der restlichen Sahne und dem Eigelb anrühren. Die kochende Flüssigkeit damit binden, aufwallen lassen und anschließend die Masse kaltrühren. Sahnemasse unter die Mandelmasse heben und gleichmäßig auf dem Kuchenboden verstreichen.

6. Die Trauben für den Belag waschen, halbieren und entkernen. Mit der Schnittfläche nach unten auf die Crememasse legen. Bei 200 °C im vorgeheizten Ofen etwa 35 Minuten backen. Die Aprikosenkonfitüre erhitzen und die Oberfläche des Kuchens damit gleichmäßig glasieren.

Fruchttorteletts

Für den Mürbeteig:

220 g Mehl, 125 g kalte Butter, in Stücken

50 g Puderzucker, 1 Ei

Mark von 1/2 Vanilleschote, 1 Prise Salz

abgeriebene Schale 1/2 unbehandelten Zitrone

Für die Zitronencreme:

je 65 g Butter und Zucker

Saft und abgeriebene Schale von 1 Zitrone

1 Ei, 100 ml steif geschlagene Sahne

Für den Belag:

400 g Früchte nach Belieben (etwa Beeren der Saison, Kapstachelbeeren, Kiwi, Mango)

Außerdem:

Puderzucker zum Besieben

8 Torteletfförmchen von 8 cm Ø

Backpapier, Hülsenfrüchte zum Blindbacken

1. Die angegebenen Zutaten rasch zu einem Mürbeteig verkneten, in Folie wickeln und 1 Stunde kühl ruhen lassen. Für die Creme Butter, Zucker, Zitronensaft und -schale zum Kochen bringen. Das Ei unterrühren und die Masse stocken lassen, jedoch nicht mehr kochen. Die Masse durch ein Sieb streichen und kalt stellen.

2. Teig etwa 4 mm dick ausrollen und daraus Kreise – etwas größer als die Förmchen – ausschneiden. Die Förmchen damit auslegen, mit Backpapier und Hülsenfrüchten belegen und die Torteletts bei 200 °C im vorgeheizten Ofen 15 bis 20 Minuten blindbacken. Papier und Hülsenfrüchte entfernen, Torteletts auskühlen lassen. Die Früchte waschen und nach Belieben klein schneiden. Die steif geschlagene Sahne unter die Zitronencreme ziehen, diese auf den Torteletts verstreichen und die Früchte üppig darauf verteilen und mit Puderzucker bestauben.

→ **Variante Traubentarte:** Statt einer großen Traubentarte kann man auch Traubentörtchen mit Schokoboden backen. Dafür 150 g Mehl, 1/2 TL Backpulver, 10 g Kakaopulver, 1 Eigelb, 2 EL Milch, 1/2 TL gemahlener Zimt, abgeriebene Schale von 1 Zitrone, je 75 g Butter und Zucker sowie 75 g gemahlene Mandeln zu einem Mürbeteig verkneten. Die doppelte Menge an Creme wie für die Traubentarte herstellen. 4 Förmchen von 10 bis 12 cm Durchmesser mit Teig auskleiden und 10 bis 15 Minuten bei 220 °C blindbacken. Die Creme auf den Böden verteilen und mit 350 g weißen, halbierten und entkernten Trauben belegen. Im vorgeheizten Ofen bei 200 °C 20 Minuten backen. Mit Puderzucker bestauben und servieren.

Warme Obststrudel außen kross & innen saftig

Apfelstrudel

Für den Strudelteig:
150 g Mehl (Typ 405 oder 550), 1 Prise Salz
3 EL Sonnenblumenöl
Mehl zum Bestauben, Öl zum Bepinseln
Für die Füllung:
1,2 kg säuerliche Äpfel (etwa Cox Orange)
60 g Butter, 80 g Semmelbrösel
70 g zerlassene Butter, 80 g Zucker
1 TL gemahlener Zimt
50 g Rosinen
40 g gehackte Walnüsse
Außerdem:
Butter für das Blech
50 g zerlassene Butter zum Bestreichen
Puderzucker zum Bestauben

1. Für den Teig das Mehl auf eine Arbeitsplatte sieben. In die Mitte eine Mulde drücken, Salz und Öl zufügen, verrühren und nach und nach 80 ml Wasser zugießen. In etwa 10 Minuten verkneten *[siehe a]*. Den Teig auf einem mit Mehl bestaubten Blech etwa 30 Minuten ruhen lassen.

2. Inzwischen die Äpfel schälen und vierteln. Das Kerngehäuse entfernen und die Stücke in feine Scheiben schneiden oder hobeln. Butter zerlassen, die Brösel darin hell bräunen und erkalten lassen.

3. Ein Küchentuch auf einem Tisch ausbreiten, mit Mehl bestauben, den Teig darauf ausrollen *[siehe b]* und dünn ausziehen *[siehe c]*.

4. Den Teig mit Butter bestreichen *[siehe d]*. Das vordere Drittel der Länge nach mit den Semmelbröseln bestreuen. Zucker mit Zimt mischen und weiterverfahren, wie unten gezeigt *[siehe e]*.

5. Die seitlichen Ränder des Teigrechtecks etwa 1 1/2 cm breit einschlagen und den Strudel aufrollen *[siehe f]*, dabei immer wieder nachfassen, damit der Strudel kompakt wird. Den Strudel auf ein gebuttertes Blech legen *[siehe g]* und bei 200 °C im vorgeheizten Ofen etwa 25 Minuten backen. Strudel aufschneiden *[siehe h]*, mit Puderzucker bestauben und mit Vanillesauce servieren.

→ Vanillesauce:
6 Eigelbe und 100 g Zucker mit dem Schneebesen langsam cremig rühren, bis sich der Zucker aufgelöst hat und die Masse eine hellgelbe Farbe hat. 1/2 l Milch und 1/2 Vanilleschote aufkochen, die Schote herausnehmen und das Mark in die heiße Milch streifen. Die Vanillemilch abkühlen lassen, langsam unter die Eimasse rühren. In einen Topf umfüllen und unter Rühren erhitzen – aber nicht kochen – bis die Sauce dickflüssig ist. Durch ein feinmaschiges Sieb passieren und warm zum Strudel servieren.

Birnenstrudel

Für die Füllung:
1,2 kg Birnen, 60 g Butter, 80 g Semmelbrösel
70 g zerlassene Butter, 80 g Zucker, 1 TL Zimt
50 g Rosinen, 40 g gehackte Haselnüsse
100 ml halbsteif geschlagene Sahne

1. Den gleichen Teig wie für den Apfelstrudel links herstellen. Birnen schälen, vierteln und das Kerngehäuse entfernen. Das Fruchtfleisch hobeln.

2. Die Füllung auf die gleiche Weise wie die Apfelstrudelfüllung herstellen, nur statt der Walnüsse Haselnüsse verwenden und darüber noch die Sahne verteilen. Wie den Apfelstrudel fertig stellen.

a **Zutaten** zu einem geschmeidigen Teig kneten. Zur Kugel formen und mit Öl bepinseln.

b **Den Strudelteig** der Länge und Breite nach so weit wie möglich ausrollen.

c **Unter den Teig** greifen, in Etappen von der Mitte nach außen hauchdünn ziehen.

d **Den ausgezogenen Teig** mit der zerlassenen Butter gleichmäßig einpinseln.

Äpfel auf den Bröseln verteilen. Mit Rosinen, Nüssen und Zimtzucker bestreuen.

f **Durch Anheben** des Tuches den Strudel von der belegten Seite her langsam aufrollen.

g **Die Oberfläche des Strudels** auf dem Blech mit zerlassener Butter bestreichen.

h **Den fertigen Strudel** noch heiß leicht schräg in Stücke schneiden.

Süß gefüllt
Kleines Gebäck

Leckeres zum Kaffee: Bei den Windbeuteln hat man die Auswahl zwischen drei Kompotts – eines reicht jeweils für 6 bis 8 Stück.

Windbeutel mit dreierlei Fruchtkompotts

Für die Windbeutel:
1/4 l Wasser, 100 g Butter, 1 Messerspitze Salz
250 g gesiebtes Mehl, 5 bis 6 Eier
Puderzucker zum Bestauben
Für das Nektarinenkompott:
400 g Nektarinen, 20 Orangenblütenhonig
80 g Zucker, 100 ml Orangensaft
20 ml Zitronensaft
Abgeriebenes von 1 unbehandelten Orange
1/2 TL Stärke
Für das Zitrusfrüchtekompott:
2 Orangen, 1 rosa Grapefruit
Saft und abgeriebene Schale von 1 Limette
Mark von 1/2 Vanilleschote, 30 g Zucker
1/2 TL Speisestärke, 2 Clementinen
Für das Ananaskompott:
70 g Zucker, 100 ml Ananassaft
1/2 Vanilleschote, 1/2 TL Speisestärke
400 g Ananasfruchtfleisch
2 cl weißer Rum
Für die Creme: (für 6 bis 8 Windbeutel)
400 ml Sahne, 40 g Zucker

1. Brandteig herstellen wie in der Bildfolge rechts gezeigt *[siehe a bis c]*. Mit einem Spritzbeutel (Sterntülle Nr. 10) Rosetten auf ein mit Wasser benetztes Blech spritzen, bei 220 °C im vorgeheizten Ofen 15 bis 20 Minuten backen. Die noch heißen Windbeutel quer halbieren und auskühlen lassen.

2. Für das Nektarinenkompott die Früchte blanchieren, häuten und das Fruchtfleisch 1 cm groß würfeln. Honig, Zucker, Orangen- und Zitronensaft, sowie die Orangenschale 5 Minuten köcheln. Die Stärke mit wenig kaltem Wasser anrühren und die Mischung damit binden. Nektarinenstücke einlegen, 3 Minuten köcheln und abkühlen lassen.

3. Für das Zitruskompott Orangen und Grapefruit filetieren, dabei den Saft auffangen, mit Limettenschale und -saft, Vanillemark und Zucker aufkochen. Stärke mit kaltem Wasser anrühren und die Fruchtmischung damit binden. Die Fruchtfilets einlegen. Clementinen schälen, weiße Außenhäutchen entfernen, in Spalten teilen, unter die Fruchtmischung rühren und erkalten lassen.

4. Für das Ananaskompott Zucker, Ananassaft und Vanilleschote aufkochen. Die Vanilleschote herausnehmen und die Flüssigkeit mit angerührter Stärke binden. Das Ananasfruchtfleisch in etwa 1 cm große Stücke schneiden, in der Flüssigkeit 2 Minuten mitköchen lassen. Den Rum einrühren und das Ananaskompott kalt stellen.

5. Für die Creme die Sahne mit dem Zucker steif schlagen und übereinander in 2 Ringen auf den unteren Teil der Windbeutel spritzen. In die Ringmitte eines der drei Kompotts und nach Belieben noch eine Kugel Eis füllen. Den Deckel aufsetzen und die Windbeutel mit Puderzucker bestauben.

Angenehm fruchtig: mit einer Creme aus Frischkäse lassen sich Muffins gut verfeinern. Tipp: Erst kurz vor dem Servieren mit Puderzucker bestauben.

Muffins mit Beeren

360 g Weizenmehl (Type 405 oder Vollkorn)
2 TL Backpulver, 1/2 TL Natron, 1/2 TL Zimt
60 g gemahlene Haselnüsse
150 g rote Johannisbeeren, 1 Ei
140 g brauner Zucker, 80 ml Maiskeimöl
300 g Buttermilch
Für die Füllung:
350 g Frischkäse, 40 ml Sahne
40 g Zucker, 4 cl weißer Rum
Außerdem:
Muffins-Backform (12er), Butter zum Fetten
Biskuit- oder Semmelbrösel
12 Johannisbeerrispen, Zitronensaft
etwas Zucker, Puderzucker zum Bestauben

1. Das Mehl in eine Schüssel sieben, Backpulver mit Natron, Zimt und Haselnüssen mischen und unter das Mehl mengen. Johannisbeeren waschen, von den Rispen streifen. Das Ei verquirlen, Zucker, Öl und Buttermilch einrühren, Mehlmischung untermengen, die Beeren unterheben. Das gefettete Blech mit Bröseln ausstreuen, den Teig in die Vertiefungen füllen und bei 180 °C im vorgeheizten Ofen in etwa 20 Minuten zu Muffins backen. Herausnehmen und auskühlen lassen.

2. Frischkäse mit Sahne und Zucker verrühren, mit Rum verfeinern. Muffins quer halbieren, mit der Füllung bestreichen, zusammensetzen. Die Johannisbeerrispen für die Garnitur durch Zitronensaft ziehen und in Zucker wälzen.

a **Brandteig herstellen:** Wasser, Butter, Salz unter Rühren aufkochen, Mehl zuschütten.

b Zum Kloß abbrennen, dafür so lange rühren, bis am Topfboden eine weiße Haut entsteht.

c In die etwas abgekühlte Masse die Eier nacheinander einzeln einarbeiten.

Obstrolle & Fruchtwürfel

a **Die Teige** abwechselnd und dicht auf das Blech spritzen.

b **Die Füllung** gleichmäßig auf dem Biskuitboden verteilen und glatt streichen.

c **Die Himbeeren** parallel zu den Streifen in zwei Reihen auf den Biskuit setzen.

d **Nach dem Kühlen** lässt sich die Himbeeroulade leicht in attraktive Scheiben schneiden. Als Garnitur eignen sich frische Pfefferminzblättchen gut.

Kunstvoll in Optik und Geschmack: Himbeerroulade aus gestreiftem Biskuit und exotische Maracujawürfel. Um 400 g Maracujafruchtfleisch zu erhalten, braucht man 16 rote (Purpurgranadillas) oder 6 gelbe Früchte. Für die Rolle sollte man frische Himbeeren verwenden.

Gestreifte Himbeerroulade

Für den hellen Biskuitteig:

3 Eier, 75 g Zucker, 75 g Mehl

15 g Speisestärke

Für den dunklen Biskuitteig:

3 Eier, 75 g Zucker

75 g Mehl

15 g Speisestärke

2 bis 3 EL Kakaopulver

Für die Himbeer-Quarkfüllung:

11 Blatt weiße Gelatine

200 g Himbeermark

150 g Zucker, 200 g Magerquark

2 cl Himbeerlikör, 1/2 l Sahne

3 TL Vanillezucker

etwa 180 g frische Himbeeren

Außerdem:

1 Backblech von 37 x 38 cm, Backpapier

2 Spritzbeutel mit Lochtülle Nr. 11

1. Für den hellen Biskuit die Eier mit dem Zucker schaumig schlagen. Das Mehl mit der Stärke vermischen, sieben und vorsichtig unter die Eischaummasse heben. Den dunklen Teig auf dieselbe Weise herstellen, dabei das Mehl mit Stärke und Kakaopulver mischen. Den dunklen sowie den hellen Teig jeweils in einen Spritzbeutel füllen. Abwechselnd auf ein mit Backpapier ausgelegtes Blech spritzen *[siehe a]*. Den Biskuit bei 200 °C im vorgeheizten Ofen auf der mittleren Schiebeleiste 10 bis 12 Minuten backen. Herausnehmen und den Biskuit auf Pergamentpapier oder ein mit Zucker bestreutes Küchentuch stürzen. Backpapier abziehen und den Biskuit auskühlen lassen.

2. Für die Füllung Gelatine in kaltem Wasser einweichen. Himbeermark mit Zucker aufkochen, vom Herd nehmen. Die gut ausgedrückte Gelatine im warmen Himbeermark auflösen, die Masse in eine Schüssel umfüllen, etwas abkühlen lassen und den Quark sowie den Himbeerlikör unterrühren. Die Sahne mit dem Vanillezucker steif schlagen und unter die Quarkmasse ziehen. Die Füllung auf dem Biskuit verstreichen, wie gezeigt *[siehe b]*.

3. Die Himbeeren auf der Quarkfüllung verteilen *[siehe c]*, das Blech in den Kühlschrank stellen und die Creme kurz anziehen lassen. Den Biskuit von der Längsseite her aufrollen, dabei das Pergamentpapier oder das Küchentuch zu Hilfe nehmen. Die Biskuitrolle vor dem Aufschneiden 2 Stunden kühl stellen *[siehe d]*. Nach Belieben leicht mit Puderzucker bestauben und servieren.

Sommerlich | *Das intensive Maracujaaroma kommt in diesen Würfeln gleich zwei Mal zur Geltung. Zum einen in Form des süß-herben Gelees, zum andern bei der ebenso fruchtigen Maracujacreme – serviert auf knusprigem Mürbeteig.*

Fruchtige Maracujawürfel

ERGIBT 56 Stück

Für den Mürbeteig:

200 g Mehl, 100 g kalte Butterstücke

40 g Puderzucker, 1 Eigelb, etwas Salz

Für das Maracujagelee:

200 g Maracujafruchtfleisch, 225 g Zucker

150 ml trockener Weißwein

5 Blatt weiße Gelatine

Für die Maracujacreme:

5 Blatt weiße Gelatine

200 g Maracujafruchtfleisch

120 g Zucker, 60 ml trockener Weißwein

300 ml Sahne, 3 Eigelbe

Außerdem:

Mehl für die Arbeitsfläche, Backpapier

1 rechteckige Form von 22 x 24 cm

1. Das Mehl auf die Arbeitsfläche sieben und in die Mitte eine Mulde drücken. Die Butterstücke, Puderzucker, Eigelb sowie Salz hineingeben und rasch zu einem glatten Mürbteig verkneten. In Folie gewickelt 1 Stunde kühl ruhen lassen.

2. Den Teig auf einer bemehlten Arbeitsfläche 4 bis 5 mm dick ausrollen, in der Größe der Form ausschneiden und auf ein mit Backpapier ausgelegtes Blech legen. Mit einer Gabel mehrmals einstechen. Bei 200 °C im vorgeheizten Ofen auf der mittleren Schiene etwa 8 Minuten nach Sicht hellbraun backen. Herausnehmen und abkühlen.

3. Für das Gelee das Maracujafruchtfleisch mit Zucker und Wein in einer Kasserolle unter Rühren langsam zum Kochen bringen, dabei den entstehenden Schaum mit einem Löffel abnehmen. Die Mischung 4 bis 5 Minuten kochen lassen, dabei die Zuckerkristalle, die sich am Topfrand absetzen, mit einem nassen Pinsel abwischen. Die Mischung durch ein feines Sieb passieren, den aufgefangenen Sirup etwas abkühlen lassen und die kalt eingeweichte und gut ausgedrückte Gelatine unter Rühren darin auflösen. Weiterverfahren wie im ersten Step *[siehe a]* der Bildfolge gezeigt.

4. Für die Creme die Gelatine in wenig kaltem Wasser einweichen. Das Maracujafruchtfleisch in einer Kasserolle mit dem Zucker, 60 ml Wasser und Weißwein aufkochen. Bei mittlerer Hitze um etwa 1/3 einkochen lassen.

5. Die Maracujafruchtfleischmischung durch ein Sieb passieren, die Eigelbe unterrühren. In einen Topf umfüllen und alles nochmals unter ständigem Rühren bis kurz vor den Siedepunkt erhitzen. Die gut ausgedrückte Gelatine darin auflösen, vom Herd nehmen und abkühlen lassen. Sobald die Creme zu gelieren beginnt, die Sahne steif schlagen und mit dem Schneebesen sorgfältig unterheben. Weiterverfahren, wie in den Steps der Bildfolge *[siehe b und c]* gezeigt.

6. Form aus dem Kühlschrank nehmen und bis zum oberen Rand kurz in heißes Wasser tauchen. Auf ein Brett stürzen, aus der Form lösen und in Würfel mit etwa 3 cm Kantenlänge schneiden.

a **Das Maracujagelee** in die Form gießen und im Kühlschrank gelieren lassen.

b **Die Maracujacreme** auf der erstarrten Geleeschicht verteilen und glatt streichen.

c **Den Mürbeteigboden** auf die Crememasse legen und die Torte 3 Stunden kühlen.

Mit seidigem Glanz vielerlei Fruchtkonfekt

Apfelringe

200 g Apfelringe

500 g Bitterkuvertüre

500 g Vollmilchkuvertüre

1. Kuvertüren zerkleinern, getrennt im warmen Wasserbad schmelzen und auf etwa 32 °C halten.

2. Eine Hälfte der Apfelringe in die Vollmilchkuvertüre, die zweite in die bittere tauchen. Mit der jeweils anderen Kuvertüre Linien auf die Apfelringe spritzen *[siehe a]* und trocknen lassen.

Datteln mit Pistazien

40 g frische Datteln, 200 g Marzipanrohmasse

70 g Puderzucker, 80 g geriebene Pistazien

30 ml Maraschino, 500 g Bitterkuvertüre

20 g gehackte Pistazien zum Bestreuen

1. Kern und Stielansatz der Datteln entfernen. Marzipan mit Zucker, Pistazien und Maraschino verkneten. Auf Puderzucker zur Rolle formen, diese in 40 längliche Stücke formen. Datteln füllen, zusammendrücken und 2 bis 3 Stunden trocknen.

2. Kuvertüre schmelzen, auf 32° C halten. Datteln zur Hälfte mit Kuvertüre überziehen. Auf Pergamentpapier legen und mit gehackten Pistazien bestreuen. Trocknen lassen.

Schoko-Feigen

200 g getrocknete Feigen

500 g Bitterkuvertüre

300 g weiße Kuvertüre

1. Kuvertüren zerkleinern, schmelzen und auf etwa 32 °C temperieren. Feigen längs halbieren, in die Bitterkuvertüre *[siehe b]* tauchen.

2. Weiße Kuvertüre in eine Spritztüte füllen und die Schoko-Feigen mit feinen weißen Linien überziehen. Auf Pergamentpapier trocknen lassen.

Aprikosenpralinen

200 g getrocknete Aprikosen

500 g Bitterkuvertüre

1. Die Kuvertüre zerkleinern, auf einem warmen Wasserbad schmelzen und auf 32° C halten.

2. Aprikosen damit überziehen *[siehe c]*. Mit einer Gabel darauf ein Streifenmuster ziehen.

Schoko-Erdbeeren

250 g frische Erdbeeren

150 g Fondant, 2 cl Rum

1. Die Erdbeeren mit Küchenpapier abreiben, aber nicht waschen.

2. Fondant auf dem Wasserbad erwärmen, Rum einrühren. Erdbeeren eintauchen *[siehe d bis f]*.

Ananas-Krokant-Konfekt

200 g kandierte gleich große Ananasstücke

40 g Zucker, 40 g gehackte, geröstete Mandeln

Öl, 500 g Bitterkuvertüre

1. Zucker hell karamellisieren. Mandeln unterrühren. Den heißen Krokant auf eine geölte Marmorplatte schütten und mit einem geölten Rollholz etwa 1 cm dick ausrollen. Erkalten lassen und nicht zu fein zerstoßen.

2. Die Kuvertüre schmelzen und auf 32 °C temperieren. Die Ananasstücke hineingeben und mit der Trempiergabel wieder herausheben. Leicht abtropfen lassen und auf Pergamentpapier legen. Mit dem Krokant bestreuen.

Tipp: Statt der kandierten Ananasstücke kann man auch die gleiche Menge kandierte Melone verwenden. Die Melonenstücke werden in Bitterkuvertüre getaucht und anstelle des Krokants mit 50 g gehackten Pistazien bestreut.

a **Apfelringe:** Mit jeweils der anderen Kuvertüre feine Fäden auf die Apfelringe spritzen.

b **Feigen** am Stielende fassen und weit in die Kuvertüre tauchen. Auf Pergamentpapier trocknen lassen.

c **Aprikosen** in die Kuvertüre geben, mit einer Trempiergabel wieder herausheben. Auf Pergament trocknen.

d **Schoko-Erdbeeren:** Beeren bis knapp unter den Stiel in Rum-Fondant tauchen. Auf Pergament trocknen lassen.

e Hellen Fondant bis auf einen schmalen Streifen mit Kuvertüre überziehen, auf Pergament trocknen lassen.

f Das Frucht-Konfekt sollte noch am selben Tag gegessen werden, da der Fondant Saft aus den Erdbeeren zieht.

Süßer Vorrat
Konservieren

Das Aufbewahren von aromatischem Obst für den Winter, wenn es teuer und nur aus Importen zu bekommen ist, hat Tradition. Vor allem aber schmecken Eingemachtes und Trockenobst, aber auch Konfitüren, Mus und Gelees, verfeinert mit Gewürzen und einem Schuss Likör oder Rum, einfach gut.

a | **Zum Einkochen im Topf** braucht man einen Spezialtopf mit Einlegegitter; Gläser mit Deckel, Gummiring und Klammer sowie einen Glasheber (hinten im Bild).

b | **Abgekühlte Rotweinbirnen** so in die gewaschenen Gläser einschichten, dass möglichst wenig Zwischenraum bleibt.

c | **Birnen mit dem heißen Sud** übergießen. Die Gläser mit dem Gummiring, Glasdeckel und den Klammern noch heiß verschließen.

d | **Mit dem Glasheber** das heiße Glas herausheben, abkühlen lassen und erst dann die Klammern vom Deckel entfernen.

Im Topf oder Ofen

Früchte einkochen

Einkochen ist eine bewährte Konservierungsmethode, bei der Mikroorganismen im Einmachgut durch Hitze abgetötet werden. Das Eindringen neuer Keime wird durch den luftdichten Verschluss der Gläser verhindert.

Obst einkochen kann man in einem Einkochtopf (wie in der Bildfolge links gezeigt) oder in der mit Wasser gefüllten Fettpfanne des Backofens (wie in der Bildfolge rechts gezeigt). Verwendet man einen Einkochtopf, werden die Gläser zum Einkochen auf das dazugehörige Einlegegitter gestellt, niemals direkt auf den Topfboden. Das Gitter bewirkt eine gute Zirkulation des Wassers. Je nach Höhe können 1 bis 3 Lagen Gläser übereinander gestellt werden. So viel Wasser einfüllen, bis die oberste Lage zu 3/4 davon umgeben ist. Wenn die unteren Gläser dabei ganz unter Wasser stehen, macht das nichts. Durch den Gummiring und die Klammern sind sie fest verschlossen. Nach dem Einfüllen des Wassers Stecker einstecken und mit dem Drehknopf, der das Thermostat steuert, die im Rezept angegebene Temperatur einstellen, die das Gerät danach von selbst reguliert und beibehält. Die Einkochzeit beginnt, wenn die Kontrolllampe zum 1. Mal ausgeht. Nach der Einkochzeit die heißen Gläser mit Hilfe des Glashebers aus dem Wasser nehmen und auf einem Gitter abkühlen lassen. Durch leichtes Anheben des Deckels lässt sich prüfen, ob sich wirklich ein Vakuum gebildet hat. Sollte das nicht der Fall sein, muss der Inhalt gleich verbraucht werden. Die luftdicht verschlossenen Gläser halten sich kühl und dunkel gelagert bis zu einem Jahr.

Zum Haltbarmachen genügen für viele Obstsorten Temperaturen von unter 100 °C. Brombeeren, Heidelbeeren, Himbeeren, Mirabellen und Renekloden, können bei 75 °C eingekocht werden. Stachelbeeren brauchen etwa 80 °C, Preiselbeeren und Johannisbeeren 90 °C. Kern- und Steinobst muss dagegen bei 100 °C eingekocht werden. Bei vorgegartem Obst, wie bei den Rotweinbirnen links, reichen niedrigere Temperaturen. Für Kompotte, wie rechts gezeigt, müssen die Temperaturen höher sein. Die Einmachzeiten unterscheiden sich je nach Obstsorte: Beerenfrüchte und Rhabarber werden 15 Minuten im Wasserbad sterilisiert, Pfirsiche etwa 30 Minuten und Birnen 20 Minuten. Zum Einmachen sollte man nach Möglichkeit festes, reifes aber nicht überreifes Obst verwenden. Druckstellen müssen unbedingt herausgeschnitten werden, da sie den gesamten Inhalt verderben können. Äpfel und Birnen waschen, zerkleinern und eventuell schälen, Beeren von den Stielen befreien. Bei faserigen Früchten, wie Pfirsichen, Aprikosen oder Mangos ist es besser, wenn man das Fruchtfleisch am Stein entlang abschneidet, da es mit der Zeit hart werden kann.

Die rohen oder vorgegarten Früchte werden bis 2 cm unter den Rand in die Gläser gefüllt und mit gesüßtem Wasser oder Fruchtsaft aufgegossen. Bei in Wein, Zucker und Gewürzen vorgegartem Obst, wie bei den Rotweinbirnen links, wird der entstehende Sud anstelle der Zuckerlösung zu den Früchten gegossen. Zum Einkochen sollte man nur unbeschädigte Gläser (Deckel, Dichtungsrand) und Gummiringe verwenden. Messing-, Kupfer- und auch Aluminiumgefäße eignen sich nicht. Durch die Säure im Obst wird die Metalloberfläche angegriffen, kann chemisch reagieren und gesundheitsschädlich wirken. Gläser und Gummiringe vor jedem Einkochen in kochendem Wasser reinigen. Gummiringe nicht zu lange im heißen Wasser liegen lassen, da sie sonst leicht spröde werden. Die Gläser auf einem Küchentuch abtropfen lassen.

Birnen in Rotwein

FÜR 6 GLÄSER MIT JE 1/2 L INHALT

2 kg Birnen

3/4 l leichter Rotwein (etwa Beaujolais)

250 g Zucker

1 Zimtstange von etwa 5 cm, 2 Gewürznelken

Schale von 1/2 unbehandelten Zitrone

6 Einmachgläser von je 1/2 l Inhalt

1. Birnen schälen, vierteln und das Kerngehäuse entfernen. Rotwein in einen Topf gießen und die Birnenviertel sofort einlegen. Zucker einstreuen. Zimt und Zitronenschale in ein Leinensäckchen binden, zufügen und alles 4 bis 5 Minuten kochen. Über Nacht durchziehen lassen.

2. Geräte bereitstellen *[siehe a]* und weiter vorgehen, wie in links gezeigt *[siehe b]*. Das Gewürzsäckchen aus dem Rotwein nehmen. Den Weinsud

im offenen Topf auf die Hälfte reduzieren und weiterverfahren, wie links beschrieben *[siehe c]*. Birnen auf das Gitter im Einkochtopf stellen. Bei 80 °C etwa 20 Minuten einkochen. Herausheben, wie in der Bildfolge links gezeigt *[siehe d]*.

Apfelkompott

FÜR 9 GLÄSER VON JE 1/4 L INHALT

1,8 kg Äpfel (etwa Boskoop, Cox Orange)

9 kleine Sternanis

9 Stücke Vanilleschote, je etwa 1 cm lang

9 Stücke Zimtstange, je etwa 1 cm lang

9 Gewürznelken

9 kleine Stücke unbehandelte Zitronenschale

Für den Sud:

350 g Zucker, 1/2 l Weißwein

Außerdem:

9 Einmachgläser von je 1/4 l Inhalt

1. Die Äpfel schälen, vierteln und das Kerngehäuse entfernen. Die Viertel nochmals quer halbieren. Äpfel in die Einmachgläser füllen, wie in der Bildfolge rechts gezeigt *[siehe a]*.

2. Gewürze auf alle Gläser verteilen. Für den Sud Zucker mit dem Weißwein und 1/2 l Wasser in einem Topf aufkochen, bis der Zucker sich gelöst hat. Abgekühlt in die Gläser verteilen *[siehe b]*.

3. Die Gläser verschließen und in die Fettpfanne des Backofens stellen. Um die Gummiringe in der trockenen Ofen-Heißluft möglichst zu schonen, die Fettpfanne 2 cm hoch mit heißem Wasser füllen *[siehe c]*. Die Fettpfanne samt Gläser in die unterste Schiene des Backofens schieben. Den Ofen auf 175 °C erhitzen.

4. Ofen bei dieser Temperatur belassen, bis in den Gläsern Luftbläschen aufsteigen. Erst ab diesem Moment beginnt die eigentliche Einkochzeit. Nun den Backofen ausstellen und das Kompott ohne weitere Energiezufuhr im geschlossenen Ofen weitere 30 Minuten garen lassen. Danach können die Gläser herausgenommen werden. Zum Abkühlen auf ein Gitter stellen *[siehe d]*.

Apfelkompott – im Backofen eingekocht – gelingt ebensogut wie im Topf. Gewürze wie Zimt, Sternanis Nelken und Vanille schmecken im Apfelkompott besonders gut.

a **Apfelkompott im Ofen einkochen:** Apfelviertel möglichst dicht in die vorbereiteten Gläser einfüllen, so dass wenig Zwischenraum bleibt.

b Die Gewürze auf alle Gläser verteilt oben auf die Äpfel legen. Den abgekühlten Sud mit einer Kelle vorsichtig darüber gießen.

c Die Gläser so in die Fettpfanne stellen, dass sie sich nicht berühren. Die Fettpfanne 2 cm hoch mit Wasser füllen.

d Das fertige Kompott in den Gläsern auf einem Gitter abkühlen lassen. Werden sie nicht gleich verwendet, kühl stellen.

Aus aromatischen Apfelsorten wie Cox Orange (im Bild) oder Boskoop, lässt sich ein wirklich gutes Apfelmus kochen. Die Äpfel dafür sollten säuerlich, aber nicht zu wasserhaltig sein.

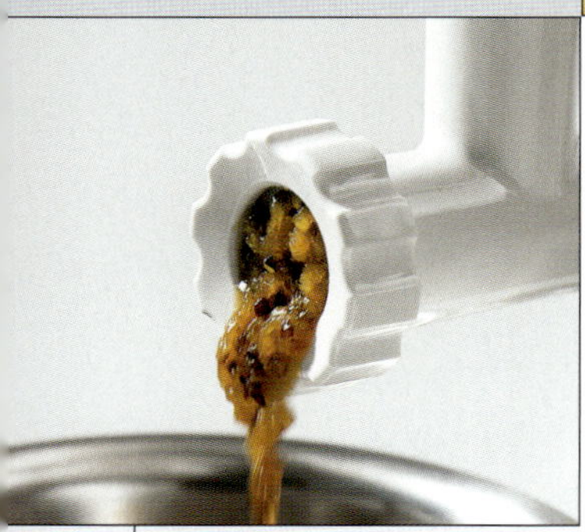

a **Pflaumenmus herstellen:** Gewaschene Pflaumen durch die kleine Scheibe des Fleischwolfs drehen.

b Das Pflaumenmus mit Zucker und Gewürzen in einen weiten Topf oder auch in die Fettpfanne des Ofens füllen.

c Das fertige Pflaumenmus muss von dunkler Farbe und von einer festen, zähflüssigen Konsistenz sein.

»Zwetschkenröster«, heißt in Österreich das Zwetschenkompott. Es schmeckt, ebenso wie Apfelmus, besonders gut zu Kaiserschmarrn. Das Pflaumenmus, in Österreich »Powidl« genannt, bekommt seinen typischen Geschmack nur durch langes Einkochen. Wichtig: Es müssen vollreife, süße, spät geerntete Früchte sein. Die stark wasserhaltigen Frühzwetschen eignen sich hierfür nicht, man muss schon auf das Angebot im September oder Oktober warten. Powidl kann man entweder bei kleinster Hitze unter ständigem Rühren auf dem Herd köcheln oder auch im Ofen garen.

Pflaumenmus

2 1/2 kg Pflaumen, 250 g Zucker

1/4 TL gemahlene Nelken, 1/2 TL Zimt

1 Stück unbehandelte Zitronenschale

1. Die Pflaumen gut waschen, trocknen, entsteinen und zerkleinern. Man kann sie entweder hacken oder auch – leichter noch – durch den Fleischwolf drehen. Das Mus zusammen mit den restlichen Zutaten bei geringer Hitze und unter häufigem Rühren 4 bis 5 Stunden einkochen *[siehe links, a bis c]*. Das Pflaumenmus in die vorbereiteten Gläser füllen und diese sofort verschließen.

2. Eine Variante: Zerkleinerte Pflaumen mit Gewürzen in der Fettpfanne bei 180 °C auf der mittleren Schiene in den vorgeheizten Ofen schieben. Nach 15 Minuten die Ofentür etwas öffnen. Das Mus ab und zu durchrühren, nach 3 bis 4 Stunden hat es die richtige Konsistenz und kann in Gläser gefüllt werden. Diese sofort verschließen.

Zwetschenkompott

1 1/4 kg Zwetschen

500 g Zucker

2 Gewürznelken

1/2 Zimtstange (etwa 5 cm)

1/2 Vanilleschote

1 Stück unbehandelte Zitronenschale

300 ml Rotwein

4 cl Slibowitz (Pflaumenschnaps)

2 EL Aceto balsamico di Modena

1. Die Zwetschen – es sollte eine möglichst geschmackvolle Sorte sein – waschen und gut abtropfen lassen.

2. Weiterverfahren, wie in den Steps der Bildfolge rechts beschrieben *[siehe a bis h, rechts]*.

Apfelmus

1 1/2 kg säuerliche Äpfel (etwa Boskoop)

Schale von 1/2 unbehandelten Zitrone

170 g Zucker, 1 EL Zitronensaft

2 cl Calvados, 30 g Butter

1. Die Äpfel schälen, vierteln und das Kerngehäuse entfernen. Das Fruchtfleisch klein schneiden und in einen großen Topf schütten. Weiter vorgehen, wie in den ersten drei Steps der Bildfolge rechts beschrieben *[siehe i bis k]*.

2. Zitronensaft, Calvados und zum Schluss die Butter einrühren, so dass ein glattes Mus entsteht *[siehe l]*. Es kann auch gut tiefgekühlt werden.

Zwetschenkompott, Pflaumen- und Apfelmus

a **Zwetschenkompott:** Die Zwetschen mit einem scharfen Obstmesser rundum einschneiden und halbieren.

b Eine Hälfte festhalten und mit der Messerspitze den Stein heraustrennen.

c Zwetschen mit Zucker und Gewürzen in einen großen Topf schütten, umrühren. Die Zwetschen 1 Stunde ziehen lassen.

d Den Rotwein nach einer Stunde zu den Früchten und Gewürzen gießen.

e 15 Minuten köcheln, bis die Früchte weich sind und sich die Schale löst. Nach der Hälfte der Garzeit Slibowitz zugießen.

f Den Aceto balsamico di Modena angießen. Ideal ist über 12 Jahre alter.

g Zwetschenkompott noch heiß in Gläser füllen und diese sofort verschließen. So hält es sich im Kühlschrank etwa 4 Wochen.

h Das Kompott kann jedoch auch gleich nach dem Abkühlen gegessen werden.

i **Apfelmus herstellen:** Die Zitronenschale über die zerkleinerten Äpfel reiben.

j Den Zucker dazuschütten, Deckel auflegen und zum Kochen bringen.

k Bei reduzierter Hitze zugedeckt 30 Minuten köcheln, öfters umrühren.

l Fertiges Mus abkühlen lassen. Servieren – oder in einem Glas aufbewahren.

Gewaschene und geputzte Stachelbeeren lassen sich sehr gut in Gefriertüten einfrieren und zu einem späteren Zeitpunkt verwenden.

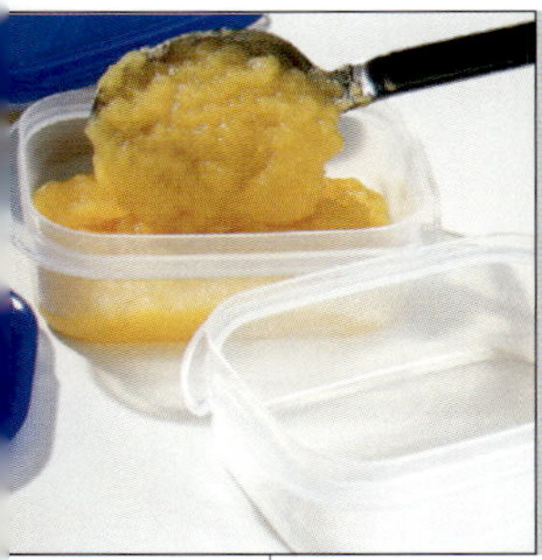

Frisches Apfelmus lässt sich gut – in beliebig großen Portionen – in Gefrierdosen mit Deckel einfrieren. Die Dosen aber nicht bis zum Rand füllen, weil das Gefriergut sich noch ausdehnt.

Himbeeren waschen, trockentupfen und einzeln auf einer mit Folie überzogenen Unterlage einfrieren. Erst gefroren in eine Gefrierdose umfüllen, so können sie einzeln entnommen werden.

Gefrieren und Trocknen sind, gerade für Obst, optimale Konservierungsmethoden. Denn bei beiden Vorgängen bleiben die Inhaltsstoffe weitgehend erhalten, Mikroorganismen und Enzyme werden jedoch – einmal durch Kälte, einmal durch Wasserentzug – in ihrer Wirksamkeit gehemmt.

Obst einfrieren

Je schneller Früchte – nur frische, einwandfreie Ware verwenden – nach der Ernte in die Kühltruhe oder den Gefrierschrank wandern, desto mehr Inhaltsstoffe bleiben erhalten. Wichtig ist, dass das Gefriergut bei großer Kälte schnell durchfriert. Bei noch relativ »warmen« Temperaturen von bis zu -5 °C bilden sich nämlich große spitze Eiskristalle zwischen den Zellwänden und zerstören diese. Die unerwünschte Folge: Zellsaft läuft aus und das Gefriergut wird matschig. Ist es dagegen kälter, zwischen -25 und -40 °C, bilden sich nur winzige Eiskristalle, die Zellstruktur bleibt intakt.

Es empfiehlt sich daher, die »Superfrost-Taste« zu verwenden, mit der die meisten haushaltsüblichen Kühlgeräte heute ausgestattet sind. Aber auch während des Aufbewahrens muss die Temperatur (- 18 °C) stimmen: Erst ab -18 °C wird das Wachstum von Mikroorganismen gestoppt, deshalb sind nur 3- oder 4-Sterne-Kühlfächer zum Einfrieren geeignet, die diese Temperatur garantieren können.

Zur Aufbewahrung von Gefriergut eignen sich spezielle, luftdicht verschließbare Gefrierdosen oder -beutel aus Kunststoffen, die auch bei großer Kälte ihre Geschmeidigkeit nicht verlieren. Dünne Folienbeutel oder Frischhalteboxen sind hingegen ungeeignet; ebenso Alufolie oder -dosen, da die Fruchtsäuren das Metall angreifen.

Zum schnellen Durchfrieren legt man das Gefriergut breitflächig aus oder füllt es in spezielle Schnellgefrierfächer. Große Mengen teilt man in mehrere Portionen auf, dadurch wird ein unnötiger Energieverlust vermieden.

a **Apfelringe trocknen:** Äpfel schälen und das Kerngehäuse ausstechen.

Obst konservieren
Trocknen & Gefrieren

Die meisten Fruchtarten lassen sich gut einfrieren; manche im Ganzen, andere, Äpfel etwa, besser als Kompott oder zu Fruchtmark verarbeitet wie Erdbeeren. Sehr wasserreiche Obstarten wie großbeerige Tafeltrauben, eignen sich zum Einfrieren weniger, weil ihre Struktur dies verbietet, bei diesen sollte auf eine andere Konservierungsmethode zurückgegriffen werden.

Länger als 1 Jahr sollte man eingefrorenes Obst nicht aufbewahren, Obstmark hält sich bis zu 9 Monaten, fruchtige Süßspeisen etwa 3 Monate. Auftauen lässt man es am besten bei Zimmertemperatur. Obst hat die beste Qualität, wenn eine Temperatur von 12 bis 15 °C erreicht ist.

Nach dem Auftauen muss man es möglichst rasch verarbeiten; steht es zu lange, ist der Verlust an Saft und Inhaltsstoffen zu groß und die Früchte können sich zudem leicht verfärben.

Früchte trocknen

Trocknen oder Dörren ist eine der ältesten Konservierungsmethoden der Welt. Dabei entzieht warme Luft dem Gewebe Wasser. Mit Ausnahme der Vitamine, allen voran Vitamin C, bleiben die meisten Inhaltsstoffe weitgehend erhalten. Mehrere Monate haltbar ist Trockenobst mit 13 bis 14 % Restfeuchte; industriell hergestellte, weichere Trockenfrüchte enthalten dagegen 20 bis 30 % Wasser und müssen daher oft zusätzlich chemisch konserviert werden, Aprikosen etwa mit Schwefel.

Getrocknete Feigen, Datteln, Apfelringe, Aprikosen, Zwetschen oder Birnen sind ein hervorragender und gesunder Snack. Wer jedoch sicher gehen will, keine unerwünschten Konservierungsstoffe mitzuessen, muss entweder zu relativ teuren Produkten greifen oder sein Obst selbst trocknen.

Wenngleich etwas in Vergessenheit geraten, ist die Technik des Trocknens ganz einfach, sofern man nur einige Regeln beachtet: In erster Linie benötigt man dafür den richtigen Ort. In trocken-warmen Klimazonen mit geringer Luftfeuchte (60 % und weniger) kann Obst – auf Schnüre aufgezogen oder auf Rosten ausgebreitet – einfach im Freien gedörrt werden – allerdings nur im Schatten. Licht und direkte Sonneneinstrahlung zerstört Farbe und Vitamine. In kühleren, feuchteren Regionen hat sich das Dörren im Haus bewährt; entweder auf dem Dachboden, auf dem Kachelofen oder, und das sind die sichersten Verfahren, im Backofen sowie in speziellen Dörrapparaten. Wichtig sind vor allen Dingen gute Luftzirkulation und Staubfreiheit. Dabei darf die Hitze jedoch nicht zu groß werden, schon 60 bis 70 °C sind zu viel; die Zellen werden zerstört und Saft tritt aus. Unter 20 °C verdunstet das Wasser dagegen zu langsam und das Dörrgut beginnt zu schimmeln. Ideal sind Temperaturen zwischen 40 und 50 °C, wobei ein guter Abzug der feuchten Luft gewährleistet sein muss.

Zum Trocknen eignen sich viele Obstarten: Äpfel, Aprikosen, Birnen, Pflaumen, aber auch Erdbeeren, Kirschen, Tafeltrauben oder Holunder. Wichtig ist, dass die einzelnen Früchte oder Fruchtstücke gleich groß sind, nur so sind alle zur selben Zeit fertig. Ausgelegt werden sie am besten einlagig auf luftdurchlässigen, mit Back- oder Pergamentpapier belegten Rosten. So ist die Luftzufuhr gesichert und die Fruchtsäuren können das Metall nicht angreifen. Wie lange das Trocknen dauert, lässt sich nicht pauschal sagen; die Dörrzeit hängt von Faktoren wie Fruchtart, Erntetermin, Wassergehalt, Klima und anderen ab. Soll helles Obst wie Apfelringe oder Aprikosen hell bleiben, taucht man es im Ganzen oder unmittelbar nach dem Aufschneiden in Zitronenwasser (5 ml auf 1/2 l Wasser) oder Salzwasser (5g/1/2 l Wasser). Bei Zwetschen sollte man nur größere Exemplare trocknen oder die Früchte halbieren. Aufbewahren muss man Dörrobst geschützt vor Luft, Licht, Kälte und Hitze. Ideal ist ein trockener, dunkler und kühler Raum mit Temperaturen um die 15 °C. Zum Aufbewahren von Trockenfrüchten haben sich Schraubgläser mit Deckel gut bewährt, aber auch andere verschließbare Gefäße aus Glas, Kunststoff oder Keramik kommen in Frage.

Viele Obstarten bekommen durch die Konzentration der Nährstoffe einen intensiveren Geschmack. Sie werden süßer, gehaltvoller und bieten damit auch neue Möglichkeiten der Weiterverarbeitung in süßen oder pikanten Gerichten.

b Die Äpfel quer in gleichmäßige, etwa 8 mm dicke Scheiben schneiden.

c Apfelscheiben auf ein Gitter legen. Dieses auf der mittleren Leiste einschieben.

d Apfelringe bei 50 °C über Nacht trocknen, dabei die Tür einen Spalt offen lassen.

e Gedörrte Apfelringe sind kalorienarm und halten sich mehrere Monate lang.

Quitten-Chutney mit rosa Grapefruits (oben) und scharfes Johannisbeer-Chutney (unten) sind, wie alle Chutneys dieser Seite, ungeöffnet bis zu 6 Monate haltbar, wenn sie so lange gekocht werden wie beschrieben. Wer jedoch kleinere Mengen innerhalb weniger Tage aufbraucht, kann Zucker statt Gelierzucker verwenden und die Kochzeit erheblich verkürzen.

Frucht-Chutneys

Quitten-Chutney

600 g Quitten, 350 g Schalotten

2 Knoblauchzehen, 3 rosa Grapefruits

40 g Ingwerwurzel, 1 TL Salz, 1 Prise Pfeffer

je 1 Messerspitze Piment, Koriander, Zimt

1/4 TL gemahlener Kreuzkümmel

350 g brauner Zucker, 1/8 l Weißweinessig

1. Quitten schälen. Fruchtfleisch am Kerngehäuse entlang abschneiden und in 1/2 cm große Stücke schneiden. Schalotten und Knoblauch schälen, die Schalotten achteln, den Knoblauch fein hacken.

2. Eine Grapefruit auspressen, die anderen beiden filetieren und die Filets würfeln. Ingwer schälen, in feine Streifen schneiden. Grapefruitsaft und -fruchtfleisch, Ingwer, Quittenwürfel, Schalotten und Knoblauch in einem Topf vermischen. Gewürze, Zucker und Essig unterrühren. Alles zum Kochen bringen, Hitze reduzieren und unter gelegentlichem Rühren 2 Stunden köcheln lassen. Eventuell abschäumen, noch heiß in Gläser füllen und diese sofort verschließen.

Johannisbeer-Chutney

60 g frische Ingwerwurzel

150 g rote Johannisbeeren

400 g Zucker, 100 ml Aceto balsamico rosso

1 Chilischote, ohne Samen und fein gewürfelt

1/2 TL Salz, 300 g unreife Mangos

1. Den Ingwer schälen und in sehr feine Scheiben schneiden. Johannisbeeren von den Rispen streifen, vorsichtig waschen und gut abtropfen lassen. Die Beeren in einem Mörser fein zerdrücken.

2. Alle Zutaten mit Ausnahme der Mangos 15 Minuten köcheln. Mangos schälen, Fruchtfleisch vom Stein lösen und in dünne Scheiben schneiden. Mit den anderen Zutaten noch 30 Minuten köcheln, bis auch die Mangostücke weich sind und die Masse dickflüssig ist. Das Chutney noch heiß in saubere Gläser einfüllen. Es hält sich etwa 6 Monate.

Pfirsich-Dattel-Chutney

250 g weiße Zwiebeln, 100 g Ingwer in Sirup

250 g frische Datteln, 600 g Zucker

3/8 l Aceto balsamico bianco

4 TL Ingwersirup, 1 kg Pfirsiche

1. Zwiebeln schälen, fein würfeln. Den eingelegten Ingwer abtropfen lassen und fein würfeln. Datteln halbieren, entsteinen, klein würfeln. Alle diese Zutaten mit Zucker, Essig und Ingwersirup unter häufigem Rühren 30 Minuten köcheln lassen.

2. Pfirsiche blanchieren, abschrecken und häuten, halbieren und entsteinen. Fruchtfleisch 1 cm groß würfeln. Die Pfirsiche mit den anderen Zutaten 20 Minuten köcheln, dabei häufig umrühren. Chutney heiß in Gläser füllen und sofort verschließen.

Mango-Melone-Chutney

1 kg feste Mangos, Salz, 1 Knoblauchzehe

40 g frische Ingwerwurzel, 1 TL Cayennepfeffer

200 ml milder Weißweinessig (5 % Säure)

650 g brauner Zucker, 350 g Honigmelone

1. Die Mangos schälen und das Fruchtfleisch vom Stein lösen. Das Mangofruchtfleisch 1 cm groß würfeln, mit 1 TL Salz bestreuen und zugedeckt eine Stunde Saft ziehen lassen. Knoblauch und Ingwer schälen und beides grob hacken. Knoblauch, Ingwer und Cayennepfeffer in einem Mörser zu einer feinen Paste verarbeiten und die Hälfte des Essigs unterrühren.

2. Die Mangowürfel mit dem Zucker in einem Topf 20 bis 30 Minuten köcheln lassen, bis die Früchte weich sind und die Sauce dickflüssig ist. Inzwischen die Melone halbieren und die Kerne entfernen. Die Melone schälen und 1 cm groß würfeln. Die Würzpaste vorsichtig unter die Mango-Mischung rühren und die Melonenwürfel untermischen. Das Chutney noch 8 bis 10 Minuten köcheln lassen und mit etwas Salz sowie dem restlichen Essig würzen. Alles weitere 10 bis 15 Minuten köcheln lassen, bis das Chutney fest ist. Heiß in sterile Gläser füllen und sofort verschließen.

Pfirsich-Dattel-Chutney: Ein Sommerrezept, zubereitet mit reifen Pfirsichen. Zu einem Hauch Exotik tragen Datteln und Ingwer bei.

Mango-Melonen-Chutney: Die aromatische Mischung harmoniert sehr gut mit gebratenem hellem Fleisch und Gemüse.

Scharf und pikant

In Senf eingelegt

Senffrüchte, in Italien Mostarda genannt, sind köstlich scharf in Senfsirup eingelegte Früchte. Für diese Spezialität gibt es regional unterschiedliche Rezepte, in Italien vor allem in der Lombardei, im Veneto und der Emilia. Statt der Fruchtmischung verwendet man in Mantua in der Regel nur eine Obstsorte, etwa Apfel oder Quitte. Andernorts gibt es verschiedenste Kombinationen. Außer der im nebenstehenden Rezept vorgeschlagenen exotischen Mischung eignen sich sehr gut auch feste Birnen, Kürbisse, Feigen, Melonen, Kirschen, Pfirsiche und Orangenscheiben. Ganz wichtig ist, dass die Früchte nicht zu reif sind, sondern noch hart und säuerlich verarbeitet werden. Eine Variante zu der Zucker-Essig-Senf-Mischung wäre, 1 Flasche Weißwein (0,75 l) mit 500 g Honig aufzukochen, 30 g Senfpulver unterzurühren und über die in Zuckersirup (2 Teile Zucker, 1 Teil Wasser) gekochten Früchte zu gießen. Mostarda genießt man in Italien gern zu gekochtem oder gebratenem Rind- oder Schweinefleisch, zu Wild, Ente, kaltem Braten, Schinken oder einfach als Vorspeise.

Senffrüchte – Mostarda

1,5 kg gemischte Früchte (zum Beispiel Mangos, Ananas, Karambolen, Zuckermelonen, Limetten, Zitronen, Nektarinen, Pfirsiche, Papaya, Physalis)

850 g Zucker, 150 ml Weißweinessig

40 g Senfpulver

1. Die Früchte vorbereiten *[siehe a]*: Dazu das Mangofruchtfleisch in 1 cm dicke Spalten schneiden. Das Ananas- und Melonenfruchtfleisch etwa 1 1/2 cm groß würfeln. Die Karambolen sowie die geschälten Limetten und Zitronen in dünne Scheiben schneiden. Nektarinen- und Papayafruchtfleisch in Spalten, Pfirsichfruchtfleisch in Würfel schneiden. Die Physalis von den Hüllen befreien.

2. 650 g des Zuckers in 1/4 l Wasser 10 Minuten köcheln lassen, bis der Zucker sich vollständig aufgelöst hat *[siehe b]*. Die Früchte entsprechend ihrer Gardauer ins Zuckerwasser geben: zuerst Melone, Ananas, Limetten, Zitronen, dann Nektarinen, Pfirsiche, Karambolen, zuletzt Mango, Papaya und Physalis *[siehe c]*. Die Früchte im Zuckerwasser 10 bis 15 Minuten kochen *[siehe d]*. Topf vom Herd nehmen und Inhalt in eine Schüssel geben.

3. Restlichen Zucker mit dem Essig 10 Minuten köcheln. Abkühlen lassen. Das Senfpulver in einer Schüssel mit dem Essigsirup übergießen *[siehe e]* und mit dem Schneebesen glatt rühren. 1 Stunde stehen lassen *[siehe f]*. Den Senfsirup über die Früchte gießen, die Mischung in Gläser füllen *[siehe g und h]*. Im Kühlschrank aufbewahren.

a **Die Früchte** in Spalten beziehungsweise Scheiben oder in Würfel schneiden.

b **Wasser und Zucker** in einem Topf aufkochen, bis sich der Zucker gelöst hat.

c **In den Zuckersirup** nacheinander die Früchte geben, dabei die Reihenfolge beachten.

d **10 bis 15 Minuten** köcheln, bis die Früchte gar sind, sie sollten aber nicht zerfallen.

e **Das Senfpulver** in eine Schüssel geben und den Essigsirup zugießen.

f **Mit einem Schneebesen** sorgfältig glatt rühren und 1 Stunde stehen lassen.

g **Den Senfsirup** über die Früchte gießen und die Mischung gut verrühren.

h **Die Senffrüchte** in die vorbereiteten Gläser füllen und diese sofort verschließen.

Schätze auf Vorrat

Marmeladen & Gelees

Bei allen dreien geht es um das Haltbarmachen von Früchten durch Zusetzen von Zucker – etwa im Verhältnis 1 : 1 – und durch Kochen: Offiziell spricht man bei süßen Fruchtzubereitungen mit ganzen Früchten oder Stückchen von Konfitüre. Je höher der Fruchtanteil, desto besser – das Ergebnis wird dann als »Konfitüre extra« gehandelt. Als Marmelade bezeichnet man heute nur noch – der englischen Bedeutung folgend – diverse aus Zitrusfrüchten hergestellte Konfitüren. Bei den transparenten Gelees schließlich handelt es sich um Zubereitungen aus Zucker und Fruchtsaft, der zunächst einmal gewonnen werden muss, bevor es ans eigentliche Einkochen geht. Oft entsaftet man die Früchte roh oder nutzt einen handelsüblichen Dampf-Entsafter. Soll das Gelee sehr klar werden, bindet man die gegarten Früchte locker in ein Tuch und lässt den Saft langsam über Nacht abtropfen.

Quittengelee

2 kg reife Quitten

1 kg Gelierzucker

10 g Zitronensäure

1. Von den Quitten mit einem Küchentuch den weißen Flaum abreiben. Die Früchte waschen, Stiel- und Blütenansatz herausschneiden und die Früchte vierteln. In Stücke schneiden, das Quittenfruchtfleisch wiegen – es müssen 1,5 kg sein –, in einen Topf geben und mit 1,2 l Wasser zum Kochen bringen. Die Quitten weich garen.

2. Die Früchte in ein Tuch füllen und den Saft ablaufen lassen. Es sollten sich etwa 900 ml Saft ergeben. Quittensaft mit Zucker und Zitronensäure 2 bis 3 Minuten sprudelnd kochen.

3. Abschäumen, die Gelierprobe machen und das Gelee noch heiß in die vorbereiteten Gläser einfüllen. Sofort verschließen.

Zwetschen-Gelee mit frischem rotem Basilikum – Löffel für Löffel ein Genuss.

Zwetschen-Basilikum-Gelee

1,2 kg Zwetschen

45 frische rote Basilikumblättchen

Gelierzucker, Saft von 1 Zitrone

1. Zwetschen waschen, halbieren und entsteinen. Die Früchte in einem Topf mit 3/4 l Wasser und 2/3 der Basilikumblättchen zum Kochen bringen und etwa 30 Minuten garen, bis die Zwetschen sehr weich sind und zerfallen.

2. Die Früchte locker in ein grobes Baumwolltuch binden und den Saft über Nacht abtropfen lassen *[siehe rechts]*. Die Flüssigkeit abmessen und im Verhältnis 1:1 Gelierzucker zufügen, das heißt auf je 1/2 l Saft kommen 500 g Gelierzucker.

3. Den Zitronensaft einrühren und alles bei geringer Temperatur unter Rühren garen, bis der Zucker sich gelöst hat. Weitere 4 bis 5 Minuten kochen, den Schaum abschöpfen und mit dem Löffel die Gelierprobe machen.

4. Das Zwetschengelee in Gläser füllen, dabei die restlichen Basilikumblätter zufügen. Die Gläser sofort verschließen. Erkalten lassen.

Die gekochten Zwetschen in ein Tuch einbinden und über Nacht abtropfen lassen.

Brombeergelee

2 kg Brombeeren

Saft von 1 Zitrone

1,5 kg Gelierzucker

1. Die Brombeeren verlesen und putzen. Nur waschen, falls unbedingt nötig, dann gut abtropfen lassen. Die Beeren in einen großen Topf füllen, etwas zerdrücken und mit 1/4 l Wasser bis zum Siedepunkt erhitzen, sie sollten aber nicht kochen.

2. Das Fruchtmus in ein Tuch binden und den Fruchtsaft abtropfen lassen. Es sollten 1 1/4 l Saft sein. Brombeersaft mit Zitronensaft und Gelierzucker zum Kochen bringen, 1 bis 2 Minuten sprudelnd kochen lassen. Das Gelee heiß in Gläser füllen und diese sofort verschließen.

Dreifrucht-Marmelade

600 g Sauerkirschen, 250 g Erdbeeren

150 g rote Johannisbeeren, 1 kg Gelierzucker

Saft von 1 Limette, 4 cl Kirschlikör

1. Sauerkirschen entstielen, waschen und entsteinen. Erdbeeren waschen, putzen und je nach Größe halbieren oder vierteln. Die Johannisbeeren von den Rispen streifen; am besten mit einer Gabel. Die Johannisbeeren waschen und abtropfen lassen.

2. Die drei Fruchtsorten in einen entsprechend großen Topf füllen. Gelierzucker sowie Limettensaft zufügen, alles vorsichtig vermischen und 2 bis 3 Stunden stehen lassen.

3. Die Dreifrucht-Zucker-Mischung unter Rühren langsam zum Kochen bringen. 4 bis 5 Minuten sprudelnd kochen lassen, den Kirschlikör einrühren und die Gelierprobe machen. Die Dreifrucht-Marmelade in sterilisierte Gläser einfüllen und sofort verschließen.

Kirschen *– und zwar Sauerkirschen – machen den Löwenanteil dieser Marmelade aus; mit von der Partie sind zudem Erdbeeren und rote Johannisbeeren.*

Überraschende Aromen

Während man Marmeladen und Konfitüren meist mit Gelierzucker kocht, macht die Orangenmarmelade rechts eine Ausnahme. Reicht bei ihr doch normaler Zucker völlig aus, da die Zitrusfrüchte selbst – vor allem in den Schalen – das zum Gelieren notwendige Pektin in ausreichender Menge enthalten.

Ananas-Physalis-Konfitüre

1,5 kg reife Ananas (etwa 900 g bis 1 kg Fruchtfleisch)

30 g frische Ingwerwurzel

200 g Physalis

80 ml Limettensaft, 500 g Gelierzucker (2 : 1)

1. Die Blattkrone der Ananas abbrechen und den Fruchtansatz so abschneiden, dass das Fruchtfleisch sichtbar ist. Ananas aufrecht stellen und die Schale nicht zu dünn in Streifen abschneiden, die Augen müssen dabei vollständig entfernt werden. Eventuelle Reste mit einem kleinen spitzen Messer rund ausschneiden. Das Ananasfruchtfleisch sehr klein würfeln und in einen Topf füllen.

2. Ingwerwurzel schälen und in dünne Scheiben schneiden. Physalis von ihren Hüllen befreien und halbieren. Ingwer und Physalis zu dem Ananasfruchtfleisch in den Topf geben, den Limettensaft sowie den Gelierzucker untermischen, alles gut vermengen und über Nacht durchziehen lassen.

3. Bei mittlerer Hitze zum Kochen bringen und, falls nötig, abschäumen. 3 bis 5 Minuten köcheln lassen und die Konfitüre heiß in die vorbereiteten Gläser füllen. Sofort verschließen.

Kiwikonfitüre

1 kg reife Kiwi (etwa 850 g Fruchtfleisch)

1 Orange, 1 Limette

1 kg Gelierzucker

2 cl Orangenlikör (etwa Cointreau)

1. Die Kiwis so dünn wie möglich schälen und in Stücke schneiden. Die Orange sowie die Limette auspressen. Den Zitrusfruchtsaft mit den Kiwistücken in eine Schüssel geben, mit dem Gelierzucker vermischen und 10 bis 12 Stunden durchziehen lassen.

2. Die Mischung in einen Topf umfüllen, unter Rühren zum Kochen bringen und 1 Minute sprudelnd kochen lassen. Den Orangenlikör zugießen, umrühren und die Konfitüre in die vorbereiteten Gläser füllen. Sofort verschließen.

Granatapfelgelee

8 sehr reife Granatäpfel (ingesamt 1,5 kg)

200 ml Roséwein

30 ml Limetten- oder Limequatsaft

40 ml Himbeersirup

500 g Gelierzucker

1. Den Ofen auf 150 °C vorheizen. Granatäpfel in eine feuerfeste Form legen, diese mit Alufolie verschließen und die Früchte etwa 1 Stunde garen, bis sie sehr weich geworden sind.

2. Die Granatäpfel aufbrechen. Fruchtkerne in ein Baumwolltuch binden, den Saft langsam über Nacht abtropfen lassen und dann den Restsaft ausdrücken. Es sollten insgesamt etwa 1/4 l Saft sein.

3. Den Granatapfelsaft mit dem Wein, dem Limettensaft und dem Himbeersirup in einem Topf verrühren, den Gelierzucker zufügen und erhitzen. Hat sich der Zucker gelöst, einige Minuten kochen lassen, bis der Gelierpunkt erreicht ist. Das Granatapfelgelee heiß in die vorbereiteten Gläser füllen und diese sofort verschließen.

Aufs Brot *gestrichen, pur oder mit etwas Butter darunter, so schmeckt das Granatapfelgelee einfach am besten.*

Orangenmarmelade

900 g unbehandelte Orangen

150 g unbehandelte Bitterorangen

100 g unbehandelte Zitronen, 1,2 kg Zucker

1. Die Zitrusfrüchte waschen, in einem entsprechend großen Edelstahltopf mit 1,2 l Wasser zum Kochen bringen und zusammen etwa 1 Stunde köcheln lassen *[siehe a]*.

2. Die Zitrusfrüchte durch ein Sieb abgießen, dabei die Garflüssigkeit auffangen. Zitronen, Orangen und Bitterorangen in Viertel schneiden – mit der Messerspitze die Kerne entfernen und beiseite legen – und die Früchte fein würfeln *[siehe b]*.

3. Die Kerne in ein Baumwollsäckchen binden. In einem Topf 1/2 l der aufgefangenen Garflüssigkeit mit dem Zucker bei schwacher Hitze unter Rühren köcheln, bis der Zucker sich gelöst hat. Etwa 5 Minuten köcheln lassen und den Schaum abschöpfen. Die gewürfelten Früchte sowie das Baumwollsäckchen mit den Kernen zufügen.

4. Etwa 40 Minuten bei nicht zu starker Hitze köcheln lassen, bis der Gelierpunkt erreicht ist, dabei gelegentlich umrühren. Den Topf vom Herd nehmen, Schaum abschöpfen, die Kerne entfernen und die Orangenmarmelade heiß in die vorbereiteten Gläser füllen. Sofort verschließen. Vor dem Servieren in Schälchen füllen *[siehe c]*.

a **Orangen, Bitterorangen und Zitronen** in 1,2 l Wasser 1 Stunde köcheln lassen.

b **Die Orangen mit der Schale** vierteln, Kerne entfernen und die Früchte würfeln.

c **Die fertige Konfitüre** hat einen angenehm bitteren Geschmack.

Zu Süßem und Pikantem
Vielseitiges Kompott

← Mirabellen mit Ingwer
1 kg Mirabellen waschen, abtropfen lassen, halbieren und entsteinen. 15 g geschälte frische Ingwerwurzel in hauchdünne Scheiben schneiden. 300 ml Lycheewein mit 150 g Zucker, 4 Kaffir-Limettenblättern und dem Ingwer in einen Topf geben, zum Kochen bringen, die Hitze reduzieren und 5 Minuten köcheln lassen. Die Mirabellen zufügen und weitere 5 bis 8 Minuten köcheln lassen. Kalt servieren.

→ Kirsch-Lavendel
1/4 l Kirschwein, 150 ml Kirschsaft, 150 ml Ahornsirup und 1 gestrichener TL Lavendelblüten 5 Minuten köcheln. 1 kg gewaschene und entsteinte Sauerkirschen 10 Minuten mitköcheln. Mit 1/2 TL in etwas Kirschsaft angerührter Speisestärke leicht binden und abkühlen lassen. Das Kirsch-Lavendel-Kompott passt wunderbar zu Windbeuteln oder süßem frittiertem Gebäck.

→ Aprikosen-Ananas
200 g Zucker mit 400 ml Wasser, 1 Stück unbehandelter Zitronenschale und 1 geviertelter Vanilleschote 2 bis 3 Minuten kochen. 100 g Himbeermark einrühren, die Hitze stark reduzieren. 400 g Ananasfruchtfleisch in 1,5 cm große Stücke schneiden und 5 Minuten mitköcheln. 600 g Aprikosen, blanchiert, gehäutet und geviertelt, 8 Minuten mitgaren. 2 cl Rum zugießen, erkalten lassen. Beim Servieren 100 g Himbeeren einrühren.

← Reneklоden-Rosmarin
Von 2 kleinen Rosmarinzweigen die Nadeln abstreifen. 1 kg Renekloden entsteinen und halbieren. Beides mit der abgeriebenen Schale einer Limette und 250 g Zucker vermischen und 4 bis 5 Stunden ziehen lassen. 1 weitere Limette schälen und in dünne Scheiben schneiden, mit 400 ml Weißwein zu den Renekloden geben und zum Kochen bringen. 5 bis 8 Minuten köcheln lassen.

Sternfrucht-Maracuja

1 kleine Kokosnuss öffnen, dabei das Fruchtwasser auffangen. Kokosfleisch schälen, in feine Streifen schneiden, 80 g für das Kompott, Rest anderweitig verwenden. Fruchtfleisch von 3 Maracujas, 100 ml Weißwein, 1/4 l Orangensaft, 150 g Palmzucker, 1 halber Stängel Zitronengras und Kokoswasser 10 Minuten köcheln. 6 Sternfrüchte in dünne Scheiben schneiden und 4 Minuten mitköcheln, Kokosfleisch 2 Minuten mitgaren. Abkühlen lassen.

← Holunder-Birnen

1 kg Holunderbeeren waschen und vom Stiel zupfen. 1/4 l Rotwein, 250 g Zucker, Schale von 1/2 unbehandelten Zitrone, 1 Stück Cassia und 3 Gewürznelken zum Kochen bringen, Holunderbeeren zufügen und aufkochen. 400 g Birnen schälen, in Spalten schneiden, 15 Minuten mitköcheln. Abschäumen, 1 TL Stärke mit etwas Rotwein anrühren und das Kompott damit binden. 2 cl Holunderlikör einrühren.

→ Preiselbeer-Minneola

500 g Preiselbeeren verlesen und vorsichtig waschen. 150 g Lychees schälen, entkernen und klein schneiden. 2 Minneolas filetieren. 1/4 l Wasser, 150 ml frisch gepresster Minneolasaft, 150 g Zucker, 1 Sternanis und 1 Stück Zimtrinde 5 Minuten köcheln. Preiselbeeren und Lychees 10 Minuten mitköcheln. Minneola unterrühren, 1 bis 2 Minuten köcheln lassen und mit in etwas Minneolasaft angerührter Stärke leicht binden.

Apfel-Johannisbeere

400 ml Apfelsaft, Saft von 1/2 Zitrone, 150 g Kleehonig, je 1 Messerspitze gemahlene Nelken, Piment und Sternanis sowie 1/4 TL Zimt 5 Minuten köcheln. Geachteltes Fruchtfleisch von 800 g Äpfeln (etwa Jonathan) zufügen und 8 Minuten mitgaren. 200 g rote und schwarze Johannisbeeren waschen, von den Rispen streifen und 3 bis 4 Minuten mitköcheln. Abkühlen lassen und mit Zitronenmelisse garnieren. Passt gut zu Reibekuchen.

← Vogelbeeren-Quitten

1 kg Vogelbeeren waschen und abtropfen lassen. 500 g Quitten schälen, vierteln und das Kerngehäuse entfernen. Quer in Scheiben schneiden und Quitten mit 1/4 l Apfelsaft zum Kochen bringen. Die Hitze reduzieren und 5 Minuten köcheln. 500 g Zucker, 1/2 Zimtstange, 5 Gewürznelken und 1/4 TL gemahlenen Ingwer zufügen und 20 Minuten kochen, bis die Früchte weich sind.

Berauschend fruchtig

Eingelegt in Rum

Zwetschen in Rum

VORBEREITUNG: 6 Wochen

700 g Zwetschen, 30 g gelbe Rosinen
je 1 Stück unbehandelte Orangen- und Zitronenschale
Mark von 1/2 Vanilleschote
1 Zimtstange (etwa 5 cm), 2 Gewürznelken
250 g Zucker, 1/8 l brauner Rum (73 Vol.-%)

1. Zwetschen waschen, halbieren und entsteinen. Rosinen waschen und abtropfen lassen. Ein Einmachglas mit heißem Wasser ausspülen und abtropfen lassen. Die Rosinen einfüllen. Die halbierten Zwetschen abwechselnd mit den Orangen- und Zitronenschalen in das Glas füllen.

2. 1/4 l Wasser in einem Topf mit dem Vanillemark, der Zimtstange, den Nelken und dem Zucker 3 Minuten kräftig kochen, danach abkühlen lassen. Den Rum einrühren und mit den Gewürzen über die Zwetschen gießen. Das Glas verschließen, für 15 Minuten bei 80 °C in einem Sterilisiergerät im Wasserbad erhitzen, herausnehmen und erkalten lassen. Das Glas an einem kühlen Ort aufbewahren. Nach 6 Wochen kann man die Zwetschen in Rum probieren.

Die Rum-Zwetschen sind eine köstliche Beigabe zu Kaiserschmarrn. Auch zu Vanilleeis passen sie hervorragend. Eine Variante wären in Rum eingelegte Aprikosen.

Exotischer Rumtopf

VORBEREITUNG: 3 Wochen

2 Mangos (je 350 g), 2 Kiwis
1 Kaktusfeige (120 g), 2 Papayas (je 250 g)
2 Nashi-Birnen (je 150 g), 150 g Litchis
150 g Kumquats, 400 g Ananasfruchtfleisch
2 Minneolas (je 180 g), 2 Limetten
20 g frische Ingwerwurzel
400 bis 500 g Zucker
2 geviertelte Vanilleschoten
4 Zimtstangen, je etwa 5 cm lang
1 1/2 bis 2 l brauner Rum (42 Vol.-%)

Außerdem:

1 großer Rumtopf von 3 bis 4 l Inhalt

1. Mangofruchtfleisch in 1/2 cm dicke Spalten schneiden. Das Kiwi-, Kaktusfeigen- und Papayafruchtfleisch in Scheiben schneiden. Birnenfruchtfleisch in Spalten schneiden. Die Litchis schälen, halbieren und Kerne entfernen.

2. Kumquats waschen und halbieren. Das Ananasfruchtfleisch in kleine Stücke schneiden. Die Minneolas und die Limetten waschen und in 1/2 cm dicke Scheiben schneiden. Ingwer schälen und ebenfalls in feine Scheiben schneiden.

3. Den Rumtopf mit heißem Wasser ausspülen, gut abtropfen lassen. Den Boden des Topfes mit den Minneolascheiben bedecken und diese mit etwa 80 g Zucker bestreuen. Etwas Vanille und Zimt darauf verteilen. Restliche Früchte sortenweise abwechselnd einschichten und jede Schicht mit Zucker und Gewürzen bestreuen.

4. Die Früchte mit Rum bedecken, er soll 5 bis 6 cm über der letzten Fruchtschicht stehen. Den Topf gut verschließen und an einem kühlen Ort mindestens 3 Wochen, höchstens jedoch 3 Monate durchziehen lassen.

Quitten in Weinbrand

1, 5 kg Quitten

1 Limette

250 g Blütenhonig

250 g Zucker

2 EL Honigessig

2 Sternanis

80 ml Weinbrand

Außerdem:

Gläser mit Schraubverschluss

1. Den Flaum der Quitten sorgfältig mit einem Tuch abreiben. Das Fruchtfleisch mit vier Schnitten entlang des Kerngehäuses abschneiden und in etwa 1 1/2 cm große Stücke schneiden.

2. Limette in feine Scheiben schneiden. Den Honig, Zucker, Essig, 350 ml Wasser, Sternanis und Limettenscheiben in einem großen Topf zum Kochen bringen. Die Hitze reduzieren und köcheln lassen, bis sich der Zucker ganz gelöst hat. Die Quittenstücke zufügen und diese 20 bis 30 Minuten in der Flüssigkeit köcheln.

3. Quittenstücke mit einem Schaumlöffel aus dem Topf heben und in die vorbereiteten Gläser füllen. Den Kochsud noch etwas einköcheln lassen. Den Weinbrand unterrühren und den Sud über den Quitten verteilen. Darauf achten, dass die Früchte ganz mit dem Sud bedeckt sind. Die Gläser sofort verschließen und abkühlen lassen. Die Gläser nach dem Abkühlen kühl und dunkel aufbewahren.

Birnen in Cranberrysirup

1 kg Cranberries

375 g Einmachzucker

1,5 kg Birnen, 4 cl Cognac

Außerdem:

Gläser mit Schraubverschluss

1. Die Cranberries waschen, abtropfen lassen und verlesen. 900 g Cranberries in 3/4 l Wasser aufkochen. Hitze reduzieren und die Beeren 30 Minuten köcheln lassen. Vom Herd nehmen und die Beeren zum Abtropfen auf ein mit einem Passiertuch ausgelegtes Sieb schütten. Den Saft abtropfen lassen und die Cranberries im Tuch vorsichtig ausdrücken.

2. Den Cranberry-Saft mit dem Einmachzucker in einem entsprechend großen Topf köcheln lassen, bis der Saft klar ist. Dabei den aufsteigenden Schaum mehrmals abschöpfen.

3. Die Birnen schälen, längs vierteln und das Kerngehäuse entfernen. Die Birnen sowie die restlichen Cranberries in den Sirup einlegen, den Cognac zugießen und alles etwa 10 Minuten köcheln, die Birnen sollten aber nicht zu weich werden.

4. Birnen und Canberries mit einem Schaumlöffel in die Einmachgläser einfüllen. Den Sirup etwas abkühlen lassen und erst dann darüber gießen, so dass die Birnen nicht nachgaren. Gläser gut verschließen und kühl stellen.

Kumquats in Orangensaft

1 kg Kumquats, 300 g Zucker

1/4 l frisch gepresster Orangensaft

Saft einer 1/2 Zitrone

100 g Glukosesirup

1 Vanilleschote, 1 Sternanis

100 ml Triple Sec Curaçao (Orangenlikör)

Außerdem:

Gläser mit Schraubverschluss

1. Die Kumquats waschen, blanchieren und trockentupfen. Mit einer sauberen Nadel die Früchte ringsum einige Male einstechen.

2. Den Zucker mit 1/8 l Wasser in einem Topf aufkochen und 5 bis 10 Minuten köcheln lassen. Den Orangensaft durch ein feinmaschiges Sieb zum Sirup gießen, erneut aufkochen. Den Schaum entfernen und 10 Minuten einkochen lassen. Zitronensaft ebenso durch ein feinmaschiges Sieb gießen und zufügen. Den Topf vom Herd nehmen und den Glukosesirup unterrühren. Die halbierte Vanilleschote sowie den Sternanis einlegen und den Orangenlikör einrühren. Die Flüssigkeit auf etwa 40 °C abkühlen lassen.

3. Die Kumqats in die sauberen Einmachgläser füllen und die Früchte mit dem Sirup begießen. Die Gläser verschließen. Nach dem Abkühlen dunkel und kühl aufbewahren. Die eingelegten Kumquats passen ausgezeichnet zu einem Kastanienparfait oder auch zu Schokoladendesserts.

Herbstlich gewürzte Pfirsiche

750 g Zucker

1/2 l Aceto Balsamico bianco

1 Zimtstange von etwa 5 cm Länge

5 Pimentkörner

1 TL Gewürznelken

3 Kardamomkapseln

Zesten von je 1 unbehandelten Orange und Zitrone

1,5 kg gelbe Pfirsiche

Außerdem:

Gläser mit Schraubverschluss

1. Den Zucker mit dem Essig, Zimt, Pimentkörnern, Nelken, Kardamom, Orangen- und Zitronenzesten in einem großen Topf aufkochen und etwa 20 Minuten köcheln lassen.

2. Die Pfirsiche waschen und blanchieren. Mit kaltem Wasser abschrecken, häuten, halbieren und den Stein entfernen. Die Pfirsichhälften in den Zuckersud einlegen und darin 15 bis 20 Minuten sanft köcheln lassen.

3. Die Früchte mit dem Schaumlöffel herausheben und in die Einmachgläser füllen. Gläser mit dem heißen Sud auffüllen, verschließen und abkühlen lassen. Die eingelegten Pfirsiche schmecken gut etwa zu Entenbraten.

Süßsaure Schlehen

1,2 kg Schlehen, 3/8 l Rotwein

1/8 l Aceto Balsamico rosso

100 g brauner Zucker

100 g Rübensirup, 3 Gewürznelken

1 Zimtstange von etwa 5 cm Länge

1/2 TL weiße Pfefferkörner

1/2 Vanilleschote

1 EL gelbe Senfkörner

Saft und Schale von 1 unbehandelten Orange

Außerdem:

Gläser mit Schraubverschluss

1. Die Schlehen waschen, abtrocknen und jede Frucht mit einer sauberen Nadel mehrmals einstechen.

2. Den Wein und den Essig in einen großen Topf gießen. Zucker, Sirup, die verschiedenen Gewürze, abgeriebene Orangenschale und Orangensaft zufügen, aufkochen lassen und etwa 5 Minuten köcheln lassen.

3. Die Schlehen portionsweise in die kochende Flüssigkeit einlegen: Jede Portion 3 bis 4 Minuten kochen lassen und mit dem Schaumlöffel wieder herausheben. Die gekochten Schlehen in die Einmachgläser füllen. Den Kochsud darüber gießen und die Gläser sofort fest verschließen. Nach dem Abkühlen an einem kühlen, dunklen Ort bis zur weiteren Verwendung lagern.

Hagebuttenmark mit Zitrone

VORBEREITUNG: Die Hagebutten am Vortag entkernen und über Nacht im Zucker ziehen lassen.

1 kg Hagebutten, 500 g Zucker

Saft und abgeriebene Schale von 1 unbehandelten Zitrone

Saft von 1 Orange, 2 cl Weinbrand

1 Messerspitze Zimt

1 Messerspitze gemahlene Nelken

Außerdem:

Gläser mit Schraubverschluss

1. Die Hagebutten waschen und gut abtrocknen. Früchte mit einem scharfen Messer der Länge nach durchschneiden. Die Kerne sorgfältig – am besten mit einem kleinen Kugelausstecher – aus den Früchten entfernen. Die Hagebutten in eine Schüssel füllen, mit dem Zucker bestreuen und über Nacht darin ziehen lassen.

2. Hagebutten am nächsten Tag mit 1/2 l Wasser, Zitronensaft und -schale, sowie dem Orangensaft in etwa 25 Minuten weich kochen. Darauf achten, dass die Hagebutten wirklich weich sind, da sie sich sonst nur schlecht durch ein Sieb drücken lassen. Weinbrand und die Gewürze zufügen. Das noch heiße Mark durch ein feinmaschiges Sieb passieren und dabei so viel Fruchtfleisch wie möglich durch das Sieb drücken. Das heiße Fruchtmark in die sauberen Einmachgläser füllen und diese verschließen. Nach dem Abkühlen dunkel und kühl lagern.

Glossar

ABBRENNEN: eine Masse (etwa Brandteig) auf dem Feuer so lange mit dem Holzlöffel bearbeiten, bis sie sich glatt vom Löffel und der Kasserolle löst.

ABFLÄMMEN: einem Gebäck oder einer Backmasse (Eischnee) im Ofen rasch Farbe geben.

ABSCHÄUMEN: den aufsteigenden Schaum einer flüssigen Mischung abnehmen, um eine Sauce z. B. zu klären.

ABSCHRECKEN: Speisen mit kaltem Wasser übergießen oder darin eintauchen, um ein Kleben zu verhindern (Reis, Nudeln), damit sich Eier besser schälen lassen oder der Garprozess gestoppt wird (etwa bei Gemüse).

ABTROCKNEN LASSEN: Glasuren bei mäßiger Wärme trocknen lassen, damit sie ihren Glanz behalten.

ABZIEHEN, ZUR ROSE: eine Creme unter Rühren bis kurz vor den Siedepunkt erhitzen, so dass sie auf dem Kochlöffel leicht angedickt liegen bleibt oder sich beim Draufblasen Kringel zeigen, die an die Form einer Rose erinnern.

ANSCHWITZEN: Kochgut (gehackte Zwiebeln, klein geschnittenes Gemüse oder Ähnliches) in Fett bei geringer Hitze garen, meist ohne es dabei zu bräunen.

ANWIRKEN: Marzipanrohmasse mit Puderzucker verkneten.

ANZIEHEN LASSEN: Überzüge erkalten lassen, bis sie beginnen fest zu werden. Voraussetzung zum Auftragen weiterer Schichten, die klar voneinander getrennt bleiben sollen.

APRIKOTIEREN: Gebäck dünn mit heißer passierter Aprikosenkonfitüre oder spezieller Aprikotur überziehen. So ergibt sich eine glatte Oberfläche für Glasuren, oder aufgestreute Mandelblättchen haften besser.

AU FOUR: im Ofen gebacken; überbacken.

(AUF)MONTIEREN: mit kalter Butter mixen, um eine Bindung bei Suppen und Saucen herzustellen.

AUFSCHLAGEN: Eischnee, Saucen oder Cremes mit dem Schneebesen, Handrührgerät oder Mixstab bearbeiten, bis sie locker luftig sind und ihr Volumen deutlich vergrößert haben.

AUSBACKEN: Teigstücke oder Beignets in reichlich heißem Fett goldbraun backen.

AUSSTREICHEN: eine Form oder Förmchen innen mit Butter oder Öl bestreichen, um später die Trennung des Inhalts von der Form zu erleichtern.

BESTAUBEN: Backblech oder Förmchen mit Mehl bestauben, vorher mit Butter bestreichen.

BINDEN: sämiger machen durch Eier, Gelatine oder Stärke.

BLANCHIEREN: kurz kochen, Früchte (z. B. Pfirsiche) kurz in kochendes Wasser tauchen, abschrecken, um die Haut leicht abziehen zu können.

BLINDBACKEN: Mürbeteigtörtchen ungefüllt backen oder mit trockenen Erbsen füllen, diese nach dem Backen entfernen.

COULEUR: Farbe, insbesondere braune Zuckerfarbe.

DÄMPFEN: im Wasserdampf garen, ohne dass die Speise mit der Flüssigkeit in Berührung kommt. Zum Dämpfen benötigt man ein Kochgeschirr mit Dämpfeinsatz (Sieb, Gitter).

DAUERBACKFOLIE: mit Silikon beschichtete hitzebeständige Backtrennfolie, die immer wieder verwendet werden kann.

DRESSIEREN: anrichten, mit Spritzbeutel und Tülle einer Masse eine bestimmte Form geben.

ENTFETTEN: ausgelassene, frittierte Speisen von überschüssigem Fett befreien. Erstarrtes Fett von der Oberfläche erkalteter Brühen abheben, flüssiges Fett etwa von heißen Suppen, mit einer flachen Kelle abschöpfen.

FLAMBIEREN: ein Dessert (Früchte) mit hochprozentigem Alkohol übergießen und abbrennen. Der Alkohol verflüchtigt sich, zurück bleibt das feine Aroma.

FLÄMMEN: Baiser- oder Makronenmasse durch kurzes Überbacken bei starker Oberhitze unter dem Grill Farbe geben.

FONDANT: Zart schmelzende Glasurmasse aus bis 113 °C gekochtem Zucker, der dann tabliert wird.

Gelatine | ob gemahlen, als Blatt oder in Form von Fäden wird unter anderem zum Binden von Cremes oder Massen verwendet.

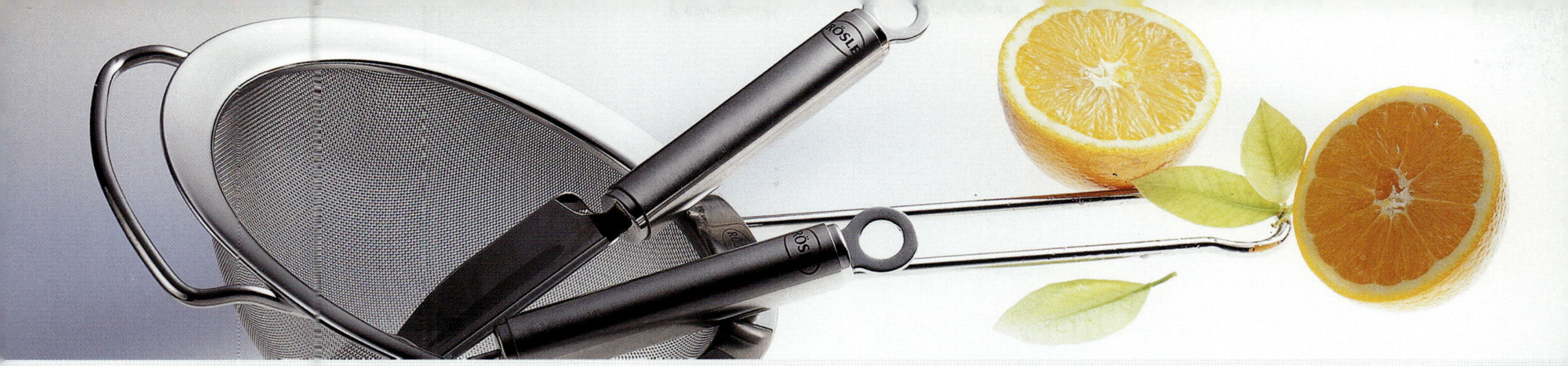

FRITTIEREN: Gargut in heißem Fett schwimmend bei gleich bleibender Temperatur meist zwischen 140 und 190 °C, goldbraun und knusprig ausbacken.

GEHEN LASSEN: Hefeteig mit einem Küchentuch oder Folie zugedeckt an einen warmen, zugfreien Ort stellen, damit der Teig durch die von der Hefe ausgelöste Gärung sein Volumen vergrößert und locker wird.

GLASIEREN: mit einer Glasur bedecken, glänzend machen.

GRATINIEREN: ein Gericht bei starker Oberhitze überbacken, bis eine goldbraune Kruste entstanden ist.

HOMOGENISIEREN: Zutaten einer Creme oder Glasur mit dem Mixstab gleichmäßig verrühren.

KANDIEREN: Früchte oder Fruchtschalen mit dicker Zuckerlösung überziehen, dann trocknen.

KARAMELLISIEREN: mit zu Karamell gekochtem Zucker überziehen oder vermischen (z. B. Nüsse oder Mandeln).

KROKANT: Bezeichnung für eine Verbindung von geschmolzenem Zucker und Mandeln oder Nüssen. Wird vor der Verwendung zerstoßen. Krokant ist auch als Fertigprodukt im Handel.

LÄUTERN: klären, von fremden Stoffen reinigen (früher musste Zucker geläutert werden!).

LÄUTERZUCKER: klarer gekochter Sirup aus Wasser und Zucker, je nach Verwendung in unterschiedlichen Anteilen.

LEGIEREN: eine sämige Konsistenz von Suppen, Saucen oder Cremes erzielen durch das Einrühren von Bindemitteln, wie angerührter Speisestärke, Mehlbutter, Sahne, Crème fraîche, Butter oder Eigelb.

MARINADE: mit Kräutern und Gewürzen versehene Flüssigkeit zum Würzen, Haltbarmachen und Mürbewerden von Fleisch und Fisch. Auch Salatsaucen werden als Marinaden bezeichnet.

MARINIEREN: würzen, beizen, mürbe machen.

MELIEREN: vorsichtiges Mischen/Unterziehen von Zutaten unterschiedlicher Konsistenz mit Hilfe eines Spatels.

MOUSSE: feine Schaumspeise aus farciertem Fisch, Fleisch, Geflügel, Gemüse oder aus Früchten, Schokolade und Sahne.

NAPPIEREN: ein Gericht mit Sauce überziehen.

PASSIEREN: Eine Flüssigkeit durch ein feines Sieb (Haar- oder Spitzsieb) oder durch ein Tuch gießen, streichen oder drücken.

PLATTIEREN: eine Scheibe Fleisch mit dem Plattiereisen (am besten zwischen Folie) oder dem Beil flach klopfen.

POCHIEREN: langsames Garziehen ohne zu kochen.

POWIDL: stark eingekochtes, dunkles Pflaumenmus.

PULPE: Fruchtmark aus frischen Früchten.

PÜRIEREN: Zerkleinern von Hand oder mit dem Mixer zu Püree, Mus oder Brei.

REDUZIEREN: Bratensaft, Brühe, Fond einkochen lassen, um ein im Geschmack intensives Konzentrat zu erhalten.

ROYAL: Eiermilch, etwa zum Gratinieren von Gemüse.

SAUTIEREN: klein geschnittenes Gargut kurz bei starker Hitze in der offenen Pfanne garen.

SIMMERN: kurz unter dem Siedepunkt halten.

SCHNITTFEST SCHLAGEN: Eiweiß so lange aufschlagen, bis ein Schnitt mit dem Messer im Eischnee sichtbar bleibt.

STÄBCHENPROBE: Garprobe, bei der ein Holzstäbchen in die dickste Stelle eines Gebäcks gesteckt und herausgezogen wird. Haften keine feuchten Teigreste mehr daran, kann das Gebäck aus dem Ofen genommen werden.

TEMPERIEREN: Schmelzen, abkühlen und langsames Wiedererwärmen (bis 32 °C) von Kuvertüre.

TOUREN/TOUREN GEBEN: Teige, in die Butterschichten eingearbeitet werden sollen (Plunder, Blätterteig) mehrfach zusammenlegen und wieder ausrollen.

TRÄNKEN: Beträufeln von luftigem Gebäck mit Zuckersirup und/oder anderen aromatischen Flüssigkeiten.

WARM- UND KALTSCHLAGEN: Eine Masse unter Hitzezufuhr zu größerem Volumen aufschlagen, bis sie wieder abgekühlt ist. Eine derart zubereitete Masse (Biskuit, Baiser) wird besonders stabil.

WASSERBAD: Ein zum Teil mit heißem oder kaltem Wasser gefüllter Behälter, in den eine Schüssel oder ein Kessel eingesetzt wird. Etwa zum Warm- oder Kaltschlagen von Cremes oder Massen, zum Schmelzen von Kuvertüre.

ZESTE: feine Streifen von Zitrusschalen, entweder mit dem Messer dünn abgeschält oder mit dem Zestenreißer (Zesteur) hergestellt.

ZISELIEREN: Zitrusfrüchte oder Gemüse mit dem Ziseliermesser oder einem kleinen Messer einkerben.

ZUR ROSE ABZIEHEN: → abziehen

Warenkundliche und küchentechnische Einträge sind kursiv geschrieben.

A

B

C

D

E

Impressum

VERLAG © 2002 Teubner Edition,
Grillparzerstr. 12, D-81675 München
Teubner Edition ist ein Unternehmen des Verlagshauses
Gräfe und Unzer, Ganske Verlagsgruppe
Teubner-Leserservice@graefe-und-unzer.de

TEUBNER TEAM MÜNCHEN Verlagsleitung: Dorothee Seeliger
Stellvertr. Verlagsleitung und Redaktionsleitung:
Dr. Stephanie von Werz-Kovacs

TITELBILD Prof. Elke Seeger / Styling: Stephan Krauth

BASISLAYOUT Independent Medien Design, München

IDEE, KONZEPT Cookbook Packaging by Teubner Foodfoto GmbH & Co. KG

PRODUKTION Frauenbergstr. 40, D-87645 Schwangau

ADMINISTRATION Claudia Hill, Angelika Mayr, Andrea Mohr

KÜCHE Barbara Mayr, Andreas Miessmer, Eftichia Simopoulou

FOTOGRAFIE Odette Teubner, Andreas Nimptsch, Kerstin Mosny

FOODSTYLING Odette Teubner, Andreas Miessmer

TEXT Heidrun Boikat, Simone Hoffmann, Katrin Wittmann

REDAKTION Heidrun Boikat, Mischa Gallé,
Simone Hoffmann, Katrin Wittmann

LAYOUT/DTP Annegret Rösler, Gabriele Wahl

HERSTELLUNG Susanne Mühldorfer, Annegret Rösler

REPRODUKTION Repromayer GmbH & Co. KG, 72770 Reutlingen-Betzingen

DRUCK Dr. Cantz'sche Druckerei GmbH & Co. KG, 73760 Ostfildern

Der Firma Rösle danken wir für die Bereitstellung verschiedenster Küchengeräte. Insbesondere Matthias Mezger-Boehringer (CEO), Peter Müller (Geschäftsleitung) und Antje Sommerkamp (Marketing).

WIR DANKEN

allen, die durch ihre Beratung, Hilfe und tatkräftige Unterstützung zum Gelingen dieses Buches beigetragen haben, insbesondere: Herrn Dr. Werner Mischke; Frau Dr. Doris Spychalski, Obst & Garten; Herr Brock, Stadtbücherei Kempten.

BILDNACHWEIS

Dr. Helga Buchter-Weisbrodt: Seite 9/1 Foto; Seite 10/2 Fotos; Seite 11/1 Foto; Seite 18/1 Foto; Seite 22/2 Fotos; Seite 23/1 Foto; Seite 25/2 Fotos; Seite 28/2 Fotos; Seite 29/1 Foto; Seite 33/ 2 Fotos; Seite 41/1 Foto; Seite 43/1 Foto; Seite 45/1 Foto; Seite 46/4 Fotos; Seite 48/1 Foto; Seite 53/2 Fotos; Seite 54/3 Fotos; Seite 57/2 Fotos; Seite 58/2 Fotos; Seite 60/3 Fotos; Seite 61/1 Foto; Seite 62/3 Fotos; Seite 63/2 Fotos; Seite 65/2 Fotos; Seite 66/2 Fotos; Seite 67/3 Fotos; Seite 72/3 Fotos; Seite 73/1 Foto; Seite 75/2 Fotos; Seite 78/2 Fotos; Seite 79/1 Foto. Achim Rösch: Seite 54/1 Foto.

ISBN 3-7742-0769-0